U0693523

财经研究的时空之旅

Studies in Finance and Economics:
A Journey through Time and Space

杨 丹 著

人民出版社

作者简介
ABOUT THE AUTHOR

杨丹 云南大理人，中共党员，经济学博士，教授，博士生导师。北京外国语大学校长、党委副书记。

国家“万人计划”哲学社会科学领军人才，“全国百篇优秀博士论文”指导教师，享受国务院“政府特殊津贴专家”，中宣部文化名家暨“四个一批”人才人选，国家“百千万工程国家级人才”人选，教育部“跨世纪优秀人才支持计划”人选，高等学校学科创新引智基地（111基地）“金融安全与发展”负责人，教育部“全国工商管理优秀教学团队”负责人，首届财政部“全国会计学术领军人才”人选，首届财政部“会计领军人才特殊支持计划”人选，财政部“会计名家培养工程”人选。曾任或现任国际会计师联合会教育准则咨询委员会亚太区代表，中国会计学会对外交流专业委员会副主任，中华全国青年联合会常委，四川省青联副主席，西藏自治区人民政府发展咨询委员会副主任，西藏自治区社会科学联合会副主席。

主要从事公司金融和会计的理论和实证研究，长期关注公司金融、资本市场、行为会计、智能会计等研究领域。在《Accounting, Organization and Society》《Decision Support Systems》《经济研究》《管理世界》等国内外权威学术刊物上发表专业文章40余篇，出版学术专著及教材10余部，承担国家自然科学基金重点项目、国家社科基金重点项目等10余项。获得“霍英东教育基金会高等院校青年教师奖”“第六届高等教育国家级教学成果二等奖”等省部级以上教学科研奖励9项。

内容提要

EXECUTIVE SUMMARY

本书选编的主要是作者2000年以来的研究成果。“资本市场研究”篇主要研究了我国上市公司在首次公开发行（IPO）的定价问题，采用理论建模与实证分析相结合的研究方法，系统分析了新股发行中的定价形成机制，特别结合我国资本市场实践，考察了政府在定价过程中的作用以及IPO后股价的长期市场表现。“财务会计理论研究”篇从多个角度系统分析了会计信息对我国资本市场发展、对企业决策的影响路径和作用机理：一方面选取了“股权分置改革”“会计改革30年”等资本市场发展的重要事件和时间节点，分析了会计信息对资本市场乃至宏观经济整体的影响；另一方面，特别关注了极端灾害情况下的信息交换以及企业内部平衡记分卡绩效评价的冲突解决问题。“区域发展研究”篇探讨了西藏未来发展的愿景与路径。作者扎根西部大地，尤其是援藏以来，踏遍藏区万户千家进行科学深度访谈、科学抽样和入户调查，以此开始西藏民生研究科学化进程，破解诸多重大科学问题，推进当代西藏研究。附录“财经笔谈”是对我国改革开放以来社会经济发展的回望与反思。

《新时代北外文库》编委会

出版说明

2021年是中国共产党成立100周年，也是北京外国语大学建校80周年。作为中国共产党创办的第一所外国语高等学校，北外紧密结合国家战略发展需要，秉承“外、特、精、通”的办学理念和“兼容并蓄、博学笃行”的校训精神，培养了一大批外交、翻译、教育、经贸、新闻、法律、金融等涉外高素质人才，也涌现了一批学术名家与精品力作。王佐良、许国璋、纳忠等学术大师，为学人所熟知，奠定了北外的学术传统。他们的经典作品被收录到2011年北外70年校庆期间出版的《北外学者选集》，代表了北外自建校以来在外国语言文学研究领域的杰出成果。

进入21世纪尤其是新时代以来，北外主动响应国家号召，加大非通用语建设力度，现获批开设101种外国语言，致力复合型人才培养，优化学科布局，逐步形成了以外国语言文学学科为主体，多学科协调发展的格局。植根在外国语言文学的肥沃土地上，徜徉在开放多元的学术氛围里，一大批北外学者追随先辈脚步，着眼中外比较，潜心学术研究，在国家语言政策、经济社会发展、中华文化传播、国别区域研究等领域颇有建树。这些思想观点往往以论文散见于期刊，而汇编为文集，整理成文库，更能相得益彰，蔚为大观，既便于研读查考，又利于学术传承。“新时代北外文库”之编纂，其意正在于此，冀切磋琢磨，交锋碰撞，助力培育北外学派，形成新时代北外发展的新气象。

“新时代北外文库”共收录32本，每本选编一位北外教授的论文，均系进入21世纪以来在重要刊物上发表的高质量学术论文。既展现北外学者在外国文学、外国语言学及应用语言学、翻译学、比较文学与跨文化研究、国别与区域研究等外国语言文学研究最新进展，也涵盖北外学者在政治学、经济学、教育学、新闻传播学、法学、哲学等领域发挥外语优势，开展比较研究的创新成果。希望能为校内外、国内外的同行和师生提供学术借鉴。

北京外国语大学将以此次文库出版为新的起点，进一步贯彻落实习近平新时代中国特色社会主义思想和党中央关于教育的重要部署，秉承传统，追求卓越，精益求精，促进学校平稳较快发展，致力于培养国家急需，富有社会责任感、创新精神和实践能力，具有中国情怀、国际视野、思辨能力和跨文化能力的复合型、复语型、高层次国际化人才，加快中国特色、世界一流外国语大学的建设步伐。

谨以此书，

献给中国共产党成立100周年。

献给北京外国语大学建校80周年。

文库编委会

庚子年秋于北外

目　录

资本市场研究

财务会计理论研究

区域发展研究

附录:财经笔谈

资本市场研究

政府是否应该干预新股定价

一、新股定价的博弈过程

新股定价过程实际上是政府、发行公司、投资银行、投资者四个主体的博弈和价格发现的过程。各主体都有其不同的目标函数和博弈策略:(1)就发行公司而言,在现有制度安排下,其目标就是最大化发行收入。在市盈率不变的情况下,增加发行收入的基本途径就演变成通过各种方式增加每股收益。于是各种合法不合法的方式都被派上用场,出现了"红光""琼民源"等触目惊心的会计舞弊案。(2)就投资者而言,其目标就是获取最大的转让差价,一、二级市场的差价是其参与股市的原动力。从排长队认购到大规模上网认购,从非规范的场外交易到交易所炒股,投资者冒着政策、市场的风险,支撑了整个中国证券市场的发展。发行抑价和按概率认购的发行模式,造就了许多一日暴富的幸运儿,也持久地吸引着越来越多的投资者。(3)就投资银行而言,佣金和声誉是其目标,在承销不存在现实风险的我国一级市场上,它扮演的基本上是"旱涝保收"的角色。虽然抑价会降低根据发行收入计收的佣金,但最重要的是高抑价使发行成为没有风险的交易,而且供不应求的市场状态使得它付出较小的努力即可完成承销任务,这是投资银行最希望看到的。因此投资银行业务成为竞相争夺的市场,甚至出现了免费承销的神话。(4)政府在证券市场的基本目标是保持证券市场发展,为国有企业改革服务。政府为国有企业改革服务的目标可以分解为以下几个方面:使股票市场达到一定规模,为国有企业改革提供必需的流动性和市场厚度;保持对国有企业股权融资的倾斜政策,增加国有企业融资额。为达到上述目的,政府监管过程隐含了股票指数目标区间。政府作为社会经济管理者和规则制定者追求公平的市场环境,但规则依不同所有制而异的事实、信息披露出现的种种问题和触目惊心的造假丑闻标示着社会公平的缺失。可见,两个目标本质上存在替代关系。

二、新股发行的信息陷阱

出于增加发行收入的考虑,资产质量较好的公司有发出信号让投资者了解公司质量的动机,而劣质公司也有模仿优质公司定价的强烈动机。在信息不对称的条件下,会形成市场运行的混乱。

根据 Akerlof 的柠檬理论①,我们把企业资产质量指标量化为均匀分布在 0 到 1 之间的数值,最劣质企业质量指标为 0,最优质企业为 1,其余资产则均匀分布在(0,1)之内,产权市场企业资产质量平均为 0.5。以 q 表示任一特定资产的质量,用 Q 表示资产规模,假设对于规模为 Q(为行文方便把 Q 定为常量),质量为 $q(q\leqslant1)$ 的资产质量,卖方愿意以不低于 Qq 价格出售,买方愿意支付 $3/2\ Qq$ 的价格。此时如果潜在买方和卖方的信息完全对称,从而排除了以次充好的可能,那么该资产将在 Qq 和 $3/2Qq$ 之间成交。但如果买方不能取得有关信息或取得有关信息成本过高时,卖方就有利用自身信息优势,以次充好,抬高售价的机会主义行为倾向。买方此时不能准确判断资产质量,他只能猜测资产质量并按资产的平均质量($E(q)$)支付预期价格②。在资产质量为 1/2 时,买方愿支付的价格为 $3/2\times Q\times1/2=3/4Q$。然而,在 $3/4Q$ 价位谁愿意出售资产呢?显然只有持有资产质量等于或低于 3/4 的卖方才会出让资产。于是进入市场的资产质量指标的实际分布只会是在(0,3/4)的区间内。而买方一旦从自身或他人的购买经验得知市场的资产平均质量已经下降到

---

① Akerlof, G. A. The Market for "Lemons": Quality Uncertainty and the Market Mechanism. *Quarterly Journal of Economics*, 1970, Vol.84, No.3, pp.488-500.

② 这一价格还取决于买方的风险态度,一般风险的厌恶者所出价格较低,风险的偏好者所出价格较高。

$1/2\times3/4=3/8$ 的话，他将只愿意支付 $3/2\times3/8\times Q=9/16Q$ 的价格，在这个价格下，又只有质量指标为 $q\leqslant 9/16$ 资产方愿意供给，于是买方再次降低价格。如此不断循环，市场的厚度不断减少，最后将不会有交易。因为在以上模型中，$3/2Qq$ 永远不会等于 Qq，即买卖双方不能在任何价位达成一致，交易量为零。信息不对称和道德风险取消了整个市场，我们称之为“信息陷阱”。一个市场一旦落入“信息陷阱”，市场的功能就会紊乱，优胜劣汰的市场机制就会导致劣品驱除良品。市场上将不会有优质公司出现，整个市场将没有交易。

值得一提的是上述讨论有两个假设：一是资产质量连续分布；二是买卖双方对于资产质量评价一致，即对于同一质量的资产出价相同，这是不现实的，因为正是由于买卖双方对于资产评价不同，交易才会产生。两个假设的放宽会使得上述极端的分析结果发生变化，但是信息不对称导致的市场定价功能紊乱和买者谨慎的倾向却是一样的。

诚然，如果劣质公司模仿优质公司的成本较高，或是投资者容易分辨公司质量，“信息陷阱”也就不会现实发生。遗憾的是，在我国股票市场发展初期，监管水平相对低下，投资者投机倾向明显，财务信息失真较为严重，劣质公司模仿优质公司定价增加发行收入成为可能。更令人担忧的是，劣质公司模仿优质公司的成本相对较低，表现在：(1) 在国有企业改制上市之前，都会进行资产重组，把母公司的优质资产剥离出来，这种重组往往没有考虑经济合理性，因此在包装上市之后上市公司往往又通过反购母公司资产的方式给母公司筹资，这增加了劣质公司模仿优质公司的空间和甄别成本，也是形成上市后关联交易的基本原因。(2) 中介机构独立性较弱，容易迁就客户方的意见，使得劣质公司能够取得有利于自己的财务包装效果和审计意见。最近国内外上市公司的财务丑闻注解了这种判断。(3) 对于虚假财务信息的处罚力度不够。财务丑闻的处罚对象多数是注册会计师，而侵害会计师独立性的主体则往往逍遥法外。处罚的方式主要是取消从业资格、罚款等，许多行为被界定为民事纠纷，如我国操纵股票市场的最高处罚为 5 年监禁。在一系列的财务丑闻之后，美国国会于 2002 年 7 月通过了关于公司改革的《萨邦斯—奥克斯利法案》，加强了财务舞弊行为的监督处罚，主要条款有：要求公司 CEO 和 CFO 书面保证财务报告真实性，如果知道财务报告不符合证券交易所要求仍做出认证，可并处 100 万美元以下罚金和 10 年以下监禁，如果蓄意违法，可并处 500 万美元的罚款和不超 20 年的监禁，管理层责任进一步加强。(4)投资者的投机心理和政府的发行价格管制导致购买新股几乎无一例外地盈利，出于短期投机的考虑和信息甄别的成本限制，投资者没有动力去仔细甄别财务信息的真实性，唯一重要的是争取申购到新股。所以财务信息也就缺少了一级市场广大投资者的监督。

低模仿成本导致劣质公司滥竽充数，不同质量的公司股票同时发行上市，在信息不对称的条件下，“柠檬理论”发生作用，引致市场萎缩甚至崩溃。

三、政府干预新股定价的合理性和社会成本

政府目标决定了它不能容忍出现新股发行市场的信息陷阱。但要形成公司质量的有效甄别机制，需要改善市场环境，培养理性的投资者，也需要改革歧视性的市场准入制度。但这些条件绝非一蹴而就，即使在西方成熟的股票市场上，防止财务舞弊和内幕交易仍是重要课题。于是新股发行中的限定市盈率、控制发行规模等行政性“抑价”措施成为避免市场失败的必然选择。从政府角度看，如果放开发行价格管制，给予企业定价权，上述分析的信息陷阱就会出现，最终将削弱国有企业的融资能力，这有悖于政府主要目标。实践给出了政府需要的答案：实行配额和审核双重管制，给予国有企业优先发行权利，对新股实行固定定价并且控制发行市盈率。从结果上看，绝大多数上市公司都是国有企业改制而成，保证了为国有企业改制服务的目的；发行市盈率一般都在 15 倍以下，首日收益率极高，保证了资金供应。虽然 2001 年实行了核准制，发行价格也开始放开，出现了许多发行市盈率很高的公司，但政府对发行上市的公司的实质性审核并没有停止，多数公司发行市盈率都会受到限制。其根本原因就是信息陷阱的约束没有消除。不管实行什么制度，政府都会尽力维持一定的市场厚度，保证公司新股发行成功。从这一思路出发，可以深刻洞察政府政策变化的内在逻辑和政策底线。

在上述的资产定价模型中，对于质量为 q_0 的特定资产，信息对称时市场

能够成交的价格区间是[Qq_0,$3/2Qq_0$]。信息不对称时,由于卖者了解这一资产真实质量,买者只能估计所有资产的平均质量,可能成交的价格区间就变为[Qq_0,$3/2Q\times E(q)$]。在质量满足 $3/2\times E(q)>q_0$,就会有资产成交。但如果卖者以次充好,导致资产质量普遍下降的话,就会有其中 $3/2\times E(q)\ngtr q_0$,买者出价 $3/2Q\times E(q)$ 小于卖者要价 Qq_0,卖者就会把质量为 q_0 的资产抽出市场,市场成交量为零。政府保证发行成功的方法就是:首先运用行政力量防止卖方抽走质量为 q_0 的资产,保证 $3/2Q\times E(q)>Qq_0$,从而能够成交;其次通过市盈率限制压低价格至 $P\leqslant Qq_0$,从而以低价出让资产。由于投资者通过学习了解到管制下的发行价格低于公司平均价值,因而有 $P\leqslant Qq_0\leqslant 3/2Q\times E(q)$,也就能够保证发行成功。发行公司短期内的发行收入损失可以通过后续发行得到弥补,而且考虑到提高发行价格的风险和成为上市公司所获得的优厚的壳资源收入,也会接受价格管制。

政府“一刀切”的新股定价管制,事实上达到了博弈过程的纳什均衡,参与博弈的主体包括发行公司、政府、投资银行、投资者的利益都得到了体现,没有任何主体有动机改变现有的博弈结果:政府顺利解决了为国有企业改革提供融资通道的问题;发行公司尤其是劣质公司经过改制包装、发行、上市等过程可以获得较高的融资收入。虽然优质公司的发行收入会低于可能得到的收入,但后续发行的可能弥补了这一缺陷,而且与未取得发行资格的公司相比,其优势不言而喻;投资者是最大的受益者,申购新股可以取得超高的首日收益率,一级市场申购不败的纪录持久不变;投资银行的定价功能被政府管制取代之后,业务的差别消失,竞争集中在取得新股承销资格、争取配额和资料准备、报批等环节。一旦得到承销资格就能以极小的营销努力获得稳定的佣金收入。

但这种均衡到底牺牲了什么呢?笔者认为这种功利主义的做法在上述主体之间达到了利益相容,但却存在巨大的外在成本。这种管制的实行是以牺牲公平原则和市场规则为代价的,具体表现为取消了定价的合理差别,进而使市场的价格发现功能丧失,其结果是资源配置效率低下。“一刀切”的定价使资源流向得到配额的企业,而没有体现企业质量和发展前景的差别,资源被不同质量的企业分享,配置效率低下。同时也会导致两个层次的不公平:上市公司和没有取得发行资格的大量优质民营企业和国有企业之间的不公平;优质公司和劣质公司之间的不公平。这种制度安排的潜在危机是:在强制性信息披露条件下,如果劣质企业财务包装的事实被揭露,有可能导致市场信心的丧失,后果是所有上市公司都将受损,市场发展也将停滞。

四、市场化定价和分离均衡

杨丹的实证研究①表明,在行政定价的条件下,优质新股是管制的牺牲品,其发行市盈率被压低的程度普遍高于劣质新股。管理层推出新股定价市场化改革的初衷是使发行市盈率体现资产质量差异,实现分离均衡,改善资源配置效率,这也是新股发行改革的终极目标。但市场化定价改革能否真正实现分离均衡还取决于市场运行约束条件。笔者认为,实现分离均衡的基本途径是使投资者有动机和足够信息识别不同质量的公司。具体而言,市场信息的充分流动、投资者理性、信息披露规范化和建立信誉机制是实现分离均衡的基本条件:

其一是市场信息充分,投资者具备甄别不同质量公司的条件。有两种可能状态:一是信息获取、甄别、加工成本为零,同时假设投资者有足够的信息处理能力和注意力资源。此时所有投资者都会拥有同样的信息,作出理性的选择,其出价完全反映了公司质量信息。二是信息有成本,许多投资者受到成本的约束或由于投资额较小而缺乏处理全部相关信息的激励。但此时只要有足够多的投资者(如机构投资者)加工处理有关信息并作出理性预期,价格也会调整到合理价位。市场运行达到上述任何一种状态,分离均衡就有了实现的可能性。

其二是投资者理性。因为信息充分引致的分离均衡的可能性在特殊的市场环境下并不一定具有现实性,其实现与否还取决于投资者行为假定。从理论上讲,即使市场信息被足够多的投资者知晓,但只要他们投资决策理性的假

① 杨丹:《壳资源与新股发行定价研究》,博士学位论文,西南财经大学,2003年。

设不成立,也可能导致定价偏离股票实际价值。换言之,在市场投机性较强,理性投资收益远小于非理性投资收益时,投资者就会“理性”地选择非理性行为。在中国现有的股票市场条件下,一级市场新股申购的理性行为应该是努力搜集相关信息,甄别不同质量的公司,选择最有潜力的公司作为申购对象,谋求长期的资产增值。但这种理性行为受到多种约束:劣质公司模仿优质公司的空间大、成本低,加之财务信息失真屡禁不止,更何况在公司上市前搜集公司的相关信息本身就有相当难度,这些因素客观上增加了理性决策的成本;一级市场长期存在超额收益,甄别公司质量与争取申购中签相比显得并不重要,所以许多投资者没有足够动力甄别公司质量;我国股票市场投资者具有较强的投机性,看重短期套现,新股上市后当天便平均有超过50%的换手率,而且股价和公司业绩之间缺少显著相关性,股价不能反映公司资产质量,即使申购到优质公司的新股也不一定得到优于劣质公司的收益。结果是一级市场的混合均衡不可避免。

其三是财务信息的披露规范化。应加强中介机构的独立性和竞争性,规范财务信息披露的同时,鼓励多种信息之间的竞争和相互监督。最近美国和中国的财务舞弊案件都是由媒体揭露出来的事实表明,行业自律管理辅之以多种信息来源的竞争,可以改善信息披露质量。

其四是,完全的信息和投资者理性在现实过程中都不能完全达到。但投资银行作为中介机构可以发挥声誉机制,较好地解决了信息问题。

声誉机制通常指建立在重复关系之上,依赖博弈双方自我实施,围绕合约执行而展开的有关社会成员商业行为的信息纰漏、纷争仲裁、欺诈行为的惩罚等活动的规则和程序①。张维迎认为声誉机制发生作用至少有以下条件②:首先是双方是多次重复博弈,交易双方都可以根据上次交易情况决定下次交易是否进行;其次是其他同类的交易者有足够的学习能力了解各交易主体的签约和执行情况,并且有能力和意愿在机会主义行为出现时采取抵制行动,适时退出;最后是交易者退出的威胁是可信的,也就是说,交易伙伴停止交易对

① 郑志刚:《声誉制度理论及其实践评述》,《经济学动态》2002年第5期,第73—77页。

② 张维迎:《法律制度的信誉基础》,《经济研究》2002年第1期,第3—13页、第92—93页。

机会主义者带来的损失超过机会主义行为收益。

由于在新股发行时发行公司与投资者少有相互交易的历史，他们之间是一次性博弈，不容易达成信任，缺乏声誉机制作用的基础，而且个别投资者退出的威胁一般也不具有足够的影响。但长期从事证券承销工作的投资银行作为公证代理人，与投资者是多次重复的博弈，有交易历史，更有后续的“声誉机制”起作用，所以能较好地达成交易，可以利用它在资本市场长期形成的声誉，证明发行价的确定与内部信息是一致的。承销商不仅是证券交易中介，也是信息传递的媒介，还充当了准“担保人”的角色，利用其市场认可的信誉为发行股票的企业提供“担保”。这可以部分解决信息不对称引致的定价博弈混合均衡和发行失败，是新股定价合理化的重要制度安排。

总之，政府对新股发行价格的管制在市场缺少有效甄别机制时是一种合理的选择，可以有效维护市场运行。市场化定价改革成功的条件是市场具有有效的价格发现功能。

本文原载《金融教学与研究》2003 年第 6 期。

上市公司壳资源价值与新股定价实证研究①

在新股发行过程中，超高的首日收益率几乎为各国的实证检验所证实。有关新股折价的实践证据和基于信息不对称的理论解释也有多种②。20 世纪 90 年代以来，不少中国学者开始运用国外成熟的实证研究方法较全面地考察我国新股发行短期价格行为。但由于研究方法、数据采集、理论解释等限制，还未能对上述现象给出准确描述，也未能得出前后一致的体现中国证券市场特殊制度安排的合理解释。本文用我国证券市场的特有现象“壳资源”来对新股发行价格给出解释，并通过大样本检验提供实证证据。

一、文献综述

（一）实践证据

世界各国都不同程度地存在新股发行折价现象③，而我国新股折价程度堪称世界之最，参见下表：

---

① 本文初稿是作者博士论文《壳资源与新股发行定价研究》的一部分。作为西南财经大学光华讲坛—博士论坛交流论文，得到了博士论坛参加者的良好建议。感谢郭复初教授、赵德武教授、杨晓维教授、李东平博士、冯用富教授、史代敏教授对本文初稿的建议。中国会计教授会 2002 年年会上，朱红军博士对本文作了有意义的评论。

② Newman，P.K.，Milgate，M.，& Eatwell，J. *The New Palgrave Dictionary of Money & Finance*. Macmillan Press Ltd.，1992，p.250.

③ Loughran，T.，Ritter，J. R.，& Rydqvist，K. Initial Public Offerings：International Insights. *Pacific-Basin Finance Journal*，1994，Vol.2，Nos.2-3，pp.165-199.

（二）理论解释

国内外学者对中国股市首日收益率的研究结果

作者	发表时间	样本年限	样本数量	首日收益率
Su 和 Fleisher	1997	1996.1 以前	308 只 A 股	948.59%
王晋斌	1997	1997.1.8—1997.6.27	52 只 A 股	扣除同期银行存款利率后发现超额收益率为 2.702%
陈工孟、高宁	2000	1992—1996	480 只 A 股	335%
刘力、李文德	2000	1995.1.1—1998.5.30	472 只 A 股	142.84%
杜莘、梁洪昀和宋逢明	2000	1998 年 5 月前上市	594 只 A 股	扣除申购风险后为 3.05%
		1995.1.1—1998.5.30	472 只新股	
韩德宗、陈静	2001	1997.1—1999.12	379 只 A 股	指数调整后为 135.35%
刘彤、吴世农	2001	1996.1—1998.6	96 只 A 股	120% 至 220%

很多有关中国股市首次发行的实证研究都基于信号理论的假说。也就是说，中国新股首发折价很大程度上都是为了打开资本市场通道，在首次发行时有意适当降低发行价，使股票上市后有可观的涨幅，吸引投资者认识其价值，以利于后续发行。Su 和 Fleisher①，Su②，陈工孟、高宁③，韩德宗、陈静④提供了支持新股折价为后续发行做准备的实践证据并作出了解释。

与信号理论的假说不同的是，杜莘、梁洪昀和宋逢明（2000）的实证研究表明，信号理论在 A 股市场并不成立。他们认为股市发展初期，相对于旺盛

---

① Su, D.W., & Fleisher, B.M. What Explains the High IPO Returns in China? *Emerging Market Quarterly*, 1998, Vol.2.

② Su, D.W. Leverage, Insider Ownership and the Underpricing of IPOs in China. Working paper, 1999.

③ 陈工孟、高宁：《中国股票一级市场发行抑价的程度和原因》，《金融研究》2000 年第 8 期，第 1—12 页。

④ 韩德宗、陈静：《中国 IPO 定价偏低的实证研究》，《统计研究》2001 年第 4 期，第 29—35 页。

的需求,股票配额制度下供给相对不足导致公司上市后价格较高,是折价的基本原因。

宋逢明、梁洪昀①考察了取消发行市盈率限制后95只新股的首日收益率,发现个股发行市盈率水平仍未显著拉开,首日收益率仍处于很高水平。他们认为影响首日收益率的主要因素来自二级市场,如股价总体水平、行业平均市盈率等;认为信号理论的解释忽略了中外股市的差异,在英美法系国家实行的是授权资本制度,公司可以比较灵活地决定首次发行规模及后续发行的时间和规模,而我国实行法定资本制,后续发行与首次发行相对独立,需要满足特定条件并审批,后续发行的时间和规模都受到限制,公司在额度有限的情况下很难主动压价发行。

孟辉等②也从股票一、二级市场非均衡角度论证了新股定价问题,认为股票总量的额度控制和股权结构的复杂特殊设计强化了新股超额利润。刘彤、吴世农③认为我国短期新股定价偏低并非由发行价格限制引起,而是由于各方信息不对称所致。

（三）现有解释的局限

现有的关于新股首发折价的解释,仍没能充分反映我国特殊的市场结构和制度背景。主要有以下几个方面问题:

其一,多数解释都基于信号理论,忽略了该假说在中国股票市场的适应性。信号理论假说的基础是公司有稳定预期,具有协调长期和短期利益的意愿和条件。而在中国证券市场上,以下因素增加了信号传递的不确定性:在新股首发作出价格让步的公司,并不一定可以取得后续发行的许可④;发行公司利润操纵严重,中小投资者缺少必要知识和鉴别能力;现实中证券市场相关制

---

① 宋逢明、梁洪昀:《发行市盈率放开后的A股市场初始回报研究》,《金融研究》2001年第2期,第94—100页。

② 孟辉、彭扶民、张琴:《新股发行定价与股票市场非均衡》,《财经科学》2000年第3期,第83—86页。

③ 刘彤、吴世农:《论我国首次公开发行股票的价格行为与信息不对称》,《中国经济问题》2001年第3期,第19—27页。

④ 我国后续发行的限制主要有资金用途、发行时间间隔、净资产收益率等要求。

度高速剧烈变革进一步强化了这种不确定性。

其二，对我国新股首发折价现象的解释多数基于上市公司行为分析，忽略了其他对新股首发折价有重要影响的主体，如投资银行、投资者、政府等。

以政府为例，由于政府主导了中国证券市场的制度变迁，政府对制度设计和具体运行都有决定性影响。杨丹①认为政府在新股发行中扮演了双重角色：一是作为管理者，分配发行配额，通过发行规模和发行市盈率等限制，决定发行价格；二是作为国有资产所有者，通过股票市场出让资产。作为管理者，它希望证券市场一步步规范，作为所有者，又希望增加转让收入，把其他所有制企业排除在发行资格之外。可以说，中国证券市场的深层次矛盾皆源于此。但现有研究只在解释新股折价时简单涉及政府管制②③，信号理论的解释则干脆忽略了对政府行为的深入分析。笔者认为，要给出适合中国特殊市场环境的关于新股折价有说服力的解释，必须引入政府行为的解释变量，并把其他解释变量建立在政府行为的深入分析基础之上。

其三，作为政府管制的产物，我国公司的发行上市资格是一种稀缺资源。企业和投资银行通过寻租（Rent-seeking）取得发行许可（配额），就从一级市场上获得了一种潜在的价值，我们称之为“壳资源”。这种“壳资源”在上市后就转变为二级市场的股票的溢价的重要部分，无论企业资产价值多少，股票价格都会因为“壳”的存在而增加。笔者认为正是“壳资源”的存在导致了一、二级市场的巨大价差，形成我国股票市场的新股首发的折价。“壳资源”可以视为政府的市场准入制度的结果，是政府对获得资格公司的一种补贴，可以看作是政府所有者身份的具体体现。遗憾的是，部分学者意识到政府管制对新股首发折价的重要影响，却未能深入研究，得出有说服力的解释。例如，Su 和 Fleisher④

① 杨丹：《国有企业资产转让定价行为分析——兼评国有资产流失观》，《经济研究》1999 第年 12 期，第 14—22 页。

② 杜莘、梁洪昀、宋逢明：《中国 A 股市场初始回报率研究》，《管理科学学报》2001 年第 4 卷第 4 期，第 55—61 页。

③ 宋逢明、梁洪昀：《发行市盈率放开后的 A 股市场初始回报研究》，《金融研究》2001 年第 2 期，第 94—100 页。

④ Su, D.W., & Fleisher, B.M. What Explains the High IPO Returns in China? *Emerging Market Quarterly*, 1998, Vol.2.

提示说政府和个体的寻租行为留待以后进一步研究，杜莘、梁洪昀和宋逢明①，刘彤、吴世农②，孟辉③等、李东平④、宋逢明、梁洪昀⑤都已经意识到政府管制的重要性，以及由此导致的一、二级市场非均衡对新股折价的影响，但都未进行深入的量化分析，也就缺少必要的事实支持其观点。更为重要的是，现有的解释并没有明确提出用管制的产物——"壳资源"来解释折价现象。

二、新股首次发行折价的壳资源假说

（一）"壳资源"与新股发行折价

1. 壳资源概念

一般来讲，壳资源是指上市公司的上市交易资格，壳资源在二级市场上的价值即为壳资源价值。上市公司壳资源产生于以发行配额制度为核心的证券市场管制，是政府干预证券市场的结果，在证券市场制度转轨过程中长期存在。

从寻租理论看，股票发行的审批制和额度控制是传统计划经济的管理方法在证券市场的延续。其目的在于解决股票发行的供需矛盾，但客观上这是典型的政府的"创租"行为，管制导致壳资源稀缺性。一旦拥有上市资格，就可获得极高的收益，如利用证券市场的优势筹集所需资金以及广告效应、资本放大效应、政策优惠（如所得税减免）等。正因为如此，拟上市公司就会调动

① 杜莘、梁洪昀、宋逢明：《中国A股市场初始回报率研究》，《管理科学学报》2001年第4卷第4期，第55—61页。

② 刘彤、吴世农：《论我国首次公开发行股票的价格行为与信息不对称》，《中国经济问题》2001年第3期，第19—27页。

③ 孟辉、彭扶民、张琴：《新股发行定价与股票市场非均衡》，《财经科学》2000年第3期，第83—86页。

④ 李东平：《大股东控制、盈余管理与上市公司业绩滑坡》，博士学位论文，上海财经大学，2001年。

⑤ 宋逢明、梁洪昀：《发行市盈率放开后的A股市场初始回报研究》，《金融研究》2001年第2期，第94—100页。

资源进行“寻租”。只要取得发行资格的收益大于寻租成本,这种活动就不会停止。

企业取得额度之后,就取得了发行上市的壳资源。就可以通过资产重组,达到上市要求并尽力提高发行价格,一旦在二级市场转让股份,不仅可以弥补寻租成本还可以获得高额回报。对于不能在一级市场取得发行配额的公司,其现实的选择是在二级市场上“买壳上市”,以寻求便捷的资本市场通道。

2. 壳资源的市场表现

壳资源的取得是证券管理部门中央和地方两级行政审批的结果。其形成以一级市场发行额度的使用和股票公开发售成功为标志。但发行成功并不意味着壳资源的价值有了市场化的体现,因为它还不是可以转让的稀缺资源。只有公开上市之后,壳资源才有了实际的市场价格,从这个意义上说,二级市场与一级市场的高差价至少可以部分看作是壳资源变现的结果。用壳资源价值解释我国股票首次发行的超高首日收益率也是本文立论的基础。

笔者认为,壳资源价值最基本的市场表现就是它在二级市场的转让价格使得上市公司不论资产价值好坏都可以获得较高的二级市场股价,形成超高的首日收益率。换言之,壳资源提供了上市公司的“价值支撑”,不会出现过低股价,ST、PT① 类高风险亏损公司的高股价也是由于壳资源价值的支撑。以郑百文为例,公司已经资不抵债,2000 年每股净资产为-6.9 元,2001 年每股净资产为-6.2 元,但山东三联集团公司仍决定以旗下的全资企业三联商社的部分优质资产和主要零售业务注入郑百文,以 3 亿元价格购买郑百文所欠中国信达公司的部分债务约 15 亿元,实现借壳上市。假设该公司的决策具有充分理性,考虑资产已经为负,则郑百文的壳资源应该在 3 亿元以上。

上市公司壳资源的存在形成了新股首次公开发行的收益平台,无论企业的效益如何,行业是否具有发展前景,也无论企业实际的管理水平、行业、业绩如何,上市后都会有可观的涨幅。巨额收益拉动一级市场申购,形成“一级市场无风险”的独具中国特色的“新股发行定价之谜”。

---

① 2001 年我国证券市场开始实行退市制度,PT 水仙、PT 金鹿、PT 中浩成为首批退市公司,同年证监会取消了 PT 制度。

（二）壳资源的代理变量确定

理论上讲，我们可以找到壳资源的独立变量。如果我们的回归模型能够穷尽所有关于首日收益率的解释变量之后，还发现回归的常数项与首日收益率具有统计的显著性，我们就可以说，常数项所代表的收益率就是壳资源带来的价值增值。我们也就找到了代表壳资源价值的独立的解释变量。但这一过程的前提条件——找到所有可能的解释变量，却非常难以有力地实现并证明。壳资源的独立解释变量也就难以得到。

退而求其次，我们将试图通过壳资源特点的分析，找出能够间接反映壳资源价值的代理变量，这些变量将反映壳资源的特征并且与首日收益率显著相关。能实现这一点就使得壳资源进入了解释新股发行折价的理论视野，在解释"中国新股发行定价之谜"的理论道路上迈出了一步。

壳资源价值取决于稀缺性，在采用发行配额控制新股发行的制度背景下，壳资源的稀缺性可以用上市公司壳数量（1 个壳）占到上市年度为止（包括该年度）的市场累计壳数（家数）的比率来表示。比率越大，表示稀缺性越大，比率越小表示稀缺性越小。选取这一指标的原因在于：寻求资本市场通道的公司都有两种选择，即发行新股和买壳上市。在发行前资产重组普遍存在的前提下，两种方式之间具有套利意义上的相互替代效应，配额稀缺程度不仅取决于当年规模，更取决于二级市场壳资源的总量（即家数）。换言之，股市发展初期上市公司家数少，所以稀缺程度高，随着股市扩容，稀缺程度下降。

根据壳资源是公司发行上市资格的定义，壳资源应该是同质的，壳的价值也应相同，令壳价值为 S，即有大公司壳资源价值 S_1，等于小公司壳资源价值 S_2，规模不同改变的只是分摊在单位发行规模的壳资源价值，令大、小公司发行规模分别为 N_S和 N_L，则有 S_L/N_L小于 S_S/N_S，小公司单位壳资源价值高于大公司导致上市后价格较多上扬，这是小公司首日收益率高于大公司的基本原因。基于以上分析，本文采用至发行年度为止的发行家数占比表示壳资源的稀缺程度。

根据上文的分析，作者认为壳资源的代理变量除了壳资源数量占比表示稀缺程度外，还应考虑下列壳资源代理变量，这些变量形成了壳资源的统计因子：

（1）股票发行和上市间隔时间变量。这一段时期也称为新股发行的蜜月期。可以看作是壳资源投资的期限。投资者认购资金占用必然产生的时间价值和投资风险形成收益率的底线。尤其考虑到证券市场在制度变迁过程中的高风险如1995年的紧缩，风险因素就更不能忽略。

（2）发行的盘子大小指标。一般认为，如果盘子较小，则更有利于收购者进行与壳资源有关的交易。小盘股壳资源的利用更为便利，成本较低，壳资源价值也就更高。虽然在首次发行之后可以进行后续发行，但笔者认为首发的盘子大小形成了公司规模的基数，短时期内难以根本改变。因此，首次发行的规模可以成为壳资源价值的一个重要指标。

（3）中签率。股票发行过程中的供不应求的矛盾，一方面源于以额度为代表的市场准入限制，另一方面也源于需求过旺。反映这一矛盾的重要指标就是新股发行过程的申购中签率，中签率越低，表明市场供求矛盾越突出。中签率反映了壳资源的稀缺程度及其价值。

事实上，许多学者已经通过各自独立的实证研究找到了壳资源存在并影响首日收益率的证据。如Su和Fleisher① 证明了规模较小的发行往往对应着较高的首日收益率，首日收益率较高的发行公司更倾向于在短时期内进行较大规模的后续发行，同时也证明了在股票市场形成初期新股发行折价程度较高。这可以看作是对小盘股壳资源价值和壳资源价值时间推移而改变的间接证明。Su和Fleisher②，刘彤、吴世农③也指出新股上市前后公开的信息不能解释折价程度。章卓力④等也认为以公司盈利水平为出发点为公司新股定价存在很大缺陷。遗憾的是，他们未能回答以下问题：在公司自身信息不能解释新股发行折价的前提下，是什么因素导致了新股发行的超额收益率。

---

① Su, D.W., & Fleisher, B.M. What Explains the High IPO Returns in China? *Emerging Market Quarterly*, 1998, Vol.2.

② Su, D.W., & Fleisher, B.M. What Explains the High IPO Returns in China? *Emerging Market Quarterly*, 1998, Vol.2.

③ 刘彤、吴世农：《论我国首次公开发行股票的价格行为与信息不对称》，《中国经济问题》2001年第3期，第19—27页。

④ 章卓力等：《我国A股市场IPO定价影响因素分析》，《证券时报》2001年9月12日。

（三）基于壳资源的假设体系

本文以壳资源为核心的假设如下：

假设一：壳资源稀缺效应假设。各年度的额度稀缺程度导致壳资源价值差异，这可用壳资源稀缺指标来表示，表现为稀缺程度越高，首日收益率越高。

假设二：新股发行折价的“小公司效应”假设①。相对而言，发行规模较小的公司比规模大的公司有更高的单位壳资源价值，从而小公司折价程度较高。

假设三：新股发行折价的“蜜月期”效应假设。发行到上市的时间间隔越长，折价程度越高，这可以看作是壳资源投资的期限与收益成正比。

假设四：新股发行折价的供求效应假设。中签率越低的股票，供求矛盾越高，壳资源价值越高，折价也越高。

三、实证检验模型

根据上文分析和假设体系，借鉴现有检验模型，构建以下分析模型进行新股首次发行折价分析：

模型 1：$IR=\alpha+\beta_1\times PE+\beta_2\times IPOSIZE+\beta_3\times IPOPRC+\beta_4\times INDCD+\beta_5\times LSTPLC+\beta_6\times GAP+\beta_7\times SCARCE+\beta_8\times ROE+\varepsilon$

其中各变量定义如下：

IR：新股首日收益率。表示为上市首日收盘价减去新股发行价的差额除以发行价。由于市场收益率的平均水平与首日收益率平均水平相差甚远，是否用市场收益率进行首日收益率调整不会影响分析结果，因此本文选择取简单的首日收益率进行分析。

PE：新股发行市盈率。

IPOSIZE：以千股为单位表示的新股发行规模指标。

① “小公司效应”一般指在二级市场上，小规模公司的收益长期系统高于大规模公司和市场平均水平的现象，该效应对资本资产定价模型的适用性提出了挑战。

IPOPRC:新股发行的价格。

INDCD:行业虚拟变量,经过统计变量设置避免了可能的多重共线性问题。

LSTPLC:上市地虚拟变量。上市地为上海取值为 1,上市地为深圳取值为 0。

GAP:新股发行到上市间隔天数变量。按一年 365 天计算得出发行上市的间隔时间。

SCARCE:壳资源稀缺程度变量。取到公司上市年度末为止累计二级市场公司家数的倒数。

ROE:新股发行当年度的净资产收益率。

四、样本选取与数据处理

(一) 样本

本文采用香港理工大学中国会计与金融研究中心、深圳国泰安信息技术有限公司发行的 2000 年版《中国股票市场研究数据库——市场交易数据库》的市场交易数据和巨灵信息系统提供的财务数据。鉴于我国数据缺失和失真现象,作者对数据进行了进一步的抽样比对和验证,以保证数据的可信度。

作者主要分析上海、深圳两地的 A 股首日公开发行数据。对个别明显失实或缺少数据的样本,进行了技术处理。比如深发展 A 股(代码 000001)的上市日为 1993 年 7 月 3 日,但本日缺少收益率数据,考虑到深发展数据对分析的重要性,作者保留了该样本,并用 7 月 4 日数据进行替代;沪昌特钢(代码 600665)上市日为 1993 年 7 月 9 日,但该日数据缺失,取下一交易日 7 月 12 日的数据代替。对于数据不全的样本,采取两种处理方法:一是直接删除该股票的所有记录,如爱使股份(代码 600652);二是对历史较长、对研究有重要价值,且只有个别数据缺失的,采用该变量的平均数代替。为保证分析的准确性,原则上取 1990 年股票市场开设至 2000 年可获得数据的全部样本作为分析对象。数据区间和股票家数如下①：

股票市场	数据区间	样本股票家数
上海 A 股	1990 年 12 月 19 日—2000 年 12 月 30 日	552
深圳 A 股	1991 年 7 月 3 日—2000 年 12 月 30 日	501
合计		1053

样本基本情况描述如下：

依行业分类：

行业	工业类	综合类	商业类	公用事业类	房地产类	金融类	合计
家数	636	196	101	78	34	8	1053
所占比率(%)	60	19	10	7	3	1	100

依上市地点和新股发行年份分类：

年份	1987前	1988	1989	1990	1991	1992	1993	1994	1995	1996	1997	1998	1999	2000	合计
深圳	3	15	21	14	14	21	59	19	5	88	106	51	47	41	552
上海	3	11	10	9	4	74	65	19	7	84	82	51	46	83	501
合计	6	26	31	23	18	95	124	38	12	172	188	102	93	124	1053

依上市地点和新股发行到上市时间间隔分类：

间隔天数区间(gap)	$gap \leq 30$	$30 < gap \leq 180$	$180 < gap \leq 360$	$360 < gap \leq 1080$	$gap > 1080$	合计
上海	260	196	30	20	46	552

① 由于 2001 年我国实行股市发行核准制，额度管理取消，本文主要用 2001 年以前的数据进行研究。但值得一提的是实行核准制和发行审核通道制并未消除壳资源的影响。

续表

间隔天数区间(*gap*)	*gap*≤30	30<*gap*≤180	180<*gap*≤360	360<*gap*≤1080	*gap*>1080	合计
深圳	209	210	15	17	50	501
两市合计	469	406	45	37	96	1053

依上市地点和首日收益率分类：

首日收益率区间(*IR*)	*IR*≤0	0<*IR* ≤100%	100%<*gap* ≤200%	200%<*gap* ≤300%	*IR*>300%	合计
上海	3	175	194	72	108	552
深圳	5	154	196	52	94	501
合计	8	329	390	124	202	1053

（二）数据处理

本研究数据分析处理采用 EXCEL2000 和 SPSS 统计分析软件进行独立分析，输出结果进行比照，以确保结果的准确性。

（三）描述性统计

首日收益率是表示新股首发的折价程度的主要指标，也是本文研究的主要因变量，根据截至 2000 年底的已上市的 1053 只股票的首日收益率情况及解释变量情况，进行描述特征如下：

	Mean	*Std.Dev*	*Minimum*	*Maximum*
IR	2.85	4.68	–.19	43.80
IPOSIZE	2.08	31.87	.01	1000.00
PE	12.58	9.72	.00	71.45
IPOPRC	6.46	7.48	1.00	100.00
LSTPLC	1.48	.50	1.00	2.00
GAP	279.28	701.09	6.00	4388.00

续表

	Mean	*Std.Dev*	*Minimum*	*Maximum*
SCARCE	0. 00	0. 00	0. 00	0. 00
ROE	. 21	. 24	. 00	6. 36
LOTTERY	0. 01	0. 06	. 00	1. 00
*INDCD*1	0. 01	0. 08	. 00	1. 00
*INDCD*2	0. 07	. 26	. 00	1. 00
*INDCD*3	0. 04	. 17	. 00	1. 00
*INDCD*4	. 19	. 39	. 00	1. 00
*INDCD*5	. 60	. 49	. 00	1. 00
*INDCD*6	. 00	. 00	. 00	. 00

从上表可以看出,自 1990 年以来在沪深两市上市的 1053 家 *IPO* 公司的平均首日收益率为 285%,折价程度十分明显。也就是平均而言,认购新股后以首日收盘价出售价格就达到近 3 倍,相对于平均的新股发行到上市的时间间隔 285 天而言,这一收益十分惊人,即使国外成熟市场也绝无仅有。这就是新股发行持久地吸引投资者的基本原因。其中首日收益率最高的是武汉中商(代码 000785),达到 43. 8 倍。有 8 只股票首日收益率为负,百大集团(代码 600869)首日收益率最低,为-19%,首日收益率方差较大,表明各股的定价和市场状况差异较大。

发行到上市时间间隔差异很大。最短的时间间隔为 6 天,最长的为 4388 天,将近 10 余年。这与我国证券市场高速变迁有关。

从发行股份数量来看,宝钢股份(代码 600019)新股发行规模创历史最高纪录,多达 18 亿股,华晨集团(代码 600653)新股发行数量最少,仅为 1 万股,所有公司平均发行规模为 4. 9 千万股。

五、实证结果与分析

根据上述模型,经过逐步回归整理,得到以下结果:

	Coefficients	*t-Stat*
INTERCEPT	2.438***	9.068
PE	0.013**	2.152
IPOSIZE	-0.051***	-7.450
IPOPRC	-0.050***	-2.916
GAP	-0.089**	-2.073
LOTTERY	-1.210***	-2.602
SCARCE	-461.069***	-4.273
F	14.235	
Adjusted R^2	0.135	
N	1053	

* 表示在 10%的水平上显著，** 表示在 5%的水平上显著，*** 表示在 1%的水平上显著。

经检验，模型的适用性较好，基本支持壳资源有关假设，结论如下：

结论一，稀缺程度指标与首日收益率在 1%的水平上显著，表明壳资源稀缺程度是首日收益率的重要解释变量，这支持稀缺效应假设。研究还发现，用发行年度指标替代稀缺程度指标后，年度指标与新股发行折价在 1%的水平上显著相关，而且回归系数为正，表明不同的发行年度首日收益率有显著差异，发行越早的股票折价程度越高，随着年度推移，稀缺程度下降。不同发行年度的首日收益率水平如下：

年份	1987前	1988	1989	1990	1991	1992	1993	1994	1995	1996	1997	1998	1999	2000
平均首日收益率(%)	631.19	1661.19	1115.86	1482.98	775.18	549.44	168.36	82.12	77.89	115.36	147.64	131.63	116.05	150.36
家数	6	26	31	23	18	95	124	38	12	172	188	102	93	124

不同上市年度对首日收益率也有影响：

上市年份	1990	1991	1992	1993	1994	1995	1996	1997	1998	1999	2000	合计/平均
平均首日收益率(%)	329.70	406.23	413.42	517.94	165.66	609.40	306.37	272.54	319.87	114.26	150.82	285.95
家数	23	18	95	124	38	12	172	188	102	93	124	1053

结论二，新股发行折价具有“小公司效应”，发行规模在1%的显著水平上与首日收益率负相关，表明大公司上市后新股的上涨幅度低于小公司。这支持不同规模公司壳资源价值相等，小公司单位壳资源价值较高的假说。

结论三，新股发行折价“蜜月期”效应。统计表明时间间隔和首日收益率显著相关，发行到上市的时间间隔越长，折价程度越高。这一方面与结论一相联系，因为时间间隔长的发行往往集中在较早年份。这两组变量之间的相关系数为0.67。在时间间隔超过1年的133只股票中，仅有一只在1998年发行，其他所有股票都早于1993年发行，1984年至1989年我国发行最早的股票绝大多数的发行上市时间间隔超过一年。另一方面，较高的首日收益率可以看作是对一级市场投资者承担“蜜月期”的风险和等待的补偿。

结论四，回归结果表明，中签率与首日收益率在1%的水平上显著负相关。由于我国股票认购过程存在明显的供求失衡导致中签率偏低，而发行价格不但有政府限制，而且一旦确定就不能更改，所以发行价格不能根据发行过程的供需情况调高。结果是一级市场股票价格低估，过旺的需求在上市后拉高了二级市场的股价，首日收益率偏高不可避免。

此外，实证研究还表明，首日收益率与发行市盈率在5%的水平上存在显著的统计关系，且回归系数为负，表明发行市盈率高的股票可能由于最高的市盈率倍数限制而未能定到合理的高价位，因而上市后首日收益率偏高；首日收益率与发行价格在1%的水平上存在显著的统计关系，表明低价股上市后涨幅较大，这应该与二级市场的投资者心理有关。公司净资产收益率、行业与首日收益率无显著统计关系，与壳资源假设一致。

本文原载《经济学家》2004年第2期。

新股发行博弈和市场化定价

——基于信息经济学经典模型的分析

证券管理层宣布取消新股发行审批制和行政性定价，改为核准制和市场化定价无疑是中国证券市场改革的重要一步。但实行过程却表现出市场化定价的诸多无奈：核准制没有实现平等准入，市场化定价仍是一种国有企业股权转让的垄断定价；投资者对市值申购反应冷淡，只有不到一半的市值参与申购新股；发行市盈率放开后总体上的发行市盈率没有发生根本改变，宋逢明、梁洪昀①考察了取消发行市盈率限制后95只新股的首日回报率，发现个股发行市盈率水平仍未显著拉开，首日回报率仍处于很高水平。市场化定价的无奈促使我们重新审视新股行政定价产生的原因、运行效率、制度基础和约束条件，进而考虑市场化定价有效运行的条件。

一、信息、博弈与新股定价

现有关于新股定价的研究很少涉及定价过程本身，对现有定价机制的许多研究则简单地把定价过程的基本特点归结为"中国特色"，并用这一判断解释诸多证券市场的现象，这一正确但不准确、笼统而不严密的解释一定程度上阻碍了我们对定价过程的深入考察。

① 宋逢明、梁洪昀：《发行市盈率放开后的A股市场初始回报研究》，《金融研究》2001年第2期，第94—100页。

笔者认为,新股定价研究应该深入研究主体行为,这一过程实际上是政府、发行公司、投资银行、投资者四个主体的博弈和价格发现的过程。周侃①,施锡铨、周侃②阐述了不同信息结构下,静态博弈和动态博弈的过程,分析了混合均衡(Pooling Equilibrium)和分离均衡(Separating Equilibrium)的博弈结果及其效率。张宗新、姚力和厉格非③用博弈论解释了不同信息结构下,未达到上市标准企业通过"包装"争取达到上市标准的策略及博弈结果。

事实上,各主体都有其不同的目标函数和博弈策略。就发行公司而言,在现有制度安排下,其目标就是最大化发行收入。在市盈率不变的情况下,增加发行收入的基本途径就演变成通过各种方式增加每股收益。就投资者而言,目标就是获取最大的转让差价,一二级市场的差价是其参与股市的原动力。发行抑价和按概率认购的发行模式,造就了许多一日暴富的故事,也持久地吸引着越来越多的投资者。就投资银行而言,佣金和声誉是其目标,在承销不存在现实风险的我国一级市场上,它扮演的基本上是"旱涝保收"的角色。政府的基本目标是保持证券市场发展,发挥为国有企业改革服务的功能,但这两个目标本质上是矛盾的,下文将进一步论述。

二、信息不对称与新股发行市场萎缩

(一)股权转让和柠檬理论

考虑发行公司和投资者的博弈,资产质量较好的公司有动机发出信号让投资者了解公司质量,而劣质公司也有强烈动机模仿优质公司定价。在信息不对称的条件下,会形成市场运行的混乱。

① 周侃:《信息不对称、博弈与新股发行定价》,《投资研究》2000年第8期,第36—39页。

② 施锡铨、周侃:《信息不完全情况下新股发行定价的选择及效率》,《统计研究》2000年第11期,第34—38页。

③ 张宗新、姚力、厉格非:《中国证券市场制度风险的生成及化解》,《经济研究》2001年第10期,第60—66页。

杨丹[1]也运用 Akerlof 的柠檬理论分析我国各地产权市场的有行无市状态，指出政府为了解决大面积巨额亏损企业问题，把劣质企业和优质企业一起推向产权市场，在信息披露制度不全的前提下直接限制了市场的“价格发现”的功能，引致产权市场萎缩。

这里借用该文的分析给出以下关于发行公司资产定价的博弈模型：我们把企业资产质量指标量化为均匀分布在 0 到 1 之间的数值，最劣质企业质量指标为 0，最优质企业为 1，其余资产则均匀分布在(0,1)之内，产权市场企业资产质量平均为 0.5。以 q 表示任一特定资产的质量，用 Q 表示资产规模，假设对于规模为 Q(为行文方便把 Q 定为常量)，质量为 $q(q\leqslant 1)$ 的资产质量，卖方愿意以不低于 Qq 价格出售，买方愿意支付 $3/2Qq$ 的价格。此时如果潜在买方和卖方的信息完全对称，从而排除了以次充好的可能的话，那么该资产将在 Qq 和 $3/2Qq$ 之间成交。但如果买方不能取得有关信息或取得有关信息成本过高时，卖方就有利用自身信息优势，以次充好，抬高售价的机会主义行为倾向。买方此时不能准确判断资产质量，他只能猜测资产质量并按资产的平均质量($E(q)$)支付预期价格[2]。在资产质量为 1/2 时，买方愿支付的价格为 $3/2\times Q\times 1/2=3/4Q$。然而，在 $3/4Q$ 价位，谁愿意出售资产呢？显然只有持有资产质量等于或低于 3/4 的卖方才会出让资产。于是进入市场的资产质量指标的实际分布只会是在(0,3/4)的区间内。而买方一旦从自身或他人的购买经验得知市场的资产平均质量已经下降到 $1/2\times 3/4=3/8$ 的话，他将只愿意支付 $3/2\times 3/8\times Q=9/16Q$ 的价格，在这个价格下，又只有质量指标为 $q\leqslant 9/16$ 资产方愿意供给，于是买方再次降低价格。如此不断循环，市场的厚度不断减少，最后将不会有交易。因为在以上模型中，$3/2Qq$ 永远不会等于 Qq，即买卖双方不能在任何价位达成一致，交易量为零。信息不对称和道德风险取消了整个市场！我们称之为“信息陷阱”。一个市场一旦落入“信息陷阱”，市场的功能就会紊乱，优胜劣汰的市场机制就会变为劣品驱除良品，市场上将不会有

① 杨丹：《产权市场交易萎缩的经济学分析：一个信息经济学的假说及其实践意义》，《投资研究》1999 年第 5 期，第 6—10 页。

② 这一价格还取决于买方的风险态度，一般风险的厌恶者所出价格较低，风险的偏好者所出价格较高。

优质公司出现,整个市场将没有交易。

值得一提的是上述讨论有两个假设:一是资产质量连续分布:二是买卖双方对于资产质量评价一致,即对于同一质量的资产出价相同,这是不现实的,因为正是由于买卖双方对于资产评价不同,交易才会产生。两个假设的放宽会使得上述极端的分析结果发生变化,但是信息不对称导致的市场定价功能紊乱和买者谨慎的倾向却是一样的。

（二）低模仿成本与市场失灵

如果劣质公司模仿优质公司的成本较高,或是投资者容易分辨公司质量,“信息陷阱”也就不会现实发生。遗憾的是,在我国股票市场发展初期,监管水平相对低下,投资者投机倾向明显,财务信息失真较为严重,劣质公司模仿优质公司定价增加发行收入成为可能。

更令人担忧的是,在我国劣质公司模仿优质公司的成本相对较低,表现在:(1)在国有企业改制上市之前,都会进行资产重组,把母公司的优质资产剥离出来,这种重组往往没有考虑经济合理性,因此在包装上市之后上市公司往往又通过反购母公司资产的方式给母公司筹资,这增加了劣质公司模仿优质公司的空间和甄别成本,也是形成上市后关联交易的基本原因。(2)中介机构独立性较弱,容易迁就客户方的意见,使得劣质公司能够取得有利于自己的财务包装效果和审计意见。尤其在中介机构同时为同一公司开展审计业务和咨询业务的时候,这种独立性就更容易受到挑战。最近国内外上市公司的财务丑闻注解了这种判断。(3)对于虚假财务信息的处罚力度不够。财务丑闻的处罚对象多数是集中在注册会计师,而侵害会计师独立性的主体则往往逍遥法外。处罚的方式主要是取消从业资格、罚款等,许多行为被界定为民事纠纷,如我国操纵股票市场的最高处罚为 5 年监禁。在一系列的财务丑闻之后,美国国会于 2002 年 7 月通过了关于公司改革的《萨邦斯—奥克斯利法案》加强了财务舞弊行为的监督处罚,主要条款有:要求公司 CEO 和 CFO 书面保证财务报告真实性,如果知道财务报告不符合证券交易所要求仍作出认证,可并处 100 万以下美元罚金和 10 年以下监禁,如果蓄意违法,可并处 500 万美元的罚款和不超过 20 年的监禁,管理层责任进一步加强。(4)投资者的投机心理和政府的发行价格管制导致购买新股几乎无一例外地赢利，出于短期投机的考虑和信息甄别的成本限制，投资者没有动力去仔细甄别财务信息的真实性，唯一重要的是争取申购到新股。所以财务信息也就缺少了一级市场广大投资者的监督。

低模仿成本导致劣质公司滥竽充数，不同质量的公司同时发行上市，在信息不对称的条件下，“柠檬理论”发生作用，引致市场萎缩甚至崩溃。

三、政府管制和新股发行混合均衡

政府目标决定了它不能容忍出现新股发行市场的信息陷阱，新股发行中的限定市盈率、控制发行规模等行政性“抑价”措施成为避免市场失败的必然选择。行政性定价的结果是博弈过程出现混合均衡，虽保证了所有取得资格的公司成功发行，但导致资源配置效率低下。

（一）政府目标函数

一般来讲，各国股票市场的基本功能是为企业融资和优化资源配置。而股票市场本质功能是资源配置，包括空间配置和时间配置两个方面。空间配置是指所有权在不同主体之间的转移，风险收益随之转移，从而提供了流动性、套期保值、财务杠杆等功能；时间配置是指通过借贷可以实现现在和未来的现金流量时间序列的交换，因而可以在现在进行未来的交易，于是具有了价格发现、调剂余缺、为企业融资服务等功能，在上市公司能够代表所有企业时就有了国民经济晴雨表的功能。

在政府众多目标体系中，股票市场目标定位居于重要地位，而且也是政府目标选择两难处境的集中体现。我们简单地把政府行为函数表示如下：

$$U=U1(S,F,I,T)+U2(E,0)-C$$

其中：U 是政府的效用函数，其目标就是实现 Max(U)。$U1$ 代表政府作为独立利益的主体所追求的目标函数，$U2$ 代表政府作为社会经济管理者和规则制定者追求社会公平和效率的目标函数，C 代表政府为实现其目标而付出的成本,包括作为社会经济管理者付出的组织监管成本,以及作为独立利益主体追求自身目标时付出的各种直接和间接成本。S 表示股票市场规模,只有股票市场达到一定规模,才能提供为国有企业改革服务所必需的流动性和市场厚度。F 表示国有企业融资额,股票市场可以为国有企业提供改制的条件,完善治理结构的环境,但直接的收益则是提供了股权融资通道,这是政府所关心的重要方面。I 表示股票指数,政府监管过程都隐含了股价目标区间,许多政府干预措施都是在股价过高或过低时出现的事实注解了这一判断。政府调节股指的动因在于,二级市场的价格决定着发行价格的上限,进而决定了发行收入高低和投资者积极性,所以政府实际上不能容忍长期股价低迷。T 是股票市场印花税等收入,形成政府可支配收入的重要部分。对政府而言,作为独立利益主体的效用 $U1$ 是股市规模、国有企业融资规模、股指、税收的增函数。

政府作为社会经济管理者和所有者,在社会公平和效率之间进行平衡,作为规则制定和维护者主要追求公平,公式中的 E 表示证券市场的公平程度,0 表示公开,如信息披露规范程度、监管透明度等。可以说在股票市场发展初期,政府更多兼顾了 $U1$ 目标,而忽视了 $U2$ 目标函数。体现为:对上市资格的限制和发审制度尤其是原先的额度分配方式事实上把非国有企业排除在改制上市资格之外,国有企业改制后发行上市可以连续计算存续时间也是优先考虑国有企业融资的现实安排;三种股权划分的制度安排导致国有股价格较低但权利相同,从而形成有利于国有股东的股权结构;从结果来看,信息披露出现的种种问题和触目惊心的造假丑闻也标志着社会公平的缺失。

在 $U1$ 和 $U2$ 之间,政府目标存在着间接的替代关系,虽然这种替代可能并非政府初衷。假设政府在一定时期预算约束下付出的成本 C 不变和运行效率不变,那么政府的目标实现的总体效用 $E(U)=E(U1)+E(U2)$ 便可以确定,$E(U)$ 稳定时两种目标便有了替代关系。换言之,关注为国有企业改革服务的目标必然以牺牲公平为代价,这是中国股票市场各种主要矛盾的深层次根源。

（二）行政定价的必然性

从政府角度看，由于劣质公司很容易模仿优质公司进行股份制改造和新股定价，结果是良莠不齐的公司一起进入市场。要形成公司质量的有效甄别机制，需要改善市场环境，培养理性的投资者，尤其是引入有较强投资分析能力的机构投资者，也需要改革歧视性的市场准入制度。但这些条件都非一蹴而就，即使在西方成熟的股票市场上，防止财务舞弊和内幕交易仍是重要课题。只要市场规则维护尚未到达关系股票市场生死存亡的严重程度，政府就会倾向于选择短期见效的融资安排而非长期的市场培育。于是股票市场便在“为国有企业改革服务”的宗旨下得到超常规发展，股票市场内部暗含的深层次矛盾被搁置起来。

基于上述两难困境的政府政策选择是：如果放开发行价格管制，给予企业定价权，上述分析的信息陷阱就会出现，最终将削弱国有企业的融资能力，这有悖于政府主要目标。现实实践给出了政府的答案：实行配额和审核双重管制，给予国有企业优先发行权利，对新股实行固定定价并且控制发行市盈率。从结果上看，绝大多数上市公司都是国有企业改制而成，保证了为国有企业改制服务目的，发行市盈率一般都在15倍以下，首日收益率极高，保证了资金供应。虽然2001年实行了核准制，发行价格也开始放开，出现了许多发行市盈率很高的公司，但政府对发行上市的公司的实质性审核并没有停止，多数公司发行市盈率都会受到限制。其根本原因就是信息陷阱的约束没有消除，不管实行什么制度，政府都会尽力维持一定的市场厚度，保证公司新股发行成功。

在上述的资产定价模型中，对于质量为 q_0 的特定资产，信息对称时市场能够成交的价格区间是 $[Qq_0, 3/2Qq_0]$。信息不对称时，由于卖者了解这一资产真实质量，买者只能估计所有资产平均质量，可能成交的价格区间就变为 $[Qq_0, 3/2Q\times E(q)]$。在质量满足 $3/2\times E(q)>q_0$ 时，就会有资产成交。但如果卖者以次充好，导致资产质量普遍下降的话，就会有其中 $3/2\times E(q)\ngtr q_0$，买者出价 $3/2Q\times E(q)$ 小于卖者要价 Qq_0，卖者就会把质量为 q_0 的资产抽出市场，市场成交量为零。政府保证发行成功的方法就是：首先运用行政力量防止卖方抽走质量为 q_0 的资产，保证 $3/2Q\times E(q)>Qq_0$，从而能够成交；其次通过市盈

率限制压低价格至 $P \leqslant Qq_0$,从而以低价出让资产。由于投资者通过学习了解到管制下的发行价格低于公司平均价值,因而有 $P \leqslant Qq_0 \leqslant 3/2Q \times E(q)$,也就能够保证发行成功。发行公司短期内的发行收入损失可以通过后续发行得到弥补,而且考虑到提高发行价格的风险和成为上市公司所获得的优厚的壳资源收入,也会接受价格管制。

(三) 混合均衡与资源配置效率分析

政府“一刀切”的新股定价管制,事实上达到了博弈过程的纳什均衡,参与博弈的主体包括发行公司、政府、投资银行、投资者的利益都得到了体现,没有任何主体有动机改变现有的博弈结果:政府顺利解决了为国有企业改革提供融资通道的问题;发行公司尤其是劣质公司经过改制包装、发行、上市等过程可以获得较高的融资收入;虽然优质公司的发行收入会低于可能得到的收入但后续发行的可能弥补了这一缺陷,而且与未取得发行资格的公司相比,其优势不言而喻;投资者是最大的受益者,申购新股可以取得超高的首日收益率,一级市场申购不败的纪录持久不变;投资银行的定价功能被政府管制取代之后,业务的差别消失,竞争集中在取得新股承销资格、争取配额和资料准备报批等环节,一旦得到承销资格就能以极小的营销努力获得稳定的佣金收入。综上所述,任何主体都没有动机改变现有的博弈结果,因而是一种纳什均衡。

但这种均衡到底牺牲了什么呢?笔者认为这种功利主义的做法在上述主体之间达到了利益相容,但却存在巨大的外在成本。这种管制的实行是以牺牲公平原则和市场规则为代价的,具体表现为取消了定价的合理差别,进而使市场的价格发现功能丧失,其结果是资源配置效率低下。“一刀切”的定价使资源流向得到配额的企业,而没有体现企业质量和发展前景的差别,资源被不同质量的企业分享,配置效率低下。同时也会导致两个层次的不公平:上市公司和没有取得发行资格的大量优质民营企业和国有企业之间的不公平;优质公司和劣质公司之间的不公平。这种制度安排的潜在危机是:在强制性信息披露条件下,如果劣质企业财务包装的事实被揭露,有可能导致市场信心的丧失,后果是所有上市公司都将受损,市场发展也将停滞。

四、市场化定价与分离均衡

杨丹[①]的实证研究表明，在行政定价的条件下，优质新股是管制的牺牲品，其发行市盈率被压低的程度普遍高于劣质新股。管理层推出新股定价市场化改革的初衷是使发行市盈率体现资产质量差异，实现分离均衡，改善资源配置效率，这也是新股发行改革的终极目标。但市场化定价改革能否真正实现分离均衡还取决于市场运行约束条件，笔者认为，实现分离均衡的基本途径是使投资者有动机和足够信息识别不同质量的公司。具体而言，市场信息的充分流动、投资者理性、信息披露规范化和信誉机制建立是实现分离均衡的基本条件：

其一是市场信息充分，投资者具备甄别不同质量公司的条件。有两种可能状态：一是信息获取、甄别、加工成本为零，同时假设投资者有足够的信息处理能力和注意力资源。此时所有投资者都会拥有同样的信息，作出理性的选择，其出价完全反映了公司质量信息。二是信息有成本，许多投资者受到成本的约束或由于投资额较小缺乏激励处理全部相关信息。但此时只要有足够多的投资者（如机构投资者）加工处理有关信息并作出理性预期，价格也会调整到合理价位。市场运行达到上述任何一种状态，分离均衡就有了实现的可能性。

其二是投资者理性。因为信息充分引致的分离均衡的可能性在特殊的市场环境下并不一定具有现实性，其实现与否还取决于投资者行为假定。从理论上讲，即使市场信息被足够多的投资者知晓，但只要他们投资决策理性的假设不成立，也可能导致定价偏离股票实际价值。在中国现有的股票市场条件下，一级市场新股申购的理性行为应该是努力搜集相关信息，甄别不同质量的公司，选择最有潜力的公司作为申购对象，谋求长期的资产增值。但这种理性行为受到多种约束，这些因素客观上增加了理性决策的成本。一级市场长期

① 杨丹：《壳资源与新股发行定价研究》，博士学位论文，西南财经大学，2003 年。

存在超额收益,甄别公司质量与争取申购中签相比显得并不重要,而且股价和公司业绩之间缺少显著相关性,股价不能反映公司资产质量,即使申购到优质公司新股也不一定得到优于劣质公司的收益。结果,一级市场的混合均衡不可避免。

其三是财务信息的披露规范化。应加强中介机构的独立性和竞争性,规范财务信息披露的同时,鼓励多种信息之间的竞争和相互监督。最近美国和中国的财务舞弊案件都是由媒体揭露出来的事实表明,行业自律管理辅之以多种信息来源的竞争,可以改善信息披露质量。

其四是,完全的信息和投资者理性在现实过程中都不能完全达到。那么在信息不对称的条件下,非理性行为是否就不可避免了呢?有否其他机制可以约束非理性行为?答案就在于投资银行作为中介机构可以发挥的声誉机制。

声誉机制通常指建立在重复关系之上,依赖博弈双方自我实施,围绕合约执行而展开的有关社会成员商业行为的信息纰漏、纷争仲裁、欺诈行为的惩罚等活动的规则和程序。① 简单而言,如果首次参与者考虑到交易活动是多次博弈的时候,将面临对其可能采取的机会主义行为的潜在惩罚威胁,这种机制起到遏制机会主义行为的作用。张维迎②认为声誉机制发生作用至少有以下条件:首先是双方是多次重复博弈,交易双方都可以根据上次交易情况决定下次交易是否进行;其次是其他同类的交易者有足够的学习能力了解各交易主体的签约和执行情况,并且有能力和意愿在机会主义行为出现时采取抵制行动,实现退出;最后是交易者退出的威胁是可信的,也就是说,交易伙伴停止交易对机会主义者带来的损失超过机会主义行为收益。

由于在新股发行时发行公司与投资者少有相互交易的历史,他们之间是一次性博弈,不容易达成信任,缺乏声誉机制作用的基础,而且个别投资者退出的威胁一般也不具有足够的影响。但长期从事证券承销工作的投资银行作为公证代理人(Certifying Agent),与投资者是多次重复的博弈,有交易历史,

① 郑志刚:《声誉制度理论及其实践评述》,《经济学动态》2002 年第 5 期,第 73—77 页。

② 张维迎:《法律制度的信誉基础》,《经济研究》2002 年第 1 期,第 3—13、第 92—93 页。

更有后续的“声誉机制”起作用，所以能较好地达成交易，可以利用它在资本市场长期形成的声誉，证明发行价的确定与内部信息是一致的。承销商不仅是证券交易中介，也是信息传递的媒介，还充当了准“担保人”的角色，利用其市场认可的信誉为发行股票的企业提供“担保”。这可以部分解决信息不对称引致的定价博弈混合均衡和发行失败，是新股定价合理化的重要制度安排。

本文原载《财经论丛》2004年第3期。

新股长期价格行为的实证研究

——基于壳资源价值的假说和证据

国内外的研究表明，新股从认购到上市期间具有明显的超额收益率。上市之后新股市场收益滑坡，长期累积收益低于整体市场和配比公司水平。现有关于我国股票市场新股长期价格行为的研究主要是运用西方的实证方法求证事实，至今缺少基于中国股票市场特殊制度安排的具有说服力的解释。本文拟运用较长时期的样本数据研究我国新股上市后 3 年内的价格行为，并作出符合中国实际的解释。

一、新股长期高估的证据和解释

（一）国外实践证据和解释

新股发行上市过程中，与新股首次公开发行（Initial Public Offering，IPO）[①]短期折价相对应的另一个反常现象是股价的长期不良表现，IPO 公司上市后较长时期内平均日收益率低于非 IPO 的配比公司收益率或指数收益率。换言之，从长期来看，IPO 有高估的倾向。Ritter[②] 记录了美国 1526 例 IPO 公司

---

① 有关新股首次公开发行的理论综述和实证研究参见杨丹：《壳资源与新股发行定价研究》，博士学位论文，西南财经大学，2003 年；杨丹：《壳资源与新股定价实证研究》，《经济学家》2004 年第 2 期，第 108—116 页；Yang，D.Shell Resource and IPO Underpricing：An Empirical Study in China's Stock Market，*USA-China Business Review*，2003，March Volume.

② Ritter，J.R.The Long-term Performance of Initial Public Offerings.*Journal of Finance*，1991，Vol.46，pp.3-27.

经过可比公司调整之后的平均累积收益率,发现在发行之后36个月的平均累积收益为-15.08%。如果从上市后第1天股价开始计算(即排除首日收益),这种低迷现象就更为明显。Aggarwal&Rivoli① 采用1985到1986年期间的样本,发现了发行后一年的股价低迷现象。Loughran 和 Ritter② 检验了美国1970年至1990年间4753例IPO公司,发现了非常显著的低迷现象。他们发现如果用首日收盘价作为购买价格,上市公司在IPO的5年内平均只创造了每年5%的收益,而可比的非IPO公司则创造了年平均12%的收益率,他们把这一现象称为"新股之谜"。Weiss③ 对1985年至1987年公开发售的64个封闭基金样本研究中也发现了-15.05%的经指数调整后的累积收益率。Loughran,Ritter 和 Rydqvist④ 对截至1994年的各国IPO的长期回报研究进行综述,提供了以下数据:

国家	论文作者及发表时间	样本区间	样本数	投资回报		
				初始期	3年期	
					未经市场调整	经市场调整
巴西	Aggarwal 等,1993	1980—90	62	78.5%	—	-47.0%
芬兰	Keloharju,1991	1984—89	79	8.7%	-22.4%	-21.1%
德国	Ljungqvist,1993	1974—89	119	12.4%	24.3%	-12.8%
日本	Hwang 等,1992	1975—89	182	45.5%	109.6%	+9.0%
韩国	Kim 等,1993	1985—88	99	48.6%	58.0%	+2.0%
新加坡	Hin 与 Mahmood,1993	1976—84	45	—	22.5%	-9.2%
瑞典	Loughran 等,1994	1980—90	162	38.2%	72.7%	+1.2%

① Aggarwal,R.,& Rivoli,P.Fads in the Initial Public Offering Market? *Financial Management* (*winter*),1990,No.4,pp.45-58.

② Loughran,T.,& Ritter,J.R.The New Issue Puzzle.*Journal of Finance*,1995,No.1,pp.23-51.

③ Weiss,K.The Post-offering Price Performance of Closed-end Fund.*Financial Management*,1989,No.3,pp.57-67.

④ Loughran,T.,Ritter,J.R.,& Rydqvist,K.Initial Public Offerings:International Insights.*Pacific-Basin Finance Journal*,1994,Vol.2,pp.165-199.

续表

国家	论文作者及发表时间	样本区间	样本数	投资回报		
				初始期	3 年期	
					未经市场调整	经市场调整
英国	Levis,1993	1980—88	712	14.1%	55.7%	-8.1%
美国	Loughran 与 Ritter,1994	1970—90	4753	10.0%	8.4%	-20.0%

资料来源:Loughran,T.,Ritter,J.R.,& Rydqvist,K.(1994),Initial Public Offerings:International Insights, Pacific-Basin Finance Journal,2,165-199.

解释 IPO 公司长期表现不佳的理论主要有 3 种:

(1)投资者意见分歧假说(The Divergence of Opinion Hypothesis)

Miller① 认为如果新股的价值具有不确定性的话,乐观的投资者将比悲观的投资者的评价高出许多,对 IPO 最乐观的投资者将成为新股发行的买者。随着时间推移,越来越多的消息公之于众,乐观者与悲观者的分歧将减少,结果是市场价格逐渐下降,走向价值回归。因此,由于投资者结构改变导致市场整体预期下降,新股在长期来看将表现为收益率走低。许多实证研究表明的投资者有周期性的对年轻成长公司(如 IT、网络股)过分乐观的倾向支持上述假说。

(2)"乐队经理"假说(The Impresario Hypothesis)

Shiller② 提出了一个"乐队经理"假说,认为 IPO 市场就像一种流行时潮,投资银行为了鼓动对 IPO 的过度需求,把每次发行都作为一个"事件"来包装,就像摇滚乐队把每一次演出都作为重大事件大肆宣传一样。支持其结论的是 Shiller 提供的 IPO 投资者的一个调查数据,在他的样本中只有 26%的回应者作过发行价格和公司价值的基本分析,绝大多数只是接收信息并作出决定。他预测 IPO 长期表现将与短期抑价负相关,即首日收益率较高的 IPO 将

① Miller,E. Risk, Uncertainty and Divergence of Opinion. *Journal of Finance*, 1977, No. 32, pp.1151-1168.

② Shiller,R.J. Speculative Prices and Popular Models. *Journal of Economic Perspectives*, 1990, No.2, pp.55-65.

带来较差的长期股价表现。Ritter 给出了这一负相关关系的实践证据。Rao 对“事件”包装给出的证据表明每股收益在 IPO 前一年一般成长很快,但 IPO 之后一年内将下降。

(3)机会窗口假说(The Windows of Opportunity Hypothesis)

这一假说认为,如果投资者周期性地对新股首发公司的增长潜力持乐观态度,那么现实中发行量的周期性波动就可以看作是发行公司利用这一机会(机会窗口)调整 IPO 的发行时间来迎合投资者需求。Ritter① 和 Loughran 与 Ritter② 认为长期高估现象与发行者利用“机会窗口”在投资者愿意出高价时发行股票是一致的。这一分析框架可以视为 Myers③ 筹资优序理论(啄食理论)的动态延伸版本。在静止的融资层次模型中,对外发行股票一直是融资的最后选择,但在动态融资结构框架(机会窗口)下,对外发行股票有时是筹资的首选,因为在这一模型中,公司可以发行超过其价值的股票。机会窗口模型预测新股首次发行和后续发行(Seasoned Equity Offering,SEO)的长期收益都很低。

(二) 我国的证据和解释

在我国,陈工孟、高宁④选取了 1992 年 1 月至 1995 年 8 月的 273 只 A 股作为研究样本,经研究发现 A 股二/三年的一级市场持股收益为 2.53%/—11.63%,优于/劣于同期证券市场组合的收益。同时他们也发现上交所上市的股票的长期表现优于在深交所上市的股票,行业特征和发行股票年份对长期收益影响不大。

刘力、李文德⑤以 1991—1996 年的 398 只新股为样本,进行 3 年期价格研

---

① Ritter,J.R.The Long-term Performance of Initial Public Offerings.*Journal of Finance*,1991,Vol.46,pp.3-27.

② Loughran, T. Ritter, J. R., & Rydqvist, K. Initial Public Offerings: International Insights. *Pacific-Basin Finance Journal*,1994,Vol.2,pp.165-199.

③ Myers,S.C.The Capital Structure Puzzle.*Journal of Finance*,1984,No.3.

④ 陈工孟、高宁:《中国股票一级市场长期投资回报的实证分析》,《经济科学》2000 年第 1 期,第 29—41 页。

⑤ 刘力、李文德:《中国股票市场股票首次发行长期绩效研究》,《经济科学》2001 年第 6 期,第 43—44 页。

究发现:我国股市存在长期大面积过度反应现象,新股发行后的长期收益同筹资金额、发行方式、BM 比[①]、行业等因素不存在明显关系。至少在 3 年内,购买新股意味着超额收益。他们还发现跌破发行价新股中签后短期内不利于持有,但在二级市场购买跌破发行价新股的长期收益要优于未跌破发行价的新股。

以上学者借用国外成熟的研究方法,用中国的数据对中国的新股发行后的长期收益作了开创性的研究,得出了实证结果,并对实证结果作了相应的解释。但他们选择样本较少,研究的时期较短,其结论需要进一步验证。就我国新股发行长期超额收益的现象,未能给出符合我国股票市场特殊制度安排的有说服力的解释。

二、研究假设

本文的基本立论是,由于我国证券市场上的壳资源的存在,不仅使得新股首日收益率很高,而且壳资源在新股上市后也起到价值平台的作用,使我国证券市场新股长期收益低迷现象不如成熟证券市场明显。在公司股价趋于下降时,壳资源的价值又起到减少上升比率的作用。结果是无论公司效益如何变化,壳资源的存在都会使证券市场的新股长期收益保持相对平稳。

壳资源指上市公司的上市交易资格,壳资源在二级市场上的价值即为壳资源价值。上市公司壳资源产生于以发行配额制度为核心的证券市场管制,其形成以一级市场发行额度的使用和股票公开发售成功为标志。但发行成功并不意味着壳资源的价值有了市场化的体现,因为它还不是可以转让的稀缺资源。只有公开上市之后,壳资源才有了实际的市场价格,在这个意义上,二级市场与一级市场的高差价至少可以部分看作是壳资源变现的结果。杨丹[②],Yang Dan[③] 从壳资源价值解释了我国新股发行的超高首日收益率。

---

① 指账面价值与市场价值之比。

② 杨丹:《壳资源与新股发行定价研究》,博士学位论文,西南财经大学,2003 年。

③ Yang,D.Shell Resource and IPO Underpricing:An Empirical Study in China's Stock Market. *USA-China Business Review*,2003,March Volume.

本文主要检验以下假说：

假说一：由于壳资源价值平台的作用，我国证券市场新股发行的长期高估现象并不明显。新股发行两、三年内各月的长期收益应该与市场总体水平没有系统性差异。

假定公司价值包括壳价值和非壳价值两个部分，分别用 θ 和 Δ 表示，则有 $V=\theta+\Delta$，假设股票数量为 N，则股票价格 $P=(\theta+\Delta)/N$，壳价值取决于管制导致的上市资格的稀缺程度，不同公司这部分价值相同；非壳价值部分则因不同公司而异，包含了公司资产质量、行业特点、公司特有信息等因素。在我国，θ 是价格的重要决定因素，公司无论好坏，上市后都会因为壳资源的价值作用而获得较高发行价格和交易价格。也正因为如此，我国股票价格分布区间较为集中，没有价格极低的股票，即使是 ST 类股票也可能因为壳资源价值而保持较高价格。成熟的股票市场上 Δ 占主体部分，因而不同股票价格差异较大，股票价格分布区间也大，不同的价值构成导致股票收益率不同。从公司价值角度表示的月收益率为：

$$R_t = \frac{V_t - V_{t-1}}{V_t - 1}$$

代入 θ 和 Δ 即可得：

$$R_t = \frac{(\Delta_t + \theta) - (\Delta_{t-1} + \theta)}{(\Delta_{t-1} + \theta)} = \frac{\Delta_t - \Delta_{t-1}}{(\Delta_{t-1} + \theta)}$$

由于 θ 数值较大，使得股票收益率处于较低水平并且相对稳定。因此长期收益没有显著劣于或好于市场综合收益。

假说二：小公司效应假说。规模越小的公司壳资源更容易转让，因而价值越大，新股发行后的长期收益越稳定，规模大的公司则相反。根据壳资源是公司发行上市资格的定义，壳资源应该是同质的，壳的价值也应相同。令二级市场壳价值为 S，则有大公司壳资源价值 SL 等于小公司壳资源价值 SS，规模不同改变的只是分摊在单位发行规模的壳资源价值，令大、小公司发行规模分别为 NS 和 NL，则有 $SL/NL>SS/NS$，小公司每股股票中包含的壳资源价值高于大公司，导致上市后价格具有较多上升空间，结果是小公司的长期收益高于大公司。

假说三:新股投资的成本和风险可以简单用蜜月期①长短作为代理变量。投资者在蜜月期等待越久要求的收益也越高。

假说四:新股长期收益与首日收益率呈反向关系,这源于新股发行的“乐队经理”效应。

三、新股长期收益描述

(一) 新股长期收益的度量指标

根据现有文献,计算新股发行长期收益率的指标主要有累积超额收益率(Cumulated Abnormal Return,CAR)、购买持有期收益率、市场调整后的平均月超额收益率、财富相对数(Wealth Relative Ratio)等。以下是各相关指标的介绍:

1. 市场调整的个股月超额收益率:

$$AR_{it}=R_{it}-R_{im}$$

其中 R_{it} 为 I 股票第 t 月的股价收益率,R_{im} 为相对应的市场收益率。

2. 市场调整后的平均月超额收益率

$$AR_t=\frac{1}{n}\sum_{t=1}^{n}AR_{it}$$

AR_t 为市场调整后 t 月的平均超额收益,AR_{it} 是股票 i 在 t 月的收益率。

3. 累积超额收益

$$CAR_{q,s}=\sum_{t=q}^{s}AR_t$$

$CAR_{q,s}$ 为第 q 月到第 s 月的累积超额收益率。该方法的计算隐含了月均衡调整的方法,一定程度上取消由于时间截止所导致的偏差和极值。

---

① 蜜月期指新股发行到上市的时间间隔。

4. 购买持有期收益率

$$BHAR_t = \prod_{t=m}^{n}(1 + R_{it})$$

$BHAR_t$为在第 m 日购买新股，于第 n 日出售新股获取的收益率，当 m 为 1，n 为 756 时，即为 3 年持有期收益。

5. 财富相对数（Wealth Ralative Ratio）

Ritter① 首次运用财富相对数指标来考察新股长期收益，之后该指标成为通行的研究指标之一。其计算方法如下：

$$WR = \frac{1 + \text{新股年总收益平均}}{1 + \text{市场 } n \text{ 年总收益平均}}$$

其中，n 一般取两年、3 年和 5 年进行研究。当 WR 大于 1 时，说明新股或新股组合的收益要高于市场指数收益，相反则是绩效不佳。计算时，每只股票的价格都要进行还权和还息处理，以保证收益率计算的准确性。

（二）新股长期收益率计算

考虑到 2001 年起我国开始实行核准制导致壳资源价值发生较大变化，本文主要考察配额制下的长期收益率，由于长期收益考察至少需要两年时间，因此本文选取 1998 年 12 月以前上市的公司数据作为研究对象。以各股上市后的第 1 月编号为 1，各股上市后第 2 月份为 2，以此类推，月份数越小，表示越接近上市当月。按编号计算个股不同月份的平均收益率，月收益率剔除了发行首日收益率和上市当月的收益率。结果表明，各月的收益率绝大多数为正数，5 年累计新股收益为 1.6979%。表明新股发行存在较长时期持续存在正的收益，申购新股总是有利可图的。换言之，我国投资者存在对于新股的持续过度反应。但考虑到我国股票市场整体波动较大，收益率计算的时间又不同，IPO 公司的月收益率不可避免地受到市场行情影响，因而我们对上述收益进行调整。

收益调整的主要方法有 3 种：一是用市场指数收益率进行调整；二是用市场样本股计算的市场综合收益率调整；三是用可比的非上市新股作为控制样

① Ritter, J.R. The Long-term Performance of Initial Public Offerings. *Journal of Finance*, 1991, Vol.46. pp.3-27.

本进行调整。考虑到数据缺失、配比公司选取标准难以统一和国内外研究的惯例等因素，本文采用市场样本股计算的综合收益进行调整。考虑到我国深圳、上海两地交易所的运行规则和监管方式相同，市场指数变动也呈现高度相关趋势，因而用两地的A股市场综合收益率进行调整。用等权平均考虑现金再投资的综合市场月回报率进行调整。

统计结果表明，市场调整后的5年期新股平均收益和累积收益有了较大改变。新股的长期收益率基本保持不变，近似一个稳定的时间序列。3年期、5年期的累积收益基本不变，而新股收益率与市场综合收益率保持了十分明显的相关性，相关系数为0.76。进行各月收益率单样本双侧T检验没有发现市场调整后的月收益率显著异于0。新股长期收益与市场的高度相关以及市场调整后的累积收益率均值趋于零的事实支持我们关于壳资源价值平台的假说。数据表明，新股上市后第1个月有-2.5%的超额收益，之后收益上升，用市场综合收益率调整后的新股累积收益在7个月后变为正值，之后累积收益为负，表明新股适合在上市后持有7个月。两年累积收益为-0.79%，3年累积收益为-2.45%。4年累积收益为-5.11%，5年累积收益为-3.11%。表明新股长期仍存在高估现象，但程度低于许多西方成熟市场。这与陈工孟、高宁①认为的两年内持有新股有利以及刘力、李文德②认为的3年内新股具有超额收益的结论不同。可能原因是他们的研究使用指数收益率而非市场综合收益率进行收益调整以及样本的差异所致。

四、回归设计

（一）回归分析

我们用3年期市场调整的累积收益率作为因变量进行回归分析，以验证

① 陈工孟、高宁：《中国股票一级市场长期投资回报的实证分析》，《经济科学》2000年第1期，第29—41页。

② 刘力、李文德：《中国股票市场股票首次发行长期绩效研究》，《经济科学》2001年第6期，第43—44页。

上述假说。回归模型如下：

$$CMAR3=\alpha+\beta_1\times ADJIR+\beta_2\times SCARCE+\beta_3\times PERATIO+\beta_4\times IPOSIZE+\beta_5\times IPOPRC+\beta_6\times LSTPLC+\beta_7\times GAP+\beta_8\times YR+\beta_9\times ROE+\beta_{10}\times LOTTERY+\varepsilon$$

其中各变量定义如下：

*CMAR*3 是新股上市后 3 年期市场综合收益率调整的累积收益率。市场调整采用深、沪两市的 *A* 股市场综合收益率。

ADJIR：用新股上市蜜月期指数收益率调整的新股首日收益率。先用个股上市首日收盘价减去新股发行价的差额除以发行价得到首日收益率。考虑到蜜月期长短对新股首日收益率的显著影响①，作者再用蜜月期内新股所在市场的 *A* 股综合指数收益率进行调整。

PERATIO：新股发行市盈率。

IPOSIZE：新股发行规模，用千万股来表示。

IPOPRC：新股发行的价格。

LSTPLC：上市地虚拟变量。上市地为上海取值为 1，上市地为深圳取值为 0。

GAP：按 1 年 360 天计算得出的新股发行到上市间隔月数变量，即用月份表示的蜜月期。

YR：上市年度变量。用 2000 年作为基点减去上市当年的年份得出，如 1998 年上市的股票取值为 2（2000－1998＝2），1997 年度上市的取值为 3（2000－1997＝3），依次类推。数值越大，表明时间越早。

ROE：新股发行当年度的净资产收益率。考虑到新股发行定价的基本依据为市盈率及相应的每股收益，在发行市盈率基本固定的前提下，发行公司为了提高发行收入会有较强的动机提高发行期的每股收益。李东平②进一步认为，我国国有企业改制上市前都有资产重组过程，使得对每股收益进行盈余管

---

① 杨丹：《壳资源与新股发行定价研究》，博士学位论文，西南财经大学，2003 年；Yang, D. Shell Resource and IPO Underpricing: An Empirical Study in China's Stock Market. *USA－China Business Review*, 2003, March Volume.

② 李东平：《大股东控制、盈余管理与上市公司业绩滑坡》，博士学位论文，上海财经大学，2001 年。

理的空间扩大，因此本文同时采用发行市盈率和发行当年净资产收益率指标。

LOTTERY：发行申购中签率，表明发行供需状况的对比。

（二）数据收集

本章采用香港理工大学中国会计与金融研究中心、深圳国泰安信息技术有限公司发行的2000年版《中国股票市场研究数据库——市场交易数据库》的市场交易数据和巨灵信息系统提供的财务数据。鉴于我国数据缺失和失真现象，作者对数据进行了进一步的抽样比对和验证，以保证数据的可信程度。

为保证有足够的新股收益分析区间，作者选取1998年12月31日前上市的上海、深圳两地A股交易数据。对个别明显失实或缺少数据的样本，作者进行了技术处理，采取两种处理方法：一是直接删除该股票的所有记录，如爱使股份（代码600652）；二是对历史较长、对研究有重要价值，且只有个别数据缺失的，采用该变量的平均数代替。所选数据区间和股票家数如下：

股票市场	数据区间	样本股票家数
上海A股	1990年12月19日—2000年12月31日	426
深圳A股	1991年7月3日—2000年12月31日	401
合计		827

（三）回归结果

以3年期市场调整的累积收益率作为因变量初步回归得到以下结果：

自变量	标准化的回归系数	双尾检验 *t* 值	*P* 值
截距		−1.158	.248
ADJIR	−.076	−1.000	.319
SCARCE	−.176	−.738	.462
PERATIO	.089	1.207	.229
IPOSIZE	−.279	−3.653	.000
IPOPRC	−.020	−.255	.799

续表

自变量	标准化的回归系数	双尾检验 t 值	P 值
LSTPLC	. 129	1. 834	. 068
GAP	. 235	2. 542	. 012
YR	. 227	. 900	. 369
ROE	. 002	. 027	. 978
LOTTERY	. 032	. 464	. 643
调整后的 R^2	0. 60	F 值	12. 405
样本股家数	827	*Durbin-Watson* 统计量	1. 857

运用上述模型，经过逐步回归除去非显著因素，可以得到以下回归结果：

自变量	回归系数	T 统计量
截距	-3. 266*E*-02	-0. 604
IPOSIZE	-0. 229***	-3. 935
GAP	0. 145**	2. 166

调整后的 R^2	0. 53	F 值	12. 219
样本股家数	827	*D-W* 统计量	1. 823

* 表示在 10 的水平上显著，** 表示在 5 的水平上显著，*** 表示在 1 的水平上显著。

（四）结论

结论一：对新股长期价格行为的描述性统计表明，由于壳资源价值平台的作用，新股发行两、三年内的长期收益与市场总体水平没有系统性差异。市场调整后的新股超额收益只能持续 7 个月，之后累积收益为负，新股高估现象不如成熟市场明显。这一支持次新股有利于短期持有的判断，也说明我国投资者并不存在对新股的持续追捧。

结论二：回归结果支持假说三，公司规模与 3 年累积收益负相关，且在 1% 的水平上显著，说明规模小的公司受到市场的持续追捧，这与市场投机气氛和庄家炒作有关。从下表可以清楚看到规模效应存在：

按发行规模排序	<25%	25%~50%	50%~75%	>75%
市场调整的3年累计收益率平均	0.149	−0.020	−0.192	−0.250

结论三：发行到上市的时间间隔与3年累积收益正相关，且在5%的水平显著。这支持假说三，表明投资者付出时间价值和风险价值较大，要求收益也越高。

同时，新股长期收益与首日收益率呈负相关关系，但统计上并不显著，结果不支持"乐队经理"假说。说明在严格的发行管制下，投资银行缺少进行营销努力的激励，也表明了在实行市值认购之前，一级市场和二级市场投资者的结构性差异和相对分割状态。

此外，虽然没有统计显著性，发行价格回归系数为负，说明低价股表现出较高的收益率，高价股3年收益较低，可能是低价股重组成本较低，取得壳资源较容易，因而收益较高。研究中也未发现上市地点变量和行业变量与3年累积收益的统计显著性。年度变量回归系数为负，说明早年上市的公司在上市后3年内收益较低，较晚上市的公司则3年累积收益较高，但缺少统计显著性。回归结果表明净资产收益率与3年累积收益回归系数为负，说明上市时净资产收益越高，3年累积收益越低，这部分佐证了公司上市时普遍存在的盈余管理现象，上市后盈余下降，股票累积收益率也降低。

本文主要从发行市场和二级市场联系角度，运用市场交易数据进行研究，进行了市场综合收益调整和相关的实证研究，基于壳资源概念给出解释。进一步的研究应关注公司规模效应对公司收益的长期影响以及发行上市制度变迁对长期收益的影响。

本文原载《财经科学》2004年第5期。

约束条件下的新股首次公开发行决策分析[①]

在配额制和行政性定价的约束条件下，公司新股发行融资决策被行政力量取代，相关研究成果较少，随着核准制和市场化定价的实行，公司自主决策成为必然。但公司融资周期和股票融资、股票融资的收益和成本、新股发行决策的基本内容等重要领域仍缺少系统的理论分析。而我国公司股票融资的实践已经领先于相关理论发展的事实更使得这一领域的研究迫在眉睫。本文拟从企业融资周期研究出发，对新股供给决策、供需均衡等做初步探索。

一、企业融资周期和新股发行决策

（一）企业融资周期与新股首次公开发行

Mueller[②] 首次把生物学的生命周期理论运用于金融经济学，提出了企业发展分为进入、成长、成熟、衰退四个时期的重要假说，这一理论对现代管理学和经济学研究产生了巨大影响并得到大量的实证支持。在财务管理领域，这一理论可以用来分析企业发展战略、公司治理结构演变、兼并重组等问题。笔

① 本文是教育部人文社会科学重大研究项目《基于衍生金融工具的公司投融资研究》（课题编号 02JAZJD790027）的阶段性成果，也是西南财经大学光华讲坛—博士论坛交流论文，笔者感谢博士论坛参与者的建设性意见。

② Mueller, D.C.A Life Cycle Theory of the Firm. *The Journal of Industrial Economics*, 1972, No. 3, pp.199-219.

者认为，与企业经典的生命周期理论相对应，企业融资的方式、规模、数量也随着企业发展而改变，表现出一定的周期性，我们称之为企业融资周期。如下图：

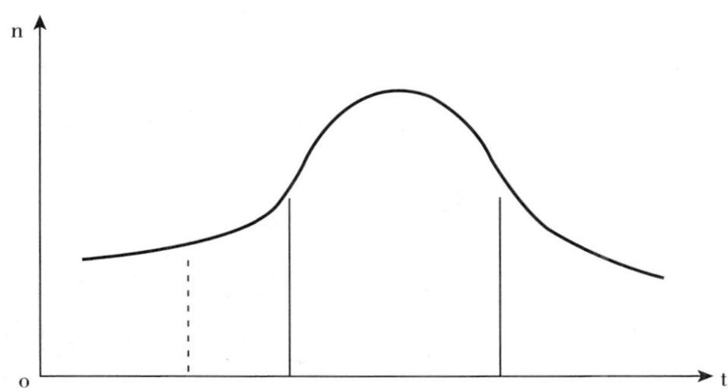

图中横轴表示企业存续时间，纵轴表示企业融资方式的种类。我们把企业融资周期分为1、2、3等三期，在1、2期总体趋势是随着企业发展，融资方式多样化，融资数量上升，同时由于融资渠道和对象增多，融资供求双方的信息不对称加剧，融资成本上升。融资方式的种类在2期达到高点，包括了所有可能的融资方式，并在一段时期保持稳定。也正是在这一阶段，融资选择空间扩大，Myers① 的融资优序理论阐述了企业融资选择的基本顺序，在融资3期，企业产品销售和财务状况下滑，可以采用的融资方式减少，融资数量下降。

由于股票市场准入限制，我国多数民营企业处于融资1期，甚至还处于自然人融资阶段，但企业高速发展带来了较多的内部积累资金，而且随着企业规模扩大，银行信贷、商业信用等方式成为可能。

公开募集决策阶段最基本也是实质性的一步就是新股首次公开发行（Initial Public Offering，IPO）。在公司首次公开发行之后，公司还可能以增发新股和配股方式筹集资金，我们称之为后续发行（Seasoned Equity Offering，SEO）。IPO只有一次，而SEO则可以多次进行。由于IPO过程不但维系着发行公司、承销商、投资者及管理层等相关主体利益，是市场关注的焦点，而且在IPO过程中，各主体之间信息不对称产生的道德风险和逆向选择问题必然要

① Myers，S.C.The Capital Structure Puzzle.*The Journal of Finance*，1984，No.3.

由市场来解决,这使得 IPO 市场定价成为理论热点。

2001 年 3 月,中国证监会宣布取消新股发行配额,实行新股市场化定价,用符合国际惯例的证券发行核准制取代审批制。于是,投资银行、发行公司、投资者用市盈率单一指标为基础推算发行价格的传统做法不再适用。在拥有了充分的定价空间的同时,他们被迫思考如何选择投资银行、如何进行新股定价、发售多少比率股票等重大问题,也被迫面对一级市场随之而来的风险。

(二) 企业新股首发决策

企业在自然人融资阶段融资选择空间一般较窄,新股首发是企业寻求外部公开融资的开始。企业选择外部股权融资实际上是权衡公开发行股票成本效益的结果。

1. 公开发行股票的利弊

一般而言,公开发行股票有以下优点:(1)有利于公司筹集大量资金,增强进一步融资的实力。(2)通过上市使股权具有了流动性。流动性带来一系列变化:首先是前期投资者可以通过出售股权实现退出;其次是由于股权具有了流动性,投资者要求的最低收益率下降;再次是职工持股可以变现,有利于改善劳资关系,增强凝聚力;最后公司上市形成了"用手投票"和"用脚投票"的双重激励约束机制,有利于改善公司治理结构,提高管理效率。(3)可以通过上市提高公司形象,宣传公司品牌。

公开上市募集资金的缺点有:(1)成本较高。无论是首次发行新股还是后续发行股票,其融资成本都高于债券等融资方式。Lee Lockhead, Ritter and Zhao① 研究表明,IPO 的直接发行成本为 11%,高于 SEO 的 7.11%,也高于可转换债券的 3.79%和一般债券的 2.24%。IPO 的直接成本加上间接折价成本高达发行收入的 23.05%。(2)有可能分散公司控制权。新股公开发行带来股权分散,原有的业主可能失去对企业的控制权。(3)公司组织成本也随着股权分散而增加。股权分散后,小股东既无现实权利也无充分激励参与公司

① Lee, Lockhead, Ritter, & Zhao. The Cost of Raising Capital. *Journal of Financial Research*, 1996, No.1.

管理会导致“搭便车”行为，股权分散使管理者的地位凸现，经营权和所有权分开，代理问题不可避免。

2. 新股发行中的信息问题

选择公开发行股票的基本动因是发行融资收益超过了信息不对称引致的成本，但这并不意味着彻底消除了信息不对称带来的影响。事实上，市场上的若干机制可以消除或缓解这些问题，进而提高资本市场效率使得新股供求达到均衡：

首先，内部人持股是公司效益的信号。创业者的基本筹资渠道是本人和主要社会关系的投资，如果他们持有公司的大部分股份并且其资产的很大一部分都投资于该企业，表明创业者群体（内部人）对企业发展有足够信心，因而可以作为企业资产质量的信号。Leland 和 Pyle① 提供了创业者持股数量表明其私有信息的均衡模型，证明了内部人持股数量可以作为一种信号表明他们对资产的评价。

其次，风险资本的筛选机制可以作为识别企业成长潜力的信号。风险资本家通常是某一行业某地区的专家，拥有一整套评估投资机会的科学指标体系，他们对企业的判断是外部投资者的重要信号，也是银行贷款的重要参考信息。

再次，承销商作为公证代理人（Certifying Agent）利用其在资本市场长期形成的信誉，证明发行价的确与内部信息是一致的。承销商不仅是证券交易中介，也是信息传递的媒介，还充当了准“担保人”的角色，利用其市场认可的信誉为发行股票的企业提供“担保”。

（三）IPO 的本质

从逻辑上讲，IPO 当日的股票交易也是普通的股票交易，并不应该和上市后或上市前的任何一个股票交易日有所不同。交易双方的决策函数、交易动机以及在公平的市场环境下所达到的交易结果都不应该有系统性差异，而从

① Leland & Pyle. Information Asymmetries, Financial Structure and Financial Intermediation. *The Journal of Finance*, 1977, No.2, pp.370-388.

现有国内外数据结果看却发现至少有四个共同的特点使得 IPO 当日的交易与其他交易日不同。这四个发现就是:其一,IPO 短期内折价,上市后价格涨幅远高于其他各个交易日,首日收益率系统偏高;其二,IPO 长期内高估,与非 IPO 的可比公司对照,其市场收益率在长期(一般是两年以上)偏低;其三,IPO 的首日收益率具有周期性现象;其四,IPO 过程普遍存在盈余管理现象①。

我们主要从 IPO 折价入手来剖析其本质。从计量角度看 IPO 折价源于 ITO 前后的股价变化,具体而言,在 IPO 之前投资者总是能够以较低价格购得股票,而在 IPO 后股票价格上升,导致了首日收益率偏高,许多研究发现了实践证据并给出了解释②。但进一步的问题是,什么因素导致 IPO 前后的价差呢? 综观 IPO 前后各因素变化,假设交易参与者的决策函数和动机不变,市场因素最明显的变化即是市场厚度增加,这里需要比较三个阶段:定向募集阶段(包括公司成立)、IPO 阶段和上市交易阶段。三个阶段的基本区别是市场参与者数量发生了巨大变化,在定向募集阶段投资者较少,IPO 阶段则增加为所有的认购者③,上市以后则交易更为高效便利,市场进入成本降低,理论上的市场参与人数为所有合法参与者。随着市场参与人数的增加,价格也不断上升,尤其是 IPO 前后的市场厚度发生了飞跃,价格也大幅上升,形成了 Loughran,Tim and Ritter④ 所描述的"新股发行之谜",也正因为此,本文将用新古典的供给需求分析来对新股价格决定行为给出解释。

二、新股供给决策

公司做出发行新股决策之后,就要决定对外发售多少股票,即供给决策。

---

① 杨丹:《壳资源与新股发行定价——基于壳资源的解释和证据》,博士学位论文,西南财经大学,2003 年;杨丹:《壳资源与新股定价实证研究》,《经济学家》2004 年第 2 期,第 108—116 页。

② 参见杨丹(2003)西南财经大学博士学位论文《新股发行定价——基于壳资源的解释和证据》的有关综述。

③ 在我国证券市场上,虽然新股申购的形式经历了直接发行、认股权证发行、上网申购、市值申购等不同形式,其细节也在不断演进,但认购的火爆场面从未终止。

④ Loughran,T.,& Ritter,J.R.The New Issues Puzzle.*Journal of Finance*,1995,No.1.pp.23-51.

我们把新股发行过程看作是发行公司确定该股票供给曲线的过程。首先假定:(1)经理人和股东利益一致,因而可以把二者视为一体;(2)公司未来项目有正的收益预期,未来价值为正态分布 $V \sim N(\mu_V, \sigma_V^2)$;(3)假设股东为风险厌恶者,因而选择发行股票而非债券方式来融资。作为承销商,投资银行要对公司的价值进行估价,假设公司总股数为 N,每股合理价格为 P,公司总体价值就可以表述为 $N \times P$。公司总体价值明确之后,剩下的就是决定发行价格和发行股数,而一厢情愿地决定股数和价格并没有现实意义。最好的方法是考虑在路演和预售阶段所得到的需求信息,这些信息可以让公司了解需求的平均价格和价格标准差。

现在为了计算简便,假定折现率为零,因此现金流量的时间不影响价值大小。股东在发行之前的利润函数可以表达为:

$$\prod(n) = P_0 n + [(N-n)/(n)]V - eP_0 n \tag{1}$$

其中:n 表示新股发行股数

N 表示总股数

e 表示发行费用

P_0 表示发行价格

V 表示企业资产价值

老股东(业主)目标是确定一定的发行股数,使其财富带来的预期效用达到最大。用 U 表示其效用,并有 $U'>0$,同时 $U''<0$。用 F 表示分布函数,可用积分方式表示业主的目标为:

$$Maximise \int U(\prod(n)\ \ dF(V \cdot P_0))$$

为使最大化目标实现,根据微分方程有以下条件:

$$\int U'(\prod(n))(\partial \prod / \partial n)\ \ dF(V \cdot P_0) = 0 \tag{2}$$

现在考虑一种可以使我们导出明确的供给曲线的情形。假设利润函数 $Profit(\Pi)$ 服从均值为 μ_Π 差为 σ_Π^2 的正态分布,即 $Profit(\Pi) \sim N(\mu_\Pi, \sigma_\Pi^2)$,同时假定业主保持绝对的风险厌恶,把业主的效用函数定义为 $U=-exp(-a_\Pi)$,a 是稳定的风险厌恶参数。那么,业主的目标就转化为追求预期效用的最大化，也就是说：

$$Maximize \quad \mu_{\Pi}-\frac{1}{2}a\sigma_{\Pi}^{2}$$

这一目标函数又可以表示为：

$$\mu_{\Pi}-\frac{1}{2}a\sigma_{\Pi}^{2}=\mu_{p0}n+\frac{(N-n)}{N}\mu_{v}-\mu_{p0}en-\frac{1}{2}a[\sigma_{p_0}^{2}e^{2}n^{2}+n^{2}\sigma_{p_0}^{2}+\frac{(N-n)^{2}}{N^{2}}\sigma_{v}^{2}] \quad (3)$$

假设 V 和 P_0 是相互独立变量，也就是说各市场参与者和发行股数之间存在关于发行公司或相关项目的信息不对称。公式 3 可以推导出在发售 n 股的前提下有以下结果：

$$\mu_{p_0}(1-e)-\frac{1}{N}\mu_{v}-an\sigma_{p_0}^{2}e^{2}+a\frac{1}{N^{2}}(N-n)\sigma^{2}v-an\sigma_{p_0}^{2}=0$$

对上式求 n 则有：

$$S=n=\frac{\mu_{p_0}(1-e)+\frac{1}{N}(-\mu_{v}+a\sigma_{v}^{2})}{a[\sigma_{p_0}^{2}(e^{2}+1)+\frac{\sigma_{v}^{2}}{N^{2}}]} \quad (4)$$

那么，新股发行的比率就可以表示为：

$$\frac{n}{N}=\frac{\frac{1}{N}[\mu_{p_0}(1-e)]+\frac{1}{N^{2}}(-\mu_{v}+a\sigma_{v}^{2})}{a[\sigma_{p_0}^{2}(e^{2}+1)+\frac{\sigma_{v}^{2}}{N^{2}}]} \quad (5)$$

从公式(5)可以看出，如果要有正的股票供给的话(即选择发新股)，$a\sigma_{v}^{2}$ 应该足够大才能保证分子为正数。由于业主的财富与期末价值密切相关，$a\sigma_{v}^{2}$ 取值很大才能导出新股发行的条件。我们可以解释为，或者是业主风险厌恶达到足够程度，或者是发行后预期的期末价值很小，风险很大时，业主才会选择发行新股。否则，如果业主风险厌恶不够或是期末价值下降的概率小，业主都不会选择发行新股。进一步讲，如果项目的风险较高，业主选择发行股票的动机就会更加强烈，如果项目收益高，风险低，选择股票融资的动机就会小一些。

值得注意的是，公式(5)的分母是正数，因此如果业主认为企业项目平均价值较高，也即 μ_v 较高，他在新股发行时就会选择出售较小比率的新股，即 $\partial(n/N)/\partial\mu_v < 0$，这是因为业主在预期利润较高时保留更多股票可以获得较多增值。

在新股发行的比率限制放开①、实现股票全流通之后，我国公司股票融资时将必然考虑上述的决策过程。

三、新股供需均衡分析

（一）需求分析

投资者是新股发行的需求者，杨丹②给出了重组过程中投资者购买资产成本效益函数：$Rr - (Cs + Ca + Cr) \geqslant 0$。其中 Rr 是用资产的未来现金流量的现值表示的资产收益；Cs 是搜寻成本，是指为寻找、评估、鉴定有关企业股权价值所付出的代价；Ca 是购入成本，指取得企业资产或产权而付出的现金、股权和其他成本；Cr 是风险成本，传统的风险因素一般用折现率表示，这里为简便起见，把企业风险导致的预期损失作为单一变量列出。

在新股发行过程中，投资者收益的主要来源是对二级市场的预期而非公司长期成长和股利收入，成本则主要包括搜寻成本和风险成本。搜寻成本包括搜集新股发行信息、加工信息和资金占用形成的机会成本等，许多公司在发行新股前开始采用国际通行的路演方式推介股票，可以减少搜寻成本，有利于培育市场；风险成本则指各类风险因素可能导致的损失，包括申购成功以后股票的流动性风险、股价波动的风险、公司特有风险、政策风险等。

潜在投资者根据上述决策模型，计算成本收益并作出自身决策，那些净收益大于零的投资者就成为新股认购的需求方。

---

① 我国《公司法》规定，公司以募集方式成立时，发起人持有股份不能少于35%。

② 杨丹：《国有企业资产转让定价行为分析：兼评国有资产流失观》，《经济研究》1999年第12期，第14—22页。

（二）供需均衡

供给价格和数量是影响投资者决策的重要因素，双方互动和信息流动就形成新股发行的供需均衡。根据现有股票发行规定，一旦公司决定了发行股数和发行价格，供给曲线就是一条没有弹性的曲线、价格不能再变。唯一变化的就是由于需求曲线不同而导致的交易量的不同，以及交易量大小引致的发行成功与否。把新股发行供需曲线简单表示如下：

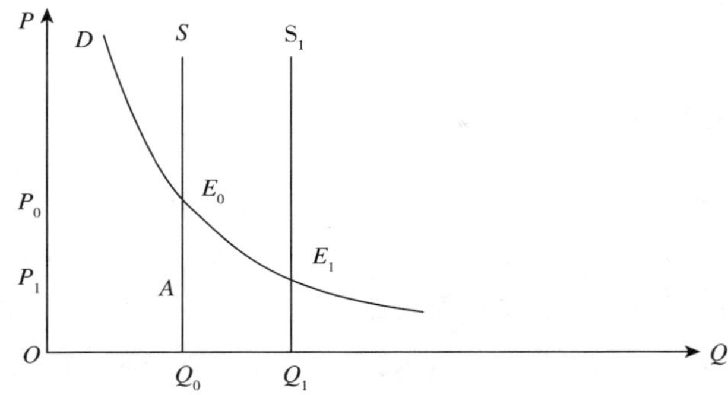

由上图可以看出，需求曲线是 D，供给曲线是 S，市场均衡的销售量是在 E_0 点（Q_0），如果公司决定的发行量刚好等于 Q_0，则市场达到均衡。小于该点则股票处于供不应求状态，存在缺口，大于该点则有过剩股票。由于证券法规定实际销售量小于拟发行数量就是发行失败，将强制性清退所有股票，所以为了降低风险，保证发行成功，发行公司在经过路演获得有关需求信息之后，往往压低价格，使实际发行价格低于 P_0，以确保能够发售 Q_0 的股票。具体如何确定这一低于 P_0 的价格，主要取决于“专家经验”和“非量化的市场感觉”。也正是从这个意义上来讲，许多投资银行家认为新发行证券定价是科学和艺术的结合，虽然金融世界日趋复杂，发行定价却变得越来越直截了当。

现假设投资银行在了解市场需求信息后确定了能够保证发行成功的价格 P_1，对外公开发售。如果需求曲线 D 表示了投资者实际的需求函数，此时由于价格下调，必然存在 AE_1 的需求缺口，形成 AE_0E_1 的消费者剩余，这部分剩余可以看作是发行公司和投资银行为了保证发行成功付出的代价，也是投资者承担一级市场认购风险的补偿①。

值得注意的是，在国外成熟的发行市场，一般允许承销商在发行的新股行情看涨时，超额认购15%左右的股票，这实际上是承销商的看涨期权。由于这一条款最早在美国出现，第一个实行这一条款的公司名称是"绿鞋（Green Shoe）"，因此这种做法也被称为"绿鞋计划"。我国最新的新股发行制度也允许这种做法。"绿鞋计划"的实施实际上使得供给曲线可以向右漂移成为 S_1，消费者剩余总量增加，投资银行分享了增加的消费者剩余部分。

本文原载《金融研究》2004年第10期。

① 如果一二级市场投资者需求相同，一级市场又没有价格优势，投资者势必选择二级市场进行投资，因为二级市场流动性较高，没有认购风险。

我国 IPO 长期市场表现的实证研究[①]

——基于超常收益率不同测度方法的比较分析

一、问题的提出

20 世纪 90 年代以来,股票市场上 IPO 上市后的长期市场表现引起了众多学者的关注。早期的研究认为存在 IPO 长期弱势现象(Long-run underperformance),即 IPO 在上市后数年内的表现弱于市场②。基于此也产生了多种假说来解释 IPO 长期弱势现象。但后来进一步的研究发现,如果采用有些测度方法,如累计超常收益率(*CAR*)或 Fama-French 三因素模型回归,IPO 长期弱势假说并不成立③。因此,目前国际上该领域的研究重点已经由开发 IPO 长期弱势的解释模型,转移到探求更为稳健的 IPO 长期表现测度方法上。

评价 IPO 上市以后的长期表现,通常是计算其上市后数年内的超常收益率来衡量。超常收益率是 IPO 样本收益率与正常收益率之差,它不但取决于正常收益率的设定方式,还与加权平均方法、复利方法、使用事件时间还是日

① 本文为国家自然科学基金资助项目《信息、机制和新股发行效率》(70672112)阶段性成果,并得到财政部全国会计学术带头人项目支持。作者感谢厦门大学财务与会计研究院孙谦教授、北京大学光华管理学院姜国华副教授和匿名评审人提出的修改建议。

② Ritter, J.R. The Long-run Performance of Initial Public Offerings. *Journal of Finance*, 1991, No.1, pp.365-394; Loughran, T., & Ritter, J.R. The New Issues Puzzle. *Journal of Finance*, 1995, No.1, pp.23-51.

③ Brav, A., Geczy, C., & Gompers, P. A. Is the Abnormal Return Following Equity Issuances Anomalous? *Journal of Financial Economics*, 2000, No.2, pp.209-249.

历时间研究方法等选择都有关。简言之，超常收益率的计算结果对于采用何种测度方法是敏感的，在研究长期超常收益率时尤为突出，这正是 IPO 长期表现研究结论存在差异的主要原因。考察超常收益率的不同测度方法不只是一个数学上严谨的问题，更为重要的是不同的测度方法代表着不同的经济逻辑和投资策略，具有非常重要的现实意义。本文聚焦于研究 IPO 长期表现的不同测度方法，这对于分析并购、回购等其他财务事件的长期市场效应同样具有借鉴意义。

在我国理论界关于是否存在 IPO 长期弱势现象处于争论之中，多数研究只是采用了一种或为数不多的几种测度方法。因此，本文旨在通过对比分析不同测度方法对超常收益率的影响，全面考察我国 IPO 的长期表现。后文包括以下内容：第二部分将回顾国内外学者在 IPO 长期表现方面的主要文献；第三部分是样本数据的选择和初步分析；第四部分是研究方法；第五部分是统计结果及分析，最后是结论。

二、文献回顾

Ritter①，Loughran 和 Ritter② 较早提出 IPO 存在长期弱势现象，对此传统的有效市场理论很难给出合理的解释。Ritter 和 Welch③ 通过研究美国1980—2001 年的6249 个 IPO 样本发现，从 IPO 上市首日收盘后开始计算的 3 年期买入并持有收益率（*BHRs*）是 22.6%，但是经过市场指数收益率调整后的买入并持有超常收益率（*BHAR*）却是-23.4%。一些经济学模型也被开发出来解释 IPO 长期弱势现象，如意见分歧假说、“乐队经理”假说、机会窗口假说和盈余管理假说等。④

---

① Ritter, J.R. The Long-run Performance of Initial Public Offerings. *Journal of Finance*, 1991, No.1, pp.365-394.

② Loughran, T., & Ritter, J.R. The New Issues Puzzle. *Journal of Finance*, 1995, No.1, pp.23-51.

③ Ritter, J. R., & Welch, I. A Review of IPO Activity, Pricing, and Allocations. *Journal of Finance*, 2002, No.4, pp.1797-1828.

④ 参见 Ritter 和 Welch 的综述文献。

但也有学者不认同 IPO 长期弱势假说。Brav 和 Gompers① 发现,如果用 *BM* 比(账面-市值比)类似的已上市股票作参照,特别是使用市值加权平均收益率来计算,IPO 并没有表现出长期弱势。Brav、Geczy 和 Gompers② 通过研究 1975—1992 年美国市场 4662 个 IPO 样本,发现 IPO 长期弱势主要集中于小规模的 IPO,IPO 上市后的长期表现实际上接近于市值和 *BM* 比类似的已上市股票的表现。Gompers 和 Lerner③ 选择 Nasdaq 出现以前的 1935—1972 年 3661 个美国 IPO 样本,以 5 年期计算,发现如果使用事件时间研究方法,市值加权 BHAR 计算的结果表明有长期弱势现象,但用等权平均 BHAR 和 CAR,或者使用日历时间分析和 Fama-French 三因素回归分析,却不能证明存在长期弱势现象。

因此,IPO 长期表现的研究重点逐步由解释 IPO 长期弱势现象,转移到 IPO 长期超常收益率测度方法的比较方面。如果 IPO 长期弱势这个实证结论本身不够稳健的话,解释 IPO 长期弱势的理论也就成了无源之水。Barber 和 Lyon④,Lyon、Barber 和 Tsai⑤ 提供了计算超常收益的多种方法,但是没有十分明确地指出哪一种方法更佳。Fama⑥ 对不同测度方法进行了评价,认为与 CAR 和时间序列回归方法相比,BHAR 更有可能产生"伪拒绝"有效市场的结果。因为 BHAR 是通过对每个月收益率进行复利计算得到的,容易夸大 IPO 弱势现象。

---

① Brav, A., & Gompers, P. A. Myth or Reality? The Long-Run Underperformance of Initial Public Offerings: Evidence from Venture and Nonventure Capital-Backed Companies. *Journal of Finance*, 1997, No.5, pp.1791-1821.

② Brav, A., Geczy, C., & Gompers, P. A. Is the Abnormal Return Following Equity Issuances Anomalous? *Journal of Financial Economics*, 2000, No.2, pp.209-249.

③ Gompers, P. A., & Lerner, J. The Really Long-run Performance of Initial Public Offerings: The PreNasdaq Evidence. *Journal of Finance*, 2003, No.4, pp.1355-1392.

④ Barber, B. M., & Lyon, J. D. Detecting Long-Run Abnormal Stock Returns: The Empirical Power and Specification of Test Statistics. *Journal of Financial Economics*, 1997, No.3, pp.341-372.

⑤ Lyon, J.D., Barber, B.M., & Tsai, C.L. Improved Methods for Tests of Abnormal Longrun Stock Returns. *Journal of Finance*, 1999, No.1, pp.165-201.

⑥ Fama, E.F., & French, K.R. Common Risk Factors in the Returns on Stocks and Bonds. *Journal of Financial Economics*, 1993, No.1, pp.3-55.

在我国理论界,李蕴玮、宋军和吴冲锋①使用流通市值加权 *CAR*,发现我国 IPO 的长期表现不如市场,其中大盘股的表现较差,小盘股的表现略好于市场收益。陈工孟、高宁②也认为存在 IPO 长期弱势现象。也有一些实证研究认为我国 IPO 的长期表现呈现强势特征。刘力、李文德③分别使用 *BHAR*、*CAR* 等指标进行实证分析,发现我国 IPO 至少在 3 年内表现好于市场。丁松良④也得到类似结论。还有一些研究结论介于"强势论"和"弱势论"之间,王美今、张松⑤发现大多数 IPO 在刚上市的一段时间内走势显著弱于市场指数,但在上市第二年以后强于市场指数。而杨丹⑥的结论正好相反,他发现 IPO 上市后 7 个月以内存在强势,之后却呈现弱势。

综上所述可见,是否存在 IPO 长期弱势现象在国内外理论界仍然处于争议之中,根源在于超常收益率测度方法的选择上。近年来我国理论界在该领域的研究取得了一些成果,但仍存在一定的局限性。主要体现在:(1)多数研究的样本数较少;(2)就同一样本全面使用事件时间和日历时间,以及等权平均收益率和市值加权平均收益率等多种方法的研究还很少见;(3)多数研究使用等权平均或流通市值加权平均方法计算收益率,而目前我国大部分股票是非流通股,因此采用总市值加权平均收益率进行比较研究也很有必要;(4)对超常收益率不同测度方法内在的经济逻辑缺乏深入的剖析。

有鉴于此,本文针对我国 A 股市场的 IPO 样本,分别计算等权平均收益率、流通市值加权平均收益率和总市值加权平均收益率,并使用不同的参照指标来调整,同时运用事件时间和日历时间研究方法来评价我国 IPO 的长期表现。

---

① 李蕴玮、宋军、吴冲锋:《考虑市值权重的 IPO 长期业绩研究》,《当代经济科学》2002 年第 6 期,第 12—15 页。

② 陈工孟、高宁:《中国股票一级市场长期投资回报的实证研究》,《经济科学》2000 年第 1 期,第 29—41 页。

③ 刘力、李文德:《中国股票市场股票首次发行长期绩效研究》,《经济科学》2001 年第 6 期,第 43—44 页。

④ 丁松良:《中国新股长期走势实证研究》,《南开经济研究》2003 年第 3 期,第 56—63 页。

⑤ 王美今、张松:《中国新股弱势问题研究》,《经济研究》2000 年第 9 期,第 49—56 页。

⑥ 杨丹:《新股长期价格行为实证研究——基于壳资源价值的假说和证据》,《财经科学》2004 年第 5 期,第 72—76 页。

三、样本数据的选择和初步分析

本文样本数据来自 CSMAR,收集了我国 1995 年 1 月至 2000 年 12 月沪深两市发行的 774 个 A 股 IPO 样本,所使用的月度股票收益率数据已经考虑了红利、红股、转增、配股和增发等因素。起始时间定为 1995 年 1 月的原因是需要有足够多的已上市股票构筑配比组合;截止时间定为 2000 年 12 月的原因是需要留足 3 年的时间窗。而且在样本期间内,我国的 IPO 发行政策也相对稳定。

采用与 Fama 和 French①, Brav、Geczy 和 Gompers②, Gompers 和 Lerner③类似的办法,以沪深两市全部 A 股作为参照,根据总市值和 BM 比对 IPO 进行分组:

(一)构造 t 年 1 月至 6 月的配比组合矩阵

根据 t-1 年 12 月最后一个交易日的个股总市值,将沪深两市全部 *A* 股上市公司按照总市值从小到大排序,并分成 5 等份;再将每一总市值等份中的上市公司按照 *BM* 比,从低到高排序,同样也分成 5 等份。其中,*BM* 比等于 t-1 年 12 月 31 日的股东权益除以 t-1 年 12 月最后一个交易日的个股总市值。删除 *BM* 比为负的公司。

(二)构造 t 年 7 月至 12 月的配比组合矩阵

根据 t 年 6 月的最后一个交易日的总市值,将沪深两市全部上市公司按照总市值从小到大排序,并分成 5 等份;再将每一总市值等份中的上市公司按

---

① Fama, E.F., & French, K.R.Common Risk Factors in the Returns on Stocks and Bonds.*Journal of Financial Economics*, 1993, No.1, pp.3-55.

② Brav, A., Geczy, C., & Gompers, P. A. Is the Abnormal Return Following Equity Issuances Anomalous? *Journal of Financial Economics*, 2000, No.2, pp.209-249.

③ Gompers, P.A., & Lerner, J.The Really Long-run Performance of Initial Public Offerings: The PreNasdaq Evidence.*Journal of Finance*, 2003, No.4, pp.1355-1392.

照 BM 比,从低到高排序,同样也分成 5 等份。其中,BM 比等于 t-1 年 12 月 31 日的股东权益除以 t 年 6 月最后一个交易日的总市值。同样删除 BM 比为负的公司。

(三) 对 t 年度上市的 IPO 进行定位

根据上市后首月最后一个交易日的个股总市值,以及 t 年末的股东权益除以上市后首月最后一个交易日的总市值得到的 *BM* 比,可以确定 IPO 处于 5×5 矩阵的哪个单元,该单元的所有股票就构成这个 IPO 的配比组合。如果 IPO 上市日期处于 1 至 6 月份,就以(1)为参照;如果处于 7 至 12 月份,就以(2)为参照。结果见表 1:

表 1 根据总市值和 *BM* 比对 *IPO* 进行分组 (单位:%)

		按 *BM* 比由低到高分组					
		最低	2	3	4	最高	总计
按总市值由小到大分组	最小	1. 68	1. 55	0. 52	0. 65	1. 29	5. 69
	2	4. 01	4. 13	2. 97	3. 75	3. 23	18. 09
	3	6. 85	5. 30	6. 07	4. 65	4. 01	26. 88
	4	6. 07	6. 72	5. 43	3. 88	3. 49	25. 59
	最大	5. 43	6. 46	3. 49	4. 26	4. 13	23. 77
	总计	24. 04	24. 16	18. 48	17. 19	16. 15	100

与已上市公司相比,我国大部分 IPO 样本公司属于中、大型规模的公司,最小规模的 IPO 只占 5. 69%;从 BM 比情况来看,低和较低 *BM* 比的 IPO 公司略多,最低 *BM* 比的 IPO 占 24. 04%。处于(1,1)单元(最小规模、最低 BM 比)的高成长公司的比例只有 1. 68%。

我国的 IPO 的分布特征与 Brav、Geczy 和 Gompers① 考察的美国 IPO 有较大不同,美国最小规模 IPO 的占比为 77. 60%,最低 *BM* 比 IPO 的占比为

① Brav, A., Geczy, C., & Gompers, P. A. Is the Abnormal Return Following Equity Issuances Anomalous? *Journal of Financial Economics*, 2000, No.2, pp.209–249.

66.60%,处于(1,1)单元 IPO 的比例为 51.80%。与我国的情况相比,美国 IPO 分布严重偏向小规模和低 *BM* 比。差异主要源自两个方面:首先,Brav 采用 Fama① 的方法,基于纽约证交所的全部股票而不是全部美国上市股票来构造配比组合矩阵。纽约证交所的股票是以大型蓝筹为主的,具有较大的市值和较高的 *BM* 比,大部分美国 IPO 的市值和 *BM* 比自然相对较小。而本文却是使用沪深两市全部的 A 股上市公司来构造配比组合矩阵。其次,美国 IPO 以成长型公司为主,而我国在 20 世纪 90 年代中后期国有大型蓝筹公司才相继上市,因此样本期间我国 IPO 的规模与已上市公司相比反而偏大。

四、研究方法

要评价 IPO 是否存在超常收益,需要考虑以下主要问题:(1)如何确定正常收益率?正常收益率的选择直接关系到 IPO 的超常收益率的大小。本文分别使用三种市场指数的收益率,总市值和 *BM* 比类似的配比组合的收益率,以及 CAPM 和 Fama-French 三因素定价模型,来生成正常收益率。(2)采用等权平均还是市值加权平均计算收益率?不同的加权平均方法会得到不同的超常收益率结果。本文分别使用等权平均、流通市值加权平均和总市值加权平均方法来考察 IPO 的长期表现。(3)单利还是复利?*BHAR* 使用的是复利方法,而 *CAR* 使用的是单利方法。(4)事件时间还是日历时间研究方法?事件时间方法研究证券的长期表现时,样本间存在的横截面相依(Dependence)会导致有偏的统计推断,而日历时间方法可以一定程度上解决该问题。

(一)事件时间研究方法

本文所采用的事件时间研究方法包括计算 *BHAR* 和 *CAR* 来考察样本 IPO 的长期超常收益率。

---

① Fama, E.F., & French, K.R. Common Risk Factors in the Returns on Stocks and Bonds. *Journal of Financial Economics*, 1993, No.1, pp.3-55.

自从 Ritter① 以来,计算 BHAR 逐渐成为一种普遍采用的衡量 IPO 长期表现的方法。事件时间 BHAR 的计算公式如下:

$$bhar_i = \prod_{t=1}^{r}(1 + R_{i,t}) - \prod_{t=1}^{r}(1 + R_{BMK,t})$$

$$BHAR = \overline{bhar} = \sum_{t=1}^{N} w_{i,1} \times bhar_i$$

其中,*BHAR* 是全部 IPO 的(平均)买入并持有超常收益率;$bhar_i$ 是第 i 个 IPO 的买入并持有超常收益率;*N* 是 IPO 的样本数 $w_{i,1}$是市值加权平均时为上市后第一个月第 i 个 IPO 的市值权重,等权平均时为 1/*N*;*T* 是持有时间;$R_{i,t}$ 是第 i 个 IPO 在上市后第 t 月的月收益率;$R_{BMK,t}$是参照指标在同月的月收益率。

事件时间研究的另一种方法是大家熟悉的 *CAR*。事件时间研究的这两种方法哪一种更好呢? Barber 和 Lyon② 认为 *BHAR* 代表的持有策略更符合投资者的现实投资经历,但是 Fama③ 却指出 *CAR* 是比 *BHAR* 偏差更小的方法,因为 *BHAR* 采用的是复利计算,计算长期收益率时个别时期异常数据的效应会被放大。

(二) 日历时间研究方法

针对长期超常收益率,Fama④、Lyon、Barber 和 Tsai⑤ 都认为按照日历时间来构造每月股票组合的方法更可取。Fama 认为日历时间方法对定价模型的错误设定不太敏感,而且能很好地控制样本之间的横截面相依。本文

① Ritter,J.R.The Long-run Performance of Initial Public Offerings.*Journal of Finance*,1991, No.1,pp.365-394.

② Barber,B. M.,& Lyon, J. D. Detecting Long-Run Abnormal Stock Returns: The Empirical Power and Specification of Test Statistics.*Journal of Financial Economics*,1996,No.3.

③ Fama, E. F. Market Efficiency, Long-term Returns and Behavioral Finance. *Journal of Financial Economics*,1998,No.3.

④ Fama, E. F. Market Efficiency, Long-term Returns and Behavioral Finance. *Journal of Financial Economics*,1998,No.3.

⑤ Lyon,J.D.,Barber,B.M.,& Tsai,C.L.Improved Methods for Tests of Abnormal Longrun Stock Returns.*Journal of Finance*,1999,No.1,pp.165-201.

的日历时间研究方法包括日历时间月平均超常收益率 *MCTAR*，以及日历时间的 CAPM 和 Fama-French 三因素模型回归。日历时间 *MCTAR* 计算公式如下：

$$CTAR_t = \sum_{t=1}^{N_t} w_{i,t} \times ar_{i,t}$$

$$MCTAR = \frac{1}{T'} \sum_{t=1}^{T'} CTAR_t$$

其中，$CTAR_t$是日历月份第 t 月全部新股（如上市不超过 3 年的股票）平均月超常收益率；*MCTAR* 是全部 IPO 的在整个日历时间的月平均超常收益率；T'是考察的日历月份总数；N_t是日历月份第 t 月全部新股的个数；$w_{i,t}$是市值加权平均时为第 i 个 IPO 在日历时间第 t 月的市值权重，等权平均时为 $1/N_t$；其他变量的定义如前。

同时，本文也使用日历时间的 CAPM 模型回归分析：

$$R_{ipo,t} - R_{f,t} = \alpha + \beta_{M,t}(R_{M,t} - R_{f,t}) + e_{ipo,t}$$

其中，$R_{ipo,t} - R_{f,t}$，是根据日历时间构造的 IPO 组合横截面收益率相对于无风险利率的超额收益率；$R_{m,t} - R_{f,t}$，是市值加权市场指数收益率相对于无风险利率的超额收益率。如果模型设定正确，公式中的 α 表示的是经过市场风险调整以后的超常收益率。

最后，本文使用 Fama-French 三因素模型回归来研究 IPO 的长期收益。Fama 和 French① 使用三因素模型来解释股票的横截面收益，认为小市值股票和高 BM 比股票的收益率系统性地较高。回归公式如下：

$$R_{ipo,t} - R_{f,t} = \alpha + \beta_{M,t}(R_{M,t} - R_{f,t}) + \beta_{SMB,t}SMB_t + \beta_{HML,t}HML_t + e_{ipo,t}$$

其中，*SMB* 是小市值股票收益率的零投资组合收益率；*HML* 是高 *BM* 比股票收益率减去低 *BM* 比股票收益率的零投资组合收益率。

① Fama, E.F., & French, K.R.Common Risk Factors in the Returns on Stocks and Bonds.*Journal of Financial Economics*, 1993, No.1, pp.3-55.

五、统计结果及分析

（一）事件时间的研究结果

本文以 IPO 的上市月份为事件月，以 IPO 上市以后第二个月为起点计算 1 年、2 年和 3 年的 *BHAR* 和 *CAR*。这样规避了 IPO 上市首日超高的超常收益率的影响，也能更方便地使用 *CSMAR* 月度收益率数据来评价 IPO 的长期表现。如果 IPO 在事件窗期间内下市，使用市场收益率代替。

表 2　IPO 买入并持有 1 年、2 年和 3 年的超常收益率 *BHAR*

（单位：%）

		等权平均 *BHR*			流通市值加权平均 *BHR*			总市值加权平均 *BHR*		
参照基准	时间	IPO	参照基准	*BHAR*	IPO	参照基准	*BHAR*	IPO	参照基准	*BHAR*
等权平均 *CSMAR* 综合市场指数效率	1 年	30.64	32.89	−2.25 (−1.263)	18.19	24.25	−6.07 (−4.067)***	11.89	23.61	−11.72 (−7.818)***
	2 年	49.58	55.58	−6.00 (2.200)**	22.97	37.56	−14.59 (−6.670)***	15.62	37.97	−22.36 (−10.301)***
	3 年	67.23	81.90	−14.67 (−3.629)***	29.58	54.42	−24.84 (−7.843)***	24.44	55.03	−30.59 (−9.524)***
流通市值加权平均 *CSMAR* 综合市场指数收益率	1 年	30.64	26.43	4.20 (2.292)**	18.19	15.50	2.68 (1.784)*	11.89	15.32	−3.44 (−2.255)**
	2 年	49.58	36.27	13.31 (4.726)***	22.97	19.44	3.53 (1.595)	15.62	20.47	−4.85 (−2.191)**
	3 年	67.23	49.24	17.99 (4.416)***	29.58	26.99	2.59 (0.833)	24.44	28.18	−3.74 (−1.219)
总市值加权平均 *CSMAR* 综合市场指数收益率	1 年	30.64	20.10	10.54 (5.866)***	18.19	12.52	5.67 (3.818)***	11.89	12.17	−0.28 (−0.187)
	2 年	49.58	27.57	22.01 (7.960)***	22.97	15.60	7.38 (3.355)***	15.62	15.88	−0.27 (−0.126)
	3 年	67.23	39.49	27.74 (6.787)***	29.58	23.42	6.16 (1.982)**	24.44	23.88	0.56 (0.186)

续表

		等权平均 *BHR*			流通市值加权平均 *BHR*			总市值加权平均 *BHR*		
参照基准	时间	IPO	参照基准	*BHAR*	IPO	参照基准	*BHAR*	IPO	参照基准	*BHAR*
总市值和 *BM* 比相类似股票(配比)组合收益率	1年	30.64	20.88	9.76 (5.475)***	18.19	11.15	7.04 (4.771)***	11.89	9.85	2.04 (1.383)
	2年	49.58	36.15	13.43 (4.927)***	22.97	16.57	6.41 (3.025)**	15.62	15.26	0.36 (0.171)
	3年	67.23	56.14	11.08 (2.770)***	29.58	24.90	4.67 (1.583)	24.44	23.25	1.19 (0.417)

注:(1)BHR 是买入并持有收益率。(2)括号内为 t 统计量,***、**、* 分别表示在 1%、5%、10% 水平显著不为 0(双尾检验)。

表 2 计算的是 IPO 样本的 *BHAR*。可以看到:(1)结果对使用何种参照指标很敏感。等权平均指数调整的 *BHAR* 都为负,而且持有时间越长 *BHAR* 越小(负的程度越大);而其他三个参照指标调整的 *BHAR* 在多数情况下为正。产生这种差异的主要原因在于我国市场上"小盘股"表现更好,导致等权平均指数的收益高于其他参照指标。(2)计算结果对使用何种加权平均方法也很敏感。使用两种市值加权平均方法代替等权平均方法计算 *BHAR* 时,不管采用何种参照指标调整 *BHAR* 都变小了,原因在于大市值 IPO 的权重大,而大市值 IPO 的表现逊于小市值 IPO。

表 3 全部 IPO 样本 1 年、2 年和 3 年累计超常收益率 *CAR*

(单位:%)

		等权平均 *CR*			流通市值加权平均 *CR*			总市值加权平均 *CR*		
参照基准	时间	IPO	参照基准	*CAR*	IPO	参照基准	*CAR*	IPO	参照基准	*CAR*
等权平均 *CSMAR* 综合市场指数效益率	1年	28.93	30.13	-1.20 (-0.639)	33.61	28.17	5.44 (4.309)***	27.69	27.79	-0.10 (-0.089)
	2年	45.10	47.04	-1.95 (-0.890)	53.78	45.64	8.14 (4.669)***	47.50	46.28	1.22 (0.687)
	3年	57.72	62.49	-4.77 (-0.316)	76.44	63.22	13.22 (1.003)	72.14	63.71	8.42 (0.585)

续表

		等权平均 CR			流通市值加权平均 CR			总市值加权平均 CR		
参照基准	时间	IPO	参照基准	CAR	IPO	参照基准	CAR	IPO	参照基准	CAR
流通市值加权平均 CSMAR 综合市场指数收益率	1 年	28.93	23.99	4.94 (2.542)**	33.61	20.35	13.26 (9.882)***	27.69	20.21	7.48 (5.589)***
	2 年	45.10	32.99	12.11 (5.185)***	53.78	30.95	22.83 (12.435)***	47.50	31.75	15.75 (8.395)***
	3 年	57.72	44.66	13.05 (0.754)	76.44	44.32	32.12 (2.320)**	72.14	45.12	27.01 (1.978)**
总市值加权平均 CSMAR 综合市场指数收益率	1 年	28.93	19.42	9.50 (5.014)***	33.61	17.66	15.95 (11.787)***	27.69	17.32	10.37 (8.199)***
	2 年	45.10	27.27	17.83 (7.852)***	53.78	27.68	26.10 (13.675)***	47.50	28.10	19.41 (10.819)***
	3 年	57.72	39.48	18.24 (0.990)	76.44	41.92	34.52 (2.280)**	72.14	42.41	29.72 (2.262)**
总市值和 BM 比相类似股票(配比)组合收益率	1 年	28.93	20.19	8.74 (5.080)***	33.61	17.08	16.53 (11.708)***	27.69	15.85	11.84 (8.770)***
	2 年	45.10	32.57	12.53 (5.670)***	53.78	29.62	24.16 (11.674)***	47.50	28.45	19.05 (10.273)***
	3 年	57.72	46.51	11.21 (0.639)	76.44	45.62	30.82 (1.948)*	72.14	44.37	27.77 (2.058)**

注:(1)CR 是累计收益率。

表 3 计算了 IPO 样本的 *CAR*。结果表明:(1)与 *BHAR* 相比,*CAR* 计算的超常收益率在更多情况下为正且更显著,计算结果对使用何种参照指标来调整以及使用何种加权平均方法同样很敏感。(2)使用后三种参照指标调整的 *CAR* 全部为正,而且明显大于使用等权平均指数调整的 *CAR*。总的来看,考察时间越长 *CAR* 也越大,但显著性在下降。(3)使用两种市值加权平均方法代替等权平均方法计算 *CAR* 时,不管采用何种参照指标调整的 *CAR* 都明显增大,这与前文 *BHAR* 的结果正好相反。原因在于 *BHAR* 和 *CAR* 的市值加权平均方法是不同的,*BHAR* 的市值加权平均只是反映了每个 IPO 在期初的市值权重,而 *CAR* 的市值加权平均使用的市值权重在每个月都不同。由于小市值 IPO

的表现好于大市值 IPO,随着时间的推移小市值 IPO 的市值权重也同步上升,这样的“双重效应”导致市值加权平均方法计算的 *CAR* 表现更好。

从上面的 *BHAR* 和 *CAR* 事件时间分析可以看到,二者的结果是有差异的。如果只是使用等权平均指数调整的 *BHAR*,很容易得出我国 IPO 存在长期弱势这个结论。但如果使用其他三个参照指标调整,同时又采取等权平均或流通市值加权平均方法计算 *BHAR*,结果总体上支持 IPO 长期强势。而 *CAR* 的计算结果更是明显地表明我国 IPO 上市后至少 3 年内呈现长期强势的特征。

(二)日历时间的研究结果

本文根据日历时间来构造每月 IPO 组合:从 1995 年 2 月到 2003 年 12 月期间内的每一日历月份 *t*,把上市时间处于 3 年内的股票作为新股。具体操作上,本文把上市时间达到 2 个月但不超过 37 个月的股票作为新股,这样的安排仍然是为了规避 IPO 上市首日超高的超常收益率和方便地使用 *CSMAR* 月度收益率数据。

表 4　1995 年 2 月至 2003 年 12 月 IPO 的日历时间 *MCTAR*

(单位:%)

参照基准	等权平均方法计算 *MCTAR*		流通市值加权平均方法计算 *MCTAR*		总市值加权平均方法计算 *MCTAR*	
	月率表示	换算成年率	月率表示	换算成年率	月率表示	换算成年率
等权平均 *CSMAR* 综合市场指数收益率	-0.08 (-0.258)	-0.96	0.93 (1.963)*	11.80	0.72 (1.414)	9.05
流通市值加权平均 *CSMAR* 综合市场指数收益率	0.08 (0.237)	1.01	1.10 (2.364)**	14.00	0.89 (1.823)*	11.20
总市值加权平均 *CSMAR* 综合市场指数收益率	0.22 (0.663)	2.72	1.24 (2.823)***	15.90	1.03 (2.337)**	13.06
总市值和 *BM* 比相类似股票(配比)组合收益率	0.33 (1.080)	4.02	1.25 (2.740)***	16.03	0.97 (2.081)**	12.24

表 4 计算的是从 1995 年 2 月到 2003 年 12 月 IPO 的日历时间月平均超常收益率 *MCTAR*。计算结果表明:(1)只有采用等权平均指数调整并使用等

权平均方法计算时,*MCTAR* 才为负,但不显著。其他所有情况下,*MCTAR* 都为正。(2)使用后三种参照指标调整的 *MCTAR* 大于使用等权平均指数调整的 *MCTAR*,而且也更显著。(3)使用两种市值加权平均方法计算的 *MCTAR* 显著大于使用等权平均方法的结果。可见,日历时间 *MCTAR* 与事件时间 *CAR* 的结论很接近。

最后,本文基于日历时间数据分别进行 CAPM 模型和 Fama-French 三因素模型的回归分析。在模型适用的前提下,如果要证明 IPO 强于市场,则需要证明截距项显著为正。结果见表 5。

表 5　IPO 的 CAPM 和 Fama-French 三因素模型回归

	IPO 等权平均收益率		IPO 流通市值加权平均收益率		IPO 总市值加权平均收益率	
	CAPM	Fama-French 三因素	CAPM	Fama-French 三因素	CAPM	Fama-French 三因素
截距 α	0.0015 (0.409)	0.0019 (0.610)	0.0106 (2.255)**	0.0133 (2.952)***	0.0092 (1.859)*	0.0149 (2.084)**
$R_{m,t}-R_{f,t}$	0.956 (24.224)***	0.956 (26.761)***	1.031 (19.814)***	1.067 (21.047)***	0.974 (17.835)***	0.995 (17.566)***
SMB		0.377 (4.530)***		0.0591 (0.500)		-0.131 (-0.993)
HML		-0.263 (-4.971)***		-0.292 (-3.882)***		-0.0494 (-0.588)
Adjusted R^2	0.847	0.883	0.787	0.812	0.749	0.749

注:(1)无风险收益率 $R_{f,t}$ 用同期银行三月期存款利率(转换为月率)来表示。(2)$R_{m,t}$ 用流通市值加权平均市场指数的月收益率来表示。

表 5 结果表明:(1)考察等权平均收益率时,CAPM 模型回归表明截距项为每月 0.15%,表示有正的超常收益率,但不显著;使用三因素模型的回归后,*AdjustedR*^{2} 表明整体模型的解释力度上升,截距项上升为每月 0.19%,但仍不显著。(2)考察流通市值加权平均收益率时,CAPM 模型回归截距项每月 1.06%且显著;使用三因素模型整体的解释力度有所上升,截距项也上升为每月 1.33%。(3)考察总市值加权平均收益率时,三因素模型的截距项显著为正,为每月 1.49%。(4)总体来看,Fama-French 三因素模型的解释力度大于

CAPM 模型,IPO 存在为正的超常收益,且在采用市值加权方法时更为显著。

在三因素模型回归分析中,$R_{m,t}-R_{f,t}$ 的系数都接近 1 且高度显著,表明在控制 *HML* 和 *SMB* 所代表的风险因素以后,影响市场指数收益的一般宏观风险以类似的程度影响着 IPO 的收益。*HML* 的系数在三个回归始终为负,说明 IPO 的 *BM* 比与整体市场相比较低,这和第二节表 1 的结果一致,也与 Brav、Geczy 和 Gompers① 考察的美国 IPO 很类似。*SMB* 的系数对采用的收益率计算方法很敏感,多数情况下不显著,说明我国 IPO 的规模效应不明显,这与美国 IPO 该系数显著为正的情况不同。

在以上的不同测度方法中,流通市值加权平均方法计算得到的 IPO 长期超常收益率结果总体上大于总市值加权平均方法的结果。究其原因,我国市场上大市值 IPO 的非流通股比例一般更高,使用总市值加权平均方法计算超常收益率时,表现逊色的大市值 IPO 却被赋予了更大的权重。

(三) 结果分析

研究结果总体上表明我国 IPO 在上市以后至少 3 年内表现出强势特征。

本文研究结果是否拒绝我国股票市场是一个有效市场?不同的理论学派可能会有不同的解释。在行为金融学派看来,显著为正的长期超常收益是一种“异象”(Anomaly),我国投资者对 IPO 的质量信息可能存在反应不足,表明资本市场无效率。如果基于理性定价学派的观点,会认为这可能是一种偶然现象。即使正的超常收益长期存在,理性定价学派也并不认为这是对“有效市场假说”的拒绝,更可能是由于定价模型未能反映所有的风险因素。因为关于有效市场这个原假设的检验是一种“联合假设”检验:既要检验超常收益为零,还要检验定价模型的有效性。但是,任何定价模型都不可能完全地描述正常收益率②,这类模型设定问题在考察长期收益时尤其严重。

因此,IPO 长期市场表现的研究不能简单地把某些“强势”或“弱势”的实

---

① Brav, A., Geczy, C., & Gompers, P. A. Is the Abnormal Return Following Equity Issuances Anomalous? *Journal of Financial Economics*, 2000, No.2, pp.1791-1821.

② Fama, E. F. Market Efficiency, Long-term Returns and Behavioral Finance. *Journal of Financial Economics*, 1998, No.3, pp.283-306.

证结论作为前提，这些结论可能只是一种或少数几种测度方法的结果，不够稳健。前提如果不可靠，逻辑上合理的解释模型也只会产生误导性的结论。解释模型的开发应该与超常收益率的测度过程有机地结合起来，这是本文的理论意义所在。另一方面，通过探讨不同的测度方法及其对应的投资策略，有助于揭示样本期间内不同 IPO 投资策略与参照指标相比的收益状况，具有一定的实践意义。

哪种超常收益率更能反映我国的市场状况？作者认为应该在 IPO 之外进行扩展研究以期得到更有说服力的结论。同时应该在计算收益率的时候充分考虑我国特殊的股权分置现状的影响，使模型更具有适用性。

六、结论

本文总体上表明样本期间内我国 IPO 在上市以后至少 3 年内表现出长期强势。主要结论如下：

（一）我国的 IPO 的分布特征与美国 IPO 有较大的不同。美国 IPO 分布严重偏向小规模和低 *BM* 比；样本期间内我国 IPO 与已上市股票相比，*BM* 比只是略低，而规模反而偏大。因此，基于美国 IPO 实证结果的解释和模型不一定适合我国的情况。

（二）无论是事件时间还是日历时间研究方法，超常收益的计算结果对参照指标及加权平均方法很敏感。事件研究结果发现，如果使用流通市值加权平均指数、总市值加权平均指数或配比组合的收益率来调整，同时还采用等权平均或流通市值加权平均方法计算 *BHAR* 时，结果并不支持 IPO 长期弱势假说。

（三）事件时间 *CAR* 的计算结果，特别是使用两种市值加权平均方法，更显著地表明我国 IPO 在至少 3 年内呈现强势特征，同时发现小市值 IPO 的表现好于大市值 IPO。通过日历时间 MCTAR 分析、CAPM 模型以及 Fama-French 三因素模型回归分析，也表明我国 IPO 至少 3 年内呈现强势特征。

IPO 长期市场表现的衡量本质上是超常收益率的确定过程，因此计算结果对采用的测度方法是敏感的。分析长期超常收益需要考虑的因素较多,哪一种方法更优目前也尚无定论,因此 IPO 长期表现解释模型的开发应该与超常收益率的测度过程有机地结合起来。全面考察超常收益率的不同测度方法,数学严谨性的背后是内在的投资组合策略。本文的研究结果很好地揭示了样本期间内不同 IPO 投资策略与参照指标相比的收益状况,具有重要的现实意义,而且对于分析并购、回购等其他财务事件的长期市场效应也具有一定的借鉴意义。

本文原载《会计研究》2006 年第 11 期,作者为杨丹、林茂。

内部控制信息透明度与股权代理成本①

——基于A股主板制造业上市公司的经验证据

一、引言

21世纪以来,全球资本市场上爆发了一系列财务丑闻,使投资者的利益一再遭受损失,如安然公司、世通公司和法国兴业银行的财务舞弊、虚构利润事件,巴林银行的破产倒闭、四川长虹的巨额海外应收账款以及中航油的新加坡巨额亏损事件,等等。这些丑闻的出现大多与上市公司内部控制信息披露不透明、缺乏有效的外部监督而导致内部控制失灵有关。为此,2002年7月美国颁布了萨班斯法案(简称SOX法案),以加强对上市公司内部控制及其信息披露的监管。该法案要求上市公司管理层对公司内部控制的有效性进行披露报告,并要求注册会计师对管理层就企业财务呈报内部控制有效性的评价发表审计意见。该法案的颁布,引发了全球对企业内部控制的关注热潮。受此影响,我国近年来加强了内部控制方面的制度建设,并出台了一系列的相关制度②。尤

---

① 本文得到国家自然科学基金项目"投资者保护机制有效性的实验研究——披露改进、投资者教育与市场准入"(71072167)、国家自然科学基金项目"政府控制权、高管政治关联与国企治理研究"(71103147)、西南财经大学博士研究生科研课题项目"基于信息环境动态演化的分析师预测行为研究"(JBK1207046)的资助。作者感谢匿名审稿人的宝贵建议,文责自负。

② 2001年,中国证监会发布了《公开发行证券公司信息披露的内容与格式准则第2号——年度报告的内容与格式(修订稿)》;2005年10月,国务院发布了《国务院转批证监会关于提高上市公司质量若干意见的通知》;为落实该通知,2006年,上海证券交易所和深圳证券交易所分别出台了《上海证券交易所上市公司内部控制指引》和《深圳证券交易所上市公司内部控制指引》;2008年,财政部等五部委联合发布了《企业内部控制基本规范》,要求上市公司对本公司内部控制的有效性进行自我评价,披露年度自我评价报告,并可聘请具有证券、期货业务资格的会计师事务所对内部控制的有效性进行审计;2010年,财政部等五部委联合发布了《企业内部控制配套指引》,我国企业内部控制规范体系基本建成。

其是2006年上海证券交易所发布的《上交所指引》和深圳证券交易所发布的《深交所指引》以及2010年财政部等五部委联合发布的《企业内部控制基本规范》和《企业内部控制配套指引》，为我国上市公司披露内部控制信息提供了政策依据。

无论从制度的建设还是从执法与监管的实施力度上，加强内部控制信息披露的目的都是在于提高内部控制信息的透明度，降低证券市场信息不对称，维护市场的公开和公正，最终保护中小投资者的合法权益。毋庸置疑，政策制定者希望通过内部控制信息披露为利益相关者提供一种因内部控制失败而导致财务报表潜在错报的警兆，从而使投资者对财务报告质量乃至企业价值进行重新评价或修正①。事实上，与实务界对内部控制信息披露的重视相契合，有关内部控制信息披露的研究也日益成为一个涉及面较广的研究课题，而其中对内部控制信息披露形成的原因及其经济后果的研究则是一个重要的研究方向。

尽管《企业内部控制基本规范》实施不久（企业内部控制规范体系于2011年才开始逐步实施），但《上交所指引》和《深交所指引》执行已有时日。那么内部控制信息披露究竟有哪些经济后果呢？国外相关研究认为内部控制信息披露有助于现有或潜在投资者掌握公司竞争优势，进而作出正确的投资决策②，这一研究结论在我国资本市场上也得到证实③。此外，内部控制信息披露能有效抑制上市公司的盈余管理活动④。以往研究主要是从资本市场效率和公司经营方面考察内部控制信息披露的经济后果，较少以内部控制信息的直接作用机制为切入点。大量的理论分析和经验证据表明，信息透明度的提

① Francis, J.R., & Ke, B. Disclosure of Fees Paid to Auditors and the Market Valuation of Earnings Surprises, *Review of Accounting Studies*, 11, pp.495-523.

② Fekrat, M.A., Inclan, C., & Petroni, D. Corporate Environmental Disclosures: Competitive Disclosure Hypothesis Using 1991 Annual Report Data. *The International Journal of Accounting*, 1996, 31, pp.175-195; Willis, D.M. & Lightle, S.S. Management Reports on Internal Controls. *Journal of Accountancy*, 2000, Vol.190, No.4, pp.57-64.

③ 张继勋、周冉、孙鹏：《内部控制披露、审计意见、投资者的风险感知和投资决策：一项实验证据》，《会计研究》2011年第9期，第66—73页。

④ 方红星、金玉娜：《高质量内部控制能抑制盈余管理吗？——基于自愿性内部控制鉴证报告的经验研究》，《会计研究》2011年第8期，第53—60页。

高不仅有助于减少投资者的信息风险并降低公司的资本成本，而且对于资本配置效率的改善大有裨益①。从公司代理问题角度来看，信息获取渠道的阻滞和失衡不仅是引发委托代理冲突的主要动因之一，并且信息透明度的降低将进一步加剧公司内部人以攫取私利为目的的败德行为。与一般公司信息所不同的是，内部控制信息披露提供了额外的与决策有用的信息②，内部控制信息有助于信息使用者了解企业过去与内部控制建设和运行相关的信息，并以此评价管理层受托经济责任的履行情况，预测企业未来的经营活动效率、资产的安全性以及财务报告的可靠性。遗憾的是，现有关于代理成本的文献主要集中在公司自愿性信息披露③，较少直接以内部控制信息透明度为研究对象。

基于此，本文试图将研究视角转入对内部控制信息披露的直接作用机制，即对股权代理成本的关注上。通过考察内部控制信息透明度对公司管理销售费用率和总资产周转率的影响，来回答公司之间内部控制信息透明度的差异会对管理层与股东之间第一类代理成本产生怎样的影响；考察内部控制信息透明度对大股东资金占用的作用，来分析其对控股股东与中小股东之间第二类代理成本能否以及如何发挥作用。在现有文献的基础上，本文将内部控制信息透明度纳入代理问题的研究框架，不仅有助于我们全面理解内部控制信息披露的经济后果，而且能拓展代理成本的研究，使我们更加深入地探究公司之间代理问题差异的原因所在。本文的经验证据表明，内部控制信息披露是一项有效的公司治理机制，上市公司的内部控制信息透明度的提高能有效抑制代理成本的发生，该结论不仅为当前内部控制信息披露制度的运行效果提供了经验证据，也可以为进一步完善“企业内部控制基本规范”和“企业内部控制配套指引”提供理论依据。

---

① Botosan & Plumlee.Re-examination of Disclosure Level and the Expected Cost of Equity Capital.*Journal of Accounting Research*，2002，No.1，pp.21-40；汪炜、蒋高峰：《信息披露、透明度与资本成本》，《经济研究》2004 年第 7 期，第 107—114；曾颖、陆正飞：《信息披露质量与股权融资成本》，《经济研究》2006 年第 2 期，第 69—79 页。

② Hermanson.An Analysis of the Demand for Reporting on Internal Control.*Accounting Horizons*，2000，Vol.9，pp.325-341.

③ 罗炜、朱春艳：《代理成本与公司自愿性披露》，《经济研究》2010 年第 10 期，第 143—155 页。

二、理论分析与研究假设

内部控制信息披露是指企业管理当局依据一定的标准向外界披露本单位内部控制完整性、合理性和有效评价的信息，以及注册会计师对内部控制报告审核的信息。内部控制信息披露是解决信息不对称问题，从而实现资源有效配置的一种制度安排①。已有研究证实内部控制信息披露提供了额外的与决策有用的信息②，如公司对外披露内部控制信息可以强化投资者对公司竞争优势的理解，以利于投资者做出投资决策③。同时，张继勋等④也提供了内部控制信息披露有助于投资决策的经验证据。但已有文献较少系统地研究内部控制信息披露与代理成本的关系，相关研究主要集中于财务会计信息方面。已有研究表明财务会计信息具有公司治理功能，可在一定程度上缓解由于信息不对称带来的代理问题，从而提升公司的经济效益⑤。而涉及信息披露与代理成本之间的研究多以信息披露对资本成本及经济业绩的影响为间接证据。高质量的财务会计信息以及信息披露，可以降低权益资本成本⑥，促进企

---

① Gupta, P.P., & Nayar, N. Information Content of Control Deficiency Disclosures under the Sarbanes-Oxley Act: An Empirical Investigation. *International Journal of Disclosure and Governance*, 2007, Vol.4, pp.3-23.

② Hermanson. An Analysis of the Demand for Reporting on Internal Control. *Accounting Horizons*, 2000, Vol.9, pp.325-341.

③ Fekrat, M.A., Inclan, C., & Petroni, D. Corporate Environmental Disclosures: Competitive Disclosure Hypothesis Using 1991 Annual Report Data. *The International Journal of Accounting*, 1996, Vol. 31, pp.175-195; Willis, D.M., & Lightle, S.S. Management Reports on Internal Controls. *Journal of Accountancy*, 2000, Vol.190, No.4, pp.57-64.

④ 张继勋、周冉、孙鹏：《内部控制披露、审计意见、投资者的风险感知和投资决策：一项实验证据》，《会计研究》2011 年第 9 期，第 66-73 页。

⑤ Bushman & Smith. Financial Accounting Information and Corporate Governance. *Journal of Accounting and Economics*, 2001, No.32, pp.237-333；魏明海、陈胜蓝、黎文靖：《投资者保护研究综述：财务会计信息的作用》，《中国会计评论》2007 年第 1 期，第 131—150 页。

⑥ Botosan & Plumlee. Re-examination of Disclosure Level and the Expected Cost of Equity Capital. *Journal of Accounting Research*, 2002, No.1, pp.21-40；汪炜、蒋高峰：《信息披露、透明度与资本成本》，《经济研究》2004 年第 7 期，第 107—114 页；曾颖、陆正飞：《信息披露质量与股权融资成本》，《经济研究》2006 年第 2 期，第 69—79 页。

业经济绩效的提高①。但上述研究假设都是基于信息披露程度的提高能够降低代理成本而提出的。直接研究信息披露质量与代理成本关系的经验证据表明,高质量的信息披露可以显著减少债务成本②,还可降低控股股东与中小股东以及控股股东与监管者之间的信息不对称,从而有利于中小股东及监管者监督控股股东的行为③。内部控制信息是否具备公司治理职能,相关研究仍处于匮乏阶段,杨玉凤等④认为内部控制信息披露质量对显性代理成本有抑制作用,但未系统研究其对股权代理成本的影响。本文将股权代理成本细分为管理层与股东之间的代理成本(第一类代理成本)和控股股东与中小股东之间的代理成本(第二类代理成本),系统研究内部控制信息披露对这两类代理成本的影响。

Jensen 和 Meckling⑤ 在 Berle 和 Means⑥ 提出的"所有权与控制权相分离"的命题上进一步提出了股东与管理层之间的代理问题。Jensen 和 Meckling⑦ 提到,当管理者持有一部分但非公司全部股份时,管理者在制定决策时不再以股东利益最大化为目标,而是更多地考虑个人利益的实现。正是这一代理成

---

① Bushman & Smith.Financial Accounting Information and Corporate Governance.*Journal of Accounting and Economics*, 2001, No. 32, p. 237 - 333; Habib. Corporate Transparency, Financial Development and the Allocation of Capital: Empirical Evidence.*Abacus*, 2008, Vol.44, pp.1-21; 张宗新、杨飞、袁庆海:《上市公司信息披露质量提升能否改进公司绩效》,《会计研究》2007 年第 10 期,第 16—23 页。

② Sengupta, P.Corporate Disclosure Quality and the Cost of Debt.*The Accounting Review*, 1998, Vol.72, pp.459-474; 于富生、张敏:《信息披露质量和债务成本》,《审计与经济研究》2007 年第 5 期,第 93—96 页。

③ La Porta, Lopez-De-Silane & Shleifer.Corporate Ownership around the World.*Journal of Finance*, 1999, Vol.54, pp.471-517; Johnson, La Porta, Lopez-de-Silanes & Shleifer.Tunneling.*American Economic Review*, 2000, Vol.90, pp.22-27; Bae, K.H., Kang, J.K., & Kim, J.M.Tunneling or Value Added? Evidence from Mergers by Korean Business Groups.*Journal of Finance*, 2002, No.6, pp.2695-2740.

④ 杨玉凤、王火欣、曹琼:《内部控制信息披露质量与代理成本相关性研究——基于沪市 2007 年上市公司的经验数据》,《审计研究》2010 年第 1 期,第 82—88 页。

⑤ Jensen & Meckling. Theory of the Firm: Managerial Behavior, Agency Costs and Ownership Structure.*Journal of Financial Economics*, 1976, Vol.3, pp.305-360.

⑥ Berle & Means.*The Modern Corporation and Private Property*.United States: Transaction Publishers, 1932.

⑦ Jensen & Meckling. Theory of the Firm: Managerial Behavior, Agency Costs and Ownership Structure.*Journal of Financial Economics*, 1976, Vol.3, pp.305-360.

本的存在引发了对信息披露的需求，信息披露能降低管理者与股东之间的信息不对称，并有利于股东对管理者行为的监督，降低管理者将公司资源用于追求私人收益的可能性，从而降低代理成本。Berger 和 Hann① 的研究表明，管理层会隐瞒那些利润较低部门的信息来掩盖公司可能存在的代理问题，从而避免引起外部投资者的监督。可见，增强信息披露能够减少代理成本。Hope 和 Thomas② 则进一步发现，信息披露质量的降低减少了投资者对管理层行为的监督，使管理层采取不利于公司的自利行为，即追求公司规模的过度扩张以及进行过度投资的“帝国建立”（Empire Building）行为，这些都会对公司业绩产生不利影响，并降低公司价值。

代理成本的存在使得股东对管理层的信息披露做出一定的要求，但是对这种管理层自利行为的抑制在信息披露透明度较高和较低的公司之间存在一定差异。内部控制信息披露可以使内部控制置于公众监督之下，对管理层解除受托责任、提高内部控制意识以及减少财务舞弊都有重要的意义。高质量的内部控制信息披露，有利于股东了解公司的内部控制建设与执行情况，并以此来推测企业未来经营活动的效率、资产的安全性以及财务报告的可靠性，进而对管理层的受托经济责任履行情况进行评价，对管理层做出有关解聘、奖惩等决策，较好地约束管理层的自利行为，最终导致第一类股权代理成本（管理层与公司股东之间的冲突引起的代理成本）有所降低。另外，内部控制信息披露对企业的内部控制建设与执行情况起到积极促进作用，公司的内部控制制度将日趋完善，能更好地防止经营管理者的自利行为，也会导致第一类股权代理成本的减少。本文基于代理理论的分析框架，提出假设 1：

假设 1：公司的内部控制信息透明度越高，则第一类股权代理成本越低。

与此同时，很多学者将研究的注意力转向美、英以外的国家的上市公司，

---

① Berger, P., & Hann, R. Segment Profitability and the Proprietary and Agency Costs of Disclosure. *The Accounting Review*, 2007, Vol.82, pp.869-906.

② Hope, O., & Thomas, W. Managerial Empire Building and Firm Disclosure. *Journal of Accounting Research*, 2008, Vol.46, pp.591-626.

并证实了股权集中现象的普遍存在①，在此，大股东与中小股东的利益冲突成为公司治理的重要问题之一。大股东为了获取控制权私有收益，常常以牺牲中小股东的利益为代价②。Johnson③ 等使用"掏空"（Tunneling）一词形容公司控股股东为自身利益将公司资产或利润进行转移的行为，其后，有很多研究也证实了大股东这种"掏空"行为的存在④。为了避免外部投资者发现自己的这种利益侵占行为，大股东有动机操纵公司盈余信息，隐瞒公司业绩的真实性⑤，而高度集中的所有权使得大股东掌握了上市公司的控制权，其完全有能力指派自己的代表进入公司的董事会和管理层，从而对公司信息披露行为施加影响。此时，大股东与小股东之间的信息不对称成为加剧二者之间代理冲突的重要原因。Bushman 等⑥发现，各国的信息披露治理与国家对投资者的保护水平正相关，而对于新兴市场的上市公司，由于对大股东权利的法律约束不足，需要加强信息透明度和信息披露质量，以保护投资者利益⑦。我国属于新兴市场国家，上市公司同样存在股权集中与信息透明度低等问题。我国上市公司所有权结构的一个显著特征是"一股独大"且缺乏制衡，大股东利用其

① La Porta，Lopez-De-Silane & Shleifer.Corporate Ownership around the World.*Journal of Finance*，1999，Vol.54，pp.471-517；Claessens，Simeon & Larry.The Separation of Ownership and Control in East Asian Corporations.*Journal of Financial Economics*，2000，Vol.58，pp.81-112；Faccio，M.，& Lang，L.The Ultimate Ownership of Western European Corporations.*Journal of Financial Economics*，2002，Vol.65，pp.365-395.

② Shleifer，A.，& Vishny，R.A Survey of Corporate Governance.*Journal of Finance*，1997，Vol.52，pp.737-782.

③ Johnson，La Porta，Lopez-de-Silanes & Shleifer.Tunneling.*American Economic Review*，2000，Vol.90，pp.22-27.

④ Bae，K.H.，Kang，J.K.，& Kim，J.M.Tunneling or Value Added? Evidence from Mergers by Korean Business Groups.*Journal of Finance*，2002，No.6，pp.2695-2740；Cheung，Y.，Rau，P.，& Stouraitis，A.Tunneling，Propping and Expropriation：Evidence from Connected Party Transactions in Hong Kong.*Journal of Financial Economics*，2006，Vol.82，pp.343-386.

⑤ Fan，J.& Wong，T.J.Corporate Ownership Structure and the Informativeness of Accounting Earnings in East Asia.*Journal of Accounting and Economics*，2002，Vol.33，pp.401-425.

⑥ Bushman，R.，Piotroski，J.D.，& Smith，J.A.What Determines Corporate Transparency? *Journal of Accounting Research*，2004，No.2，pp.207-252.

⑦ La Porta，Lopez-De-Silane & Shleifer.Corporate Ownership around the World.*Journal of Finance*，1999，Vol.54，pp.471-517.

控制权"掏空"上市公司的情况也相当普遍①。

相对宽松的信息披露规则,以及监管不严的法律制度环境,会加剧大股东与外部中小股东之间的信息不对称,使得大股东能够更容易地转移公司资产并隐藏自己的行为。与之相反,加强信息披露制度,则能够降低大股东与外部中小股东之间的信息不对称,使投资者和监管当局更容易发现和惩处大股东的侵占行为,降低大股东侵占的激励②。因此,提高信息透明度成为降低大小股东之间信息不对称及缓解二者之间代理问题的有效途径。作为公司治理机制的重要组成部分,信息透明度的提高,可以使中小股东了解到更多的关于上市公司日常经营活动的信息,促进中小股东对大股东行为及时、有效的监督,减少大股东对公司资金占用或财富转移。而内部控制信息的有效披露则为此提供了一种契机,内部控制信息的有效披露有利于各中小股东对控股股东的利益输送可能性进行评价,以便其利用法律、联合抵制等手段来约束控股股东的控制私欲,从而减少了第二类股权代理成本(控股股东与中小股东之间的利益冲突引起的代理成本)。另外,良好的内部控制信息披露可以促进企业内部控制建设与运行的日趋完善,对控股股东的利益输送行为或是控制权私欲更能起到事前防范的作用,也会导致第二类股权代理成本的减少。基于上述分析,我们提出假设 2:

假设 2:公司的内部控制信息透明度越高,则第二类股权代理成本越低。

三、样本与研究设计

(一)数据来源及变量衡量

本文以 2007 年前已经在 A 股上市的制造业公司作为初始样本,然后剔

① 李增泉、孙铮、王志伟:《"掏空"与所有权安排——来自我国上市公司大股东资金占用的经验证据》,《会计研究》2004 年第 12 期,3—13 页;Liu, Q. & Lu, Z. Corporate Governance and Earnings Management in the Chinese Listed Companies: A Tunneling Perspective. *Journal of Corporate Finance*, 2007, Vol.13, pp.881-906.

② 李增泉、余谦、王晓坤:《掏空、支持与并购重组——来自我国上市公司的经验证据》,《经济研究》2005 年第 1 期,第 19—28 页。

除ST、*ST、SST、S*ST等公司,以及财务数据异常及数据缺失的公司。由于在上市条件和内部控制信息披露规定上,中小板、创业板企业与主板企业存在差异,故我们也剔除了在中小板和创业板上市的公司。最终得到2009—2011年共计1594个制造业上市公司的样本观测值。对每家样本公司的内部控制信息透明度统计通过相关数据手工收集而得。相关数据来源于上海证券交易所网站(http://www.sse.com.cn)和巨潮资讯网站(http://www.cninfo.com.cn)上所披露的上市公司年度报告以及国泰安信息技术公司的CSMAR数据库。

1. 内部控制信息透明度的衡量

国内对内部控制信息披露的测度已逐步有定量化的趋势,并多以内容分析法为主要的量化分析方法,即通过评分赋值来对上市公司内部控制信息披露程度进行量化估算①。这种衡量内部控制信息披露的方法有一定的科学性和合理性,但也存在一些弊端,如内容分析法的评判标准主观性太大。因此,以这种方法来衡量内部控制信息披露程度并不准确,也很难具备相当的说服力。此外,还有相当多的上市公司在年度报告中对其内部控制信息的披露模糊不清,用词模棱两可,形式化问题相当严重。在这样的情况下,如果再按照内容分析法来对上市公司内部控制信息披露程度进行评分赋值,意义不大,考评结果容易受到质疑。

鉴于此,本文拟简单地以上市公司是否在年度报告中披露内部控制自我评估报告和内部控制审核(鉴证)报告作为衡量公司内部控制信息披露质量的评判标准,卢锐②等也采用这种简单方法。若提供了内部控制自我评价报告则为内部控制信息透明度较高的公司,评分为1,否则为内部控制信息透明度较低的公司,评分为0。同时,本文认为只有出具了无保留意见的内部控制审核(鉴证)报告,被审计单位的内部控制信息透明度才更高,这类公司的内部控制信息披露质量应评2分。经过以上划分,可将上市公司内部控制信息

① 杨玉凤、王火欣、曹琼:《内部控制信息披露质量与代理成本相关性研究——基于沪市2007年上市公司的经验数据》,《审计研究》2010年第1期,第82—88页;邱冬阳、陈林、孟卫东:《内部控制信息披露与IPO抑价——深圳中小板市场的实证研究》,《会计研究》2010年第10期,第34—39页。

② 卢锐、柳建华、许宁:《内部控制、产权与高管薪酬业绩敏感性》,《会计研究》2011年第10期,第42—48页。

披露程度分为三档,如表1所示。

表1 上市公司内部控制信息披露程度划分

披露程度	说明	计分
高	同时披露内部控制自我评价报告以及无保留的内部控制审核意见。	2
中	仅披露内部控制自我评价报告。	1
低	两类报告均未披露。	0

2. 股权代理成本的衡量

(1)第一类股权代理成本

第一类股权代理成本,即由股东与管理层之间的利益冲突引起的代理成本,包括监督成本和剩余损失等。本文借鉴Ang①等、Singh和Davidson②以及肖作平和陈德胜等人的做法,选取了两个替代变量来度量:管理费用与销售费用之和占营业收入的比重(简称"管理销售费用率")以及总资产周转率。

管理销售费用率可以作为第一股权代理成本的替代变量,原因在于管理层的工资以及在职消费等自利性收益基本上都在管理费用中核算,所以也有一些研究都仅以管理费用占营业收入的比例作为第一类股权代理成本的替代变量。但是管理层还可能利用销售费用来隐藏额外补贴。因此,销售费用也应该纳入其中,用管理销售费用率作为第一类股权代理成本的替代变量,管理销售费用率与第一类股权代理正相关③。

借鉴Ang④等的研究,将资产周转率同时作为第一类股权代理成本的替代变量,由于资产周转率代表了利用资产的效率,当管理层存在自利行为时,资产的利用效率会下降,也即资产周转率与代理成本之间存在反向关系。企

① Ang, Cole & Lin. Agency Costs and Ownership Structure. *Journal of Finance*, 2000, No.1, pp.81-106.

② Singh & Davidson III. Agency Costs, Ownership Structure and Corporate Governance Mechanisms. *Journal of Banking and Finance*, 2003, Vol.27, pp.793-816.

③ Singh & Davidson III. Agency Costs, Ownership Structure and Corporate Governance Mechanisms. *Journal of Banking and Finance*, 2003, Vol.27, pp.793-816.

④ Ang, Cole & Lin. Agency Costs and Ownership Structure. *Journal of Finance*, 2000, No.1, pp.81-106.

业的资产周转率高表明管理层的投资决策给企业带来了大量销售收入和现金流。低的资产周转率则意味着管理层可能无法给企业带来较好的收益,并且可能导致企业价值损失。因此,具有较大代理冲突的企业其资产周转率要低于那些代理冲突小的企业。

(2)第二类股权代理成本

对于控股股东与中小股东之间的第二类股权代理成本,具体包括以下计量方法:对控制权价值的计量和对各利益输送行为发生的频率或规模进行计量。典型的利益输送形式包括关联交易、资金占用、违规担保、高派现、资产评估、并购重组等。现有研究一般以控股股东的资金占用规模来替代控股股东与中小股东之间的代理成本。①

控股股东占用的资金,大多在其他应收款中核算②,因此现有研究主要以控股股东占用上市公司的其他应收款作为资金占用指标。也有研究将控股股东占用上市公司的应收账款也视为资金占用③。叶康涛等④认为将应收账款纳入代理成本指标很有可能会增加模型的测量误差,从而降低了模型回归的有效性。鉴于此,本文采取以其他应收款作为替代变量。对于其他应收款的处理也存在两种方式:一是叶康涛等⑤的做法,以控股股东及其子公司(但与上市公司之间没有投资与被投资关系)占用上市公司的其他应收款计算大股

① 李增泉、孙铮、王志伟:《"掏空"与所有权安排——来自我国上市公司大股东资金占用的经验证据》,《会计研究》2004 年第 12 期,第 3—13 页;高雷、何少华、黄志忠:《公司治理与掏空》,《经济学》(季刊)2006 年第 4 期,第 1157—1178 页;Jiang, G., Lee, C., & Yue, H. Tunneling through Intercorporate Loans: The China Experience. *Journal of Financial and Economics*, 2010, Vol.98, pp.1-20.

② 叶康涛、陆正飞、张志华:《独立董事能否抑制大股东的"掏空"?》,《经济研究》2007 年第 4 期,第 101—111 页;Jiang, G., Lee, C., & Yue, H. Tunneling through Intercorporate Loans: The China Experience. *Journal of Financial and Economics*, 2010, Vol.98, pp.1-20.

③ 李增泉、孙铮、王志伟:《"掏空"与所有权安排——来自我国上市公司大股东资金占用的经验证据》,《会计研究》2004 年第 12 期,第 3—13 页;高雷、何少华、黄志忠:《公司治理与掏空》,《经济学》(季刊)2006 年第 4 期,第 1157—1178 页。

④ 叶康涛、陆正飞、张志华:《独立董事能否抑制大股东的"掏空"?》,《经济研究》2007 年第 4 期,第 101—111 页。

⑤ 叶康涛、陆正飞、张志华:《独立董事能否抑制大股东的"掏空"?》,《经济研究》2007 年第 4 期,第 101—111 页。

东占用资金;二是王克敏等①、Jiang 等②人的做法,他们未区分其他应收款的对象,将整个其他应收款账户的余额都作为大股东资金占用行为的代理变量。本文分别采用了这两种方法来进行衡量。

(二)模型设计

为了检验假设 1,我们建立模型(1),被解释变量为第一类代理成本,分别采用管理销售费用率(*ASR*)和总资产周转率(*TAT*)两个替代变量来表示。鉴于内部控制信息透明度与股权代理成本之间存在内生性,即内部控制信息透明度能有效降低股权代理成本,而代理冲突较严重的公司可能更不倾向于披露内部控制信息。因此,本文拟采用变量滞后一期的方法解决内生性,考察变量为内部控制信息透明度($ICIT_{t-1}$)。控制变量包括公司治理因素、公司特征变量、年度、行业,具体为:管理层持股比例(*ES*)、第一大股东持股比例(*LS*)、是否国有控股(*SN*)、股权制衡度(*DR*)、董事会规模(*BS*)、独立董事比例(*PID*)、资产负债率(*LEV*)、公司规模(*SIZE*)、公司成长性(*GROWTH*)、行业(*Industry*)和年度(*Year*)。廖理和方芳研究发现,对于代理成本较高的公司,管理层持股(*ES*)能够显著提高公司的现金股利支付;大股东对经理人有强的监督动机③,它的存在可以有效缓解股东与管理层之间的代理冲突;Lipton 和 Lorsch④ 以及 Jensen⑤ 的研究发现董事会规模被视为重要的公司治理因素,基于此,本文选取了管理层持股比例(*ES*)、第一大股东持股比例(*LS*)、股权制衡度(*DR*)和董事会规模(*BS*)作为控制变量。同时,借鉴

① 王克敏、姬美光、李薇:《公司信息透明度与大股东资金占用研究》,《南开管理评论》2009 年第 4 期,第 83—91 页。

② Jiang, G., Lee, C., & Yue, H. Tunneling through Intercorporate Loans: The China Experience. *Journal of Financial and Economics*, 2010, Vol.98, pp.1-20.

③ Shleifer, A., & Vishny, R. A Survey of Corporate Governance. *Journal of Finance*, 1997, Vol. 52, pp.737-782.

④ Lipton & Lorsch. A Modest Proposal for Improved Corporate Governance. *The Business Lawyer*, 1992, Vol.1, pp.59-77.

⑤ Jensen, M. The Modern Industrial Revolution, Exit and the Failure of Internal Control Systems. *Journal of Finance*, 1993, Vol.48, pp.831-880.

肖作平和陈德胜①、王克敏等②的相关研究，加入了是否国有控股（*SN*）和独立董事比例（*PID*）变量，作为相关的公司治理变量。此外，我们还控制了资产负债率（*LEV*）、公司规模（*SIZE*）、公司成长性（*Growth*）等公司特征变量③，考虑到我国资本市场的效率不高，操纵股份的行为较普遍，用 Tobin's Q 来表示公司未来的成长性会含有太多噪音，本文采用公司当年的主营业务增长率来代表公司的成长性。

$$ASR_{it}(TAT_{it}) = \alpha_{it} + \beta_1 ICIT_{i,t-1} + \beta_2 ES_{it} + \beta_3 LS + \beta_4 SN_{it} + \beta_5 DR_{it} + \beta_6 BS + \beta_7 PID_{it} + \beta_8 LEV_{it} + \beta_9 SIZE_{it} + \beta_{10} GROWTH_{it} + \sum Industry_{it} + \sum Year_{it} + \varepsilon_{it} \quad (1)$$

对控股股东和中小股东之间代理成本的度量，本文同时采用 Jiang 等④和叶康涛等⑤的方法，选取其他应收款期末余额（*OREC*），控股股东占款（*TRANS*）和两个替代变量。本文构建了模型(2)以检验假设 2。同上，考察变量为内部控制信息透明度（$ICIT_{t-1}$），模型(2)中也选取了公司治理因素、公司特征变量、年度和行业。具体而言，控制变量包括其他应收款期初余额（$OREC_{t-1}$）（控股股东占款期初存量（$TRANS_{t-1}$））、管理层持股比例（*ES*）、第一大股东持股比例（*LS*）、是否国有控股（*SN*）、股权制衡度（*DR*）、独立董事比例（*PID*）、现金流权（*CASH*）、控制权与现金流权的分离度（*SQ*）、资产负债率（*LEV*）、公司规模（*SIZE*）、行业虚拟变量（*Industry*）和年度虚拟变量（*Year*）。

$$OREC_{it}(TRANS_{it}) = \alpha_{it} + \beta_1 ICIT_{i,t-1} + \beta_2 OREC_{i,t-1}(TRANS_{i,t-1}) + \beta_3 ES_{it} + \beta_4 LS + \beta_5 SN_{it} + \beta_6 DR_{it} + \beta_7 PID_{it} +$$

① 肖作平、陈德胜：《公司治理结构对代理成本的影响——来自中国上市公司的经验证据》，《财贸经济》2006 年第 12 期，第 29—35 页。

② 王克敏、姬美光、李薇：《公司信息透明度与大股东资金占用研究》，《南开管理评论》2009 年第 4 期，第 83—91 页。

③ 杨玉凤、王火欣、曹琼：《内部控制信息披露质量与代理成本相关性研究——基于沪市 2007 年上市公司的经验数据》，《审计研究》2010 年第 1 期，第 82—88 页。

④ Jiang，G.，Lee，C.，& Yue，H. Tunneling through Intercorporate Loans：The China Experience. *Journal of Financial and Economics*，2010，Vol.98，pp.1-20.

⑤ 叶康涛、陆正飞、张志华：《独立董事能否抑制大股东的"掏空"?》，《经济研究》2007 年第 4 期，第 101—111 页。

$$\beta_8 CASH + \beta_9 SQ + \beta_{10} LEV_{it} + \beta_{11} SIZE_{it} + \sum Industry_{it} + \sum Year_{it} + \varepsilon_{it} \quad (2)$$

表 2　相关变量定义

变量名称及缩写	变量含义
被解释变量：	
第一类代理成本	（管理费用+销售费用）/主营业务收入；
管理销售费用率（ASR）	销售收入/期初期末总资产平均数；
总资产周转率（TAT）	销售收入/期初期末总资产平均数；
第二类代理成本	
控股股东占款（$TRANS_t$）	控股股东及其子公司期末占用上市公司的其他应收款除以期末总资产予以标准化；
其他应收款期末余额（$OREC_t$）	其他应收款期末余额除以期末总资产予以标准化；
解释变量：	
内部控制信息透明度（$ICIT_{t-1}$）	根据上期公司内部控制信息披露情况，等于 0、1 或 2；
控制变量：	
控股股东占款期初存量（$TRANS_{t-1}$）	控股股东及其子公司期初占用上市公司的其他应收款除以期初总资产予以标准化；
其他应收款期初余额（$OREC_{t-1}$）	其他应收款期初余额除以期初总资产予以标准化；
管理层持股比例（ES）	全部董事、监事及高级经理人员的持股之和占总股本的比重；
第一大股东持股比例（LS）	第一大股东所持股份/总股本；
实际控股人性质（SN）	哑变量，实际控制人为国有股，则 $SN=1$，否则 $SN=0$；
股权制衡度（DR）	第二大至第十大股东持股比例之和/第一大股东持股比例；
董事会规模（BS）	董事会成员人数；
独立董事比例（PID）	独立董事人数/董事总人数；
现金流权（$CASH$）	各条控制链各层股东持股比例乘积的加总，单位%；
控制权与现金流权的分离度（SQ）	SQ=控制权-现金流权，其中控制权等于加总各条控制链各层股东投票权最小值；

续表

变量名称及缩写	变量含义
资产负债率(*LEV*)	期末总负债/期末总资产;
公司规模(*SIZE*)	*Ln*(期末总资产);
公司成长性(*GROWTH*)	主营业务收入增长率=(本期营业收入-上期营业收入)/上期营业收入;
净资产收益率(*ROE*)	净利润/本期净资产和上期净资产的平均数;
行业(*INDUSTRY*)	按照证监会行业分类前两位代码,将制造业细分为 *C*0~*C*9 十类;
年度(*YEAR*)	哑变量,*YEAR* 2009,*YEAR* 2010,*YEAR* 2011

对内部控制信息透明度是否有效降低了控制股东与中小股东之间的代理成本进行检验,借鉴已有研究,选取了如下控制变量:管理层持股比例(*ES*)、第一大股东持股比例(*LS*)、是否国有控股(*SN*)、股权制衡度(*DR*)、独立董事比例(*PID*)、现金流权以及控制权与现金流权的分离度(*SQ*)①,以上为公司治理相关变量。此外,我们还控制了控股股东占款期初存量($TRANS_{t-1}$),资产负债率(*LEV*),公司规模(*SIZE*)等公司特征变量②以及行业与年度变量。考虑到管理层持股的利益一致效应(持股比例较低时,会阻止、防范控股股东的掏空行为)和管理防御效应(持股比例较高时,可能会与控股股东合谋,为自己构筑防御壕沟)对第二类代理成本的影响,选择管理层持股比例(*ES*)作为控制变量;第一大股东持股比例(*LS*)及股权制衡度(*DR*)。可以用股权集中度与制衡度来描述大股东的持股情况。“一股独大”则表明集中式的股权结构,而“多股同大”则表明制衡式的股权结构。常用第一大股东持股比例衡量股权集中度,用第二到第十大股东的持股集中度来表示股权制衡度③;李增泉等④就发

① 高雷、何少华、黄志忠:《公司治理与掏空》,《经济学》(季刊)2006 年第 4 期,第 1157—1178 页;叶康涛、陆正飞、张志华:《独立董事能否抑制大股东的“掏空”?》,《经济研究》2007 年第 4 期,第 101—111 页。

② 叶康涛、陆正飞、张志华:《独立董事能否抑制大股东的“掏空”?》,《经济研究》2007 年第 4 期,第 101—111 页。

③ 白重恩、刘俏、陆洲、宋敏、张俊喜:《中国上市公司治理结构的实证研究》,《经济研究》2005 年第 2 期,第 81—91 页。

④ 李增泉、孙铮、王志伟:《“掏空”与所有权安排——来自我国上市公司大股东资金占用的经验证据》,《会计研究》2004 年第 12 期,第 3—13 页。

现国有企业的掏空问题较严重，控制是否国企（*SN*）；根据我国对独立董事的职责规定，独立董事应该对上市公司的关联交易和可能危害中小股东的事项进行监督，因此独立董事比例（*PID*）可能对大股东掏空行为产生影响。现金流权（*CASH*）和控制权与现金流权的分离度（*SQ*）都会对控股股东的行为产生影响①，控股股东的占款还会受到其期初占款存量（$TRANS_{t-1}$）、资产负债率（*LEV*）和公司规模（*SIZE*）的影响②。需要注意的是，考虑到控股股东占款会受到期初占款存量的影响③，在以其他应收款作为控股股东掏空的替代变量时，同时控制了其他应收款的期初余额（$OREC_{t-1}$）。

四、实证检验与结果分析

（一）描述性统计分析

本文首先对 2008—2011④ 年度 2132 家 A 股主板制造业上市公司的总体内部控制信息披露情况进行了描述，如表 3 所示。可以看出，我国上市公司的内部控制信息透明度变化不大，虽然在 2009 年样本公司的内部控制信息透明度较 2008 年略有改善，但总体来看 2009 年和 2010 年样本公司的内部控制信息透明度并未显著改善。2008 年，538 家样本公司中有 208 家公司（占比 38.66%）没有披露内部自我评价报告；2009 年，未披露内部控制自我评价报告的公司略减至 202 家，比例略降至 37.55%；但 2010 年样本公司的内部控制自我评价报告披露情况与 2009 年相比变化不大，即无明显改善的迹象。另外 2008 年，538 家样本

---

① 赵卿、刘少波：《制度环境、终极控制人两权分离与上市公司过度投资》，《投资研究》2012 年第 5 期，第 52—65 页。

② 叶康涛、陆正飞、张志华：《独立董事能否抑制大股东的“掏空”?》，《经济研究》2007 年第 4 期，第 101 — 111 页；Jiang, G., Lee, C., & Yue, H. Tunneling through Intercorporate Loans: The China Experience. *Journal of Financial and Economics*, 2010, Vol.98, pp.1-20.

③ 叶康涛、陆正飞、张志华：《独立董事能否抑制大股东的“掏空”?》，《经济研究》2007 年第 4 期，第 101—111 页。

④ 由于文中同时采用内部控制信息透明度滞后一期和当期工具变量的两阶段回归方法，因此该数据涉及样本区间为 2008—2011 年。

公司中同时披露了内部控制自我评价报告和内部控制鉴证报告的仅 96 家，占比 17. 84%；2009 年这一比例有所提高，有 22. 12%的样本公司不仅揭露了内部控制自我评价报告，还聘请审计机构对公司有关财务报告的内部控制有效性出具了审核评价意见；2010 年样本公司同时披露了内部控制自我评价报告和内部控制审核（或鉴证）报告的公司与 2009 年相比也无明显改善，变化不大；2011 年样本公司同时披露内部控制自我评价报告和内部控制鉴证报告的公司比例较 2010 年有所提高，初步验证了 2010 年《企业内部控制配套指引》的执行效果。

表 3　Panel A 公司内部控制信息透明度情况

年度	内部控制信息透明度							
	0		1		2		合计	
	家数	比例	家数	比例	家数	比例	家数	比例
2008 年	208	38. 66%	234	43. 49%	96	17. 84%	538	100%
2009 年	202	37. 55%	217	40. 33%	119	22. 12%	538	100%
2010 年	202	37. 83%	211	39. 51%	121	22. 66%	534	100%
2011 年	183	35. 06%	192	36. 78%	147	28. 16%	522	100%
合计	795	37. 29%	854	40. 06%	483	22. 65%	2132	100%

综上所述，2008 年我国出台的《企业内部控制基本规范》（2009 年 7 月 1 日开始执行），对上市公司内部控制信息透明度的加强有一定的促进作用，但上市公司整体的内部控制信息透明程度仍然较低。目前超过 1/3 的公司尚未披露内部控制自我评价报告；实施了内部控制鉴证的公司仍然在少数，2008 年披露了内部控制鉴证（或审核）报告的公司少于 20%，2009 年和 2010 年这一比例也只在 1/5 左右；而且已经披露的内部控制鉴证报告其意见类型较为单一，均为无保留意见。

表 3　Panel B 主要变量的描述性统计结果

变量名称	样本量	均值	标准差	中位数	最小值	最大值
ASR	1594	0. 141	0. 103	0. 114	0. 018	0. 576
TAT	1594	0. 829	0. 459	0. 732	0. 114	2. 501

续表

变量名称	样本量	均值	标准差	中位数	最小值	最大值
$TRANS_t$	1594	0.001	0.005	0	0	0.041
$OREC_t$	1594	0.015	0.022	0.008	0	0.132
$ICIT_{t-1}$	1594	0.831	0.749	1	0	2
ES	1594	0.005	0.03	0	0	0.263
LS	1594	0.355	0.149	0.339	0.085	0.77
SN	1594	0.688	0.464	1	0	1
DR	1594	0.577	0.569	0.363	0.024	2.869
BS	1594	9.172	1.79	9	5	15
PID	1594	0.365	0.051	0.333	0.273	0.556
LEV	1594	0.505	0.177	0.512	0.098	0.861
SIZE	1594	22.034	1.137	21.9	19.71	25.119
GROWTH	1594	0.179	0.334	0.135	-0.529	1.79
CASH	1594	0.288	0.166	0.266	0.028	0.747
SQ	1594	0.072	0.09	0.017	0	0.347

表 3 Panel B 为主要变量的描述性统计。从 Panel B 可以发现一些现象：管理销售费用率（*ASR*）在 11%—14%之间，比率略为偏高，其最大值还高达 57.60%。我们进一步计算了样本公司的毛利率，其均值为 21.77%、中位数为 18.45%；管理销售费用率均值是毛利率均值的 64.77%，管理销售费用率中位数是毛利率中位数的 61.79%；说明公司的毛利率有 61%—64%的比例用作管理费用和销售费用的支出，管理销售费用率有所偏高；公司的总资产周转率（*TAT*）在 0.7—0.8 之间，小于 1；控股股东及其子公司占用上市公司的其他应收款（$TRANS_t$）并不多，均值才 0.10%、中位数为 0，大部分上市公司并无控股股东占款，$TRANS_t$的最大值 4.1%；其他应收款（$OREC_t$）的均值 1.5%、中位数 0.8%、最大值 13.2%。

内部控制信息透明度（$ICIT_{t-1}$）偏低，均值小于 1，说明还有部分公司尚未披露内部控制自我评价报告。公司的管理层持股比例（*ES*）低，均值仅 0.50%，中位数为 0，表明绝大部分上市公司的管理层都没有持股。从第一大股东持股比例（*LS*）来看，其均值大于 35%，中位数大于 30%，最大值还高达

77%，说明样本公司的股权较为集中，与前人的研究相符。从实际控制人性质（*SN*）来看，1594个样本公司中有1096家上市公司的控制人是国有性质的，占比68.76%，大部分样本公司都是有国有背景的。股权制衡度（*DR*）的均值有0.577，中位数为0.363，表明第二大到第十大股东持股总数大致是第一股东持股比例的2/5—3/5，表明前几大股东对第一大股东还是有一定的制衡作用。董事会规模（*BS*）在9位左右，最低为5位；独立董事比例（*PID*）大部分也集中在1/3，相关规定上市公司的独立董事比例至少在1/3以上，大部分公司的独立董事比例在要求的下限。资产负债率（*LEV*）在50%左右，债务水平一般，财务风险在可控范围。资产规模（*SIZE*）的均值和中位数在22左右，最小值为19.71，最大值为25.119，标准差1.137。成长性（*GROWTH*）的均值为17.9%、中位数为13.5%。控制权与现金流权的分离度（*SQ*）均值有7.2%，平均的股权分离度不大，中位数仅1.7%，与均值有较明显的区别。*SQ*的标准差9%，与均值相比偏大，*SQ*的最大值还高达34.7%。由此可以推测那些*SQ*较高的公司集中在少数公司中，从而导致在统计上*SQ*的方差偏大，均值和中位数有较明显的区别。

表3 Panel C　内部控制信息透明度分组检验

第一类	低（*N*=605）		中（*N*=654）		高（*N*=335）		*t*值		*z*值	
	均值	中位数	均值	中位数	均值	中位数	低*vs*中	低*vs*高	低*vs*中	低*vs*高
ASR	0.150	0.121	0.140	0.111	0.129	0.108	1.67**	2.89***	1.56	2.59***
TAT	0.782	0.687	0.846	0.762	0.879	0.755	-2.48***	-3.07***	-2.95***	-3.21***

第二类	低（*N*=605）	中（*N*=654）	高（*N*=335）	*t*值		
	均值	均值	均值	低vs中	中vs高	高vs低
$TRANS_t$	0.001	0.000	0.001	-1.27	1.16	1.95**
$OREC_t$	0.019	0.014	0.010	3.45***	3.39***	5.07***

注：①*z*值为wilcoxon秩检验统计量；②***、**、*分别表示在1%、5%和10%显著性水平上显著。

进一步，本文将内部控制信息透明度为细分高、中、低三组，分别对第一、二类代理成本进行了均值和中位数检验。从Panel C均值组间比较来看，随着内部控制信息透明度的加强，管理销售费用率（*ASR*）的均值在减少，且显著，总资产周转率（*TAT*）的均值在增加，也基本是显著的。初步说明了内部控制信息透明度的加强有利于抑制第一类股权代理成本。中位数组间比较来看，随着内部控制信息透明度的加强，管理销售费用率（*ASR*）的中位数在减少，基本显著，而总资产周转率（*TAT*）的中位数在显著增加。由于各类内部控制信息透明度的上市公司其 $TRANS_t$ 的中位数都是0，没有必要作中位数比较，因此我们仅作了均值比较。随着内部控制信息透明度的增加，控股股东及其子公司占用上市公司的其他应收款（$TRANS_t$）的均值在减少，但在前两组对比中不显著，只有"高 *VS* 低"组的结果显著，内部控制信息透明度增加可能会减少实际控制人及其子公司占款。随着内部控制信息透明度的增加，其他应收款（$OREC_t$）的均值在显著减少，初步说明了内部控制信息透明度对上市公司的非经营性占款有抑制作用。

表4　多元回归分析结果（第一类代理成本）

变量	代理成本替代变量:*ASR*	代理成本替代变量:*TAT*
	系数	系数
$ICIT_{t-1}$	−0.005* (−1.78)	0.034** (2.25)
ES	0.079 (0.71)	0.352* (1.68)
LS	−0.022 (−1.11)	0.398*** (3.70)
SN	0.002 (0.46)	0.031 (1.16)
DR	0.010** (1.96)	0.047* (1.70)
BS	−0.003*** (−2.89)	0.023*** (3.32)
PID	−0.114*** (−2.91)	0.204 (0.88)
LEV	−0.087*** (−6.27)	0.272*** (3.80)
SIZE	−0.009*** (−4.16)	−0.008 (−0.63)
GROWTH	−0.029*** (−4.27)	0.267*** (6.28)

续表

变量	代理成本替代变量:*ASR*	代理成本替代变量:*TAT*
	系数	系数
常数项	0.526*** (11.45)	0.327 (1.31)
INDUSTRY	控制	控制
YEAR	控制	控制
调整 R^2	0.38	0.11
F 值	32.44***	11.39***
样本量	1594	1594

注:①括号内为经过 Driscoll-Kraay standard error 修正后的 t 统计量,同时考虑了对异方差、截面相关和序列相关的处理;② ***、**、* 分别表示 1%、5%、10%显著性水平上显著。

(二) 回归分析

本文的研究样本区间为 2009—2011,为非平衡性面板数据,我们对所有的回归模型都进行了 F 检验和 Hausman 检验,检验结果均拒绝了随机效应与固定效应估计,表明采用混合回归的估计方法更为恰当。考虑到面板数据同时可能存在的异方差、截面相关和序列相关情况,按照 Driscoll and Kraay (1998)的方法,我们也对标准差进行了修正。

1. 内部控制信息透明度与第一类代理成本

从表 4 的多元回归结果可以看到,内部控制信息透明度($ICIT_{t-1}$)与管理销售费用率(*ASR*)负相关,且基本显著(在 10%的显著性水平下),内部控制信息透明度的提高可以显著减少上市公司的管理销售费用率;另外,内部控制信息透明度($ICIT_{t-1}$)与资产周转率(*TAT*)也显著正相关(在 5%的显著性水平下),随着内部控制信息透明度的提高可以显著提升上市公司利用资产的效率。所以我们可以得出结论:内部控制信息的披露对代理成本有一定的抑制作用,上市公司的内部控制信息透明度越高,由股东与经理管理者之间的利益冲突引发的代理成本就越少,假设 1 成立。

其他控制变量的回归结果显示:(1)管理层持股比例(*ES*)在回归中与资产周转率(*TAT*)显著正相关。在描述性统计中我们发现样本公司的管理层持股比例(ES)较低,管理层持股很可能表现为利益一致效应,我们的实证结果也表明了管理层持股与 ASR 显著正相关,从而支持了利益一致假说,与前人的研究相符。(2)董事会规模(BS)的回归结果表明董事会规模与代理成本是正相关而非负相关,这可能说明了董事会规模越大,对经理人的监督力度越强,可以较好地约束经理人的自利行为。(3)资产负债率(LEV)的回归结果也与预期相反,LEV 与代理成本是显著负相关而非正相关,这说明在样本公司中债务发挥了治理作用,减少了第一类股权代理成本。(4)公司成长性($GROWTH$)的回归结果与预期一致,$GROWTH$ 与代理成本显著负相关,说明公司业绩高增长率能使管理层和股东的利益趋于一致,降低第一类股权代理成本。

2. 内部控制信息透明度与第二类代理成本

从表 5 回归结果来看,内部控制信息透明度($ICIT_{t-1}$)与其他应收款余额($OREC_t$)显著负相关(在 1%的显著性水平下),表明内部控制透明度的加强有助于抑制上市公司非经营性质的往来款,对我们研究假设 2 有支持作用,但仍不能直接证明内部控制信息透明度的加强有助于抑制第二类股权代理成本。

虽然内部控制信息透明度($ICIT_{t-1}$)与控股股东占款($TRANS_t$)负相关,但不显著,假设 2 不能成立。这可能与内部控制信息透明度尚不高有关,也可能是 $TRANS_t$ 变量有偏差,披露的 $TRANS_t$ 已经是被刻意修饰后的结果,从而使得 $TRANS_t$ 与 $ICIT_{t-1}$ 的回归不显著。此外,我们关注了那些 $TRANSt$ 高于均值的样本,即在 $TRANS_t$ 中排名靠前的上市公司,对这部分的样本进行回归分析,假设 2 仍然不成立。1594 个观测值中,控股股东占款大于均值的上市公司仅有 103 个,进一步说明了上市公司的 $TRANS_t$ 有被修饰的可能。

(三)稳健性测试

内部控制信息披露的相关研究表明,一些公司治理变量和公司特征变量对上市公司的内部控制信息披露水平是有影响的,即公司治理好或是自身经营业绩较好的上市公司,它们更愿意自主披露较多内部控制信息。由于信息披露质量可能内生于公司治理环境,从而内部控制信息透明度不服从随机分布，因此可能产生了自选择偏差（Self-selection Bias）问题。为了克服这一影响，前文我们采取将内部控制信息透明度滞后一期回归的方法，进一步的分析中，我们拟采用两阶段回归的方法（2SLS）。事实上，在国内有关信息透明度和公司治理的相关研究中，也有人提出了类似问题，并采用了两阶段或三阶段回归模型①。

两阶段回归模型中的第一阶段是估计出上市公司的内部控制信息透明度，估计模型如下：

$$ICIT_{it} = \alpha + \beta_1 ES_{it} + \beta_2 LS_{it} + \beta_3 SN_{it} + \beta_4 DR_{it} + \beta_5 BS_{it} + \beta_6 PID_{it} + \beta_7 LEV_{it} + \beta_8 SIZE_{it} + \beta_9 ROE_{it} + \sum Industry_{it} + \sum Year_{it} + \varepsilon_{it} \tag{3}$$

表 5　多元回归分析结果（第二类代理成本）

变量	代理成本替代变量：$OREC_t$	代理成本替代变量：$TRANS_t$	
		全样本	$TRANS_t$>均值
	系数	系数	系数
$ICIT_{t-1}$	-0.001^{***} (−2.77)	−0.000 (−1.26)	−0.002 (0.87)
$OREC_{t-1}$	0.578^{***} (14.05)		
$TRANS_{t-1}$		0.423^{***} (4.71)	0.172^{**} (2.26)
ES	0.016 (0.88)	-0.003^{*} (−1.91)	−0.066 (−1.07)
LS	-0.015^{**} (−2.06)	0.002 (0.8)	0.037 (1.57)
SN	−0.000 (−1.46)	0.000 (0.32)	−0.004 (−0.91)
DR	−0.002 (−1.57)	0.000 (−0.4)	0.004 (0.67)

① 杜兴强、周泽将：《信息披露质量与代理成本的实证研究——基于深圳证券交易所信息披露考评的经验证据》，《商业经济与管理》2009 年第 12 期，第 76—82 页；叶康涛、陆正飞、张志华：《独立董事能否抑制大股东的“掏空”？》，《经济研究》2007 年第 4 期，第 101—111 页。

续表

变量	代理成本替代变量：$OREC_t$	代理成本替代变量：$TRANS_t$	
		全样本	$TRANS_t$>均值
	系数	系数	系数
PID	0.007 (0.79)	0.002 (0.88)	−0.008 (−0.24)
CASH	0.004 (0.61)	−0.003 (−1.38)	−0.029* (−1.92)
SQ	0.000 (−0.01)	−0.003 (−1.19)	−0.045** (−2.33)
LEV	0.010*** (3.56)	0.000 (0.51)	−0.001 (0.11)
SIZE	−0.001** (−2.01)	−0.000 (−0.7)	−0.004** (−2.03)
常数项	0.029*** (2.71)	0.002 (0.86)	0.098*** (2.82)
INDUSTRY	控制	控制	控制
YEAR	控制	控制	控制
调整 R^2	0.44	0.19	0.42
F 值	20.12***	20.83***	2.85**
样本量	1594	1594	103

注：①括号内为经过 Driscoll-Kraay standard error 修正后的 t 统计量，同时考虑了对异方差、截面相关和序列相关的处理；②***、**、*分别表示 1%、5%、10%显著性水平上显著。

在此基础上估计出 *ICIT_Esti*1，并将 *ICIT_Esti*1 替代回归模型（1）中的解释变量 $ICIT_{t-1}$，从而使得自选择偏差问题得以解决。在两阶段回归结果中，*ICIT* 与 *ASR* 负相关（系数-0.0027，*t* 值-0.98），但不显著，*ICIT* 与 *TAT* 显著负相关（系数 0.0309，*t* 值 2.06），与表 4 的回归结果基本一致。然而，不论是在 *ASR* 回归中，还是在 *TAT* 回归中，*ICIT_Esti*1 的回归结果都支持假设 1，说明自选择问题对模型（1）的影响不大，表 4 的回归结果是可信的。

同样，我们对模型（2）进行两阶段回归。两阶段回归模型中的第一阶段是估计出上市公司的内部控制信息透明度，估计模型如（3）所示，将 *ICIT_Esti*1 替代回归模型（2）中的解释变量 $ICIT_{t-1}$。两阶段回归的结果表明，*ICIT*

与 $TRANS_t$ 负相关但仍不显著（系数-0.0002，t 值-0.99），$ICIT$ 与 $OREC_t$ 仍显著负相关（系数-0.0015，t 值-3.19），与表 5 的回归结果基本一致。因此，表 5 的回归结果是可信的，自选择问题对模型(2)的影响不大。

五、研究结论和启示

上市公司的内部控制信息披露是投资者了解被投资公司经济运行状况的重要途径，如何有效地提高中国上市公司内部控制信息披露水平，进而保护投资者的利益、提升资本市场的效率具有重要的理论意义和实践意义。通过系统考察 2009~2011 年主板制造业上市公司内部控制信息透明度与两类股权代理成本的关系，我们发现，内部控制信息透明度的提高有助于约束管理层的自利行为，从而抑制了第一类股权代理成本的产生。我们的经验证据并不能直接证明内部控制信息透明度的提高可以有效约束控股股东占用上市公司资金的行为，但我们证实了内部控制信息透明度的加强可以约束上市公司的非经营性占款。而控股股东的资金占用也属于非经营性占款的一部分，因而可以合理相信内部控制信息透明度的加强可以约束控股股东的非经营性资金占用。总的来说，内部控制信息透明度的加强，对股权代理成本有一定的抑制作用。

本文的经验证据表明，内部控制信息披露是一项有效的公司治理机制，上市公司的内部控制信息透明度越高，越能减少委托代理冲突，从而抑制代理成本的发生。因此，各监管部门应加强内部控制信息的强制性披露，同时外部投资者也应当认同这一披露，对上市公司的内部控制信息施加披露压力。目前《配套指引》的公布并没有显著提升上市公司内部控制信息披露水平，这可能是由于尚未到达强制执行期限的原因。因此《配套指引》可谓一个契机，在最后期限之前与内部控制信息披露相关的制度应尽量实施到位。鉴于上述分析，本文以外部监管、市场中介和上市公司为出发点提出如下建议：(1)外部监管者应健全对上市公司内部控制信息披露的处罚和激励机制。可对上市公司内部控制信息披露设置评分体系，并定期进行考评，形成内部控制信息披露的外部激励机制，提高上市公司的内部控制信息披露意愿，从质和量上对内部控制信息的披露进行双向监管。（2）注册会计师作为第三方市场中介，对上市公司的内部控制报告实施审核时，应扩大上市公司审计范围。同时，在对相关信息进行审核评价时，需权衡其胜任能力和承担的法律责任，保持职业谨慎和专业态度，以确保内部控制信息披露的真实性。（3）上市公司内部应配合相关部门践行内部控制的制度建设，重视内部控制在公司日常经营管理中的监督作用，确保实现其经济效应。内部控制信息披露是整个信息生产链的终端环节，必须对整个信息生产链的形成过程进行控制，合理保证内部控制在公司内部的有效运行。

本文原载《投资研究》2013 年第 3 期，作者为杨丹、万丽梅、侯贝贝。

财务会计理论研究

股权分置对中国资本市场实证研究的影响及模型修正①

一、引言

股权分置问题是在中国证券市场特殊的制度安排，它导致上市公司同时具有上市流通股和非流通股两类股票，两类股东流通权利不一样，其他权利则相同。这一特殊现象扭曲了证券市场价格的形成机制，造成了流通股与非流通股价值的不一致，也无疑给中国的资本市场实证研究带来了巨大的冲击。这些研究中广为采用的模型都会因流通股与非流通股价值的不一致而发生变异。如果对这些模型不进行修正，那么基于中国数据的实证研究可能有严重的偏差。本文将对此做系统阐述，并对价格模型与回报率模型进行修正。

股权分置对中国资本市场实证研究的影响主要体现在对一些重要指标的影响上。其中，流通股与非流通股价值的不一致直接影响到公司价值（MVE）、每股盈余（EPS）两个指标的计算。在实证研究中，这两个指标是计算市账比（M/B）和市盈率的基础指标，这正是资本市场实证研究所用到的理论模型包括三因素模型、价格模型、盈余反应模型与回报率预测模型常用到的变量。因此，所有采用这些指标与模型的研究都会受到股权分置的影响，可见股权分置对中国资本市场实证研究的影响十分广泛。

① 本研究受到国家自然科学基金项目（编号 70672112）和教育部“新世纪优秀人才支持计划”（批准号 NCET-06-0816）的资助，并得到财政部全国会计学术带头人后备人才培训项目和西南财经大学“211 工程”“151 工程”支持。感谢中国人民大学商学院财务研讨会和厦门大学财务与会计研究院研讨会师生对本文提出的修改意见，感谢匿名审稿人提出的中肯的修改意见。

本文详细讨论了市场价值的三种不同计算方法对价格模型的影响，以及每股盈余的计算对盈余反映模型的影响。市场价值的这三种计算方法分别是：(1)最常用的办法是把流通股和非流通股等价对待；(2)用净资产来定价非流通股；(3)以盈余的若干倍(如15倍)来定价非流通股。这三种计算方法导致价格模型中的净资产(BE)系数与净收益(NI)系数均出现偏差，每股盈余的计算也使盈余反应模型的估计出现了偏差。

在认识到股权分置给中国资本市场实证研究带来问题的基础上，本文提出了一个通用的修正方法，即每股非流通股的价格相当于每股流通股的一个百分比。然后，利用CSMAR数据库中上市公司的数据，对这个百分比的表达式进行了估计，从而对股权分置条件下价格模型与回报率模型进行了修正。结果显示，经过修正后的模型估计比未修正的模型估计更正确。

本文的第一个贡献在于系统指出了股权分置对中国资本市场实证研究的影响。这些研究经常采用西方通用的模型。在本文中，我们说明这些模型需要修正才能使用中国现在的市场数据。简单的修订是可以理解的选择，但是我们将说明认真科学的考虑是必要的。

本文的第二个贡献是在流通股与非流通股价值不一致的前提下，修正了价格模型与回报率模型。修正后的模型更加有意义，证明非流通股的比率在实证研究模型中往往有显著的影响。

第三个贡献是导出了一个非流通股的定价模型，这有利于在股权分置改革中确定配送的比率。用这一模型，我们能够确定现在的全流通改革是否公平地补偿了流通股股东。我们的研究结果显示，对于非流通股比率较小的公司，补偿是公平的。但对于非流通股比率较高的公司并非如此。

在股票全流通之后，本文的研究结果仍然很重要，因为对任何利用历史数据进行的研究都不能回避本文的问题和提出的模型修正方法。

本文其余部分安排如下：第二部分主要列举现有实证研究处理股权分置的方法并指出存在的问题；第三部分讨论Ohlson① 模型和回报率模型的理论

① Ohlson, J. Earnings, Book Values, and Dividends in Equity Valuation. *Contemporary Accounting Research*, 1995, Vol.11, No.2, pp.661-687.

修正;第四部分用中国数据提供模型修正的经验证据;第五部分是结论。

二、文献回顾

股权分置条件下非流通股的市场价值难以得到真实准确的反映,也缺少具有说服力的合理的定价方法。相应的基于股权分置的实证研究指标计算的方法也是五花八门,这不仅会导致中国股票市场实证研究结果有失准确,也会导致同类的实证研究缺少可比性。

一般而言,股票市场实证研究所使用的理论模型主要包括价格模型、收益率模型、三因素模型以及基于盈余预测的收益预测模型和托宾 Q 等投资模型。这些模型的应用都离不开公司价值和每股收益的计算,也就不能回避非流通股比率和定价问题。

以下是我国实证研究学者对关键指标的计算方法及计算时对股权分置不同处理方式的综述。因相关文献较多,本文主要选取近年来《经济研究》和《会计研究》的有关实证研究文章进行综述。

(一) 公司价值计算

非流通股价值的定价会直接影响公司价值的计算。公司价值的计算则会影响到价格模型的适用性以及基于托宾 Q、市账比(M/B)、公司规模等指标的模型的适用性。

最直接的是在会计和公司财务研究里常用的市值模型或价格模型。当价格模型以每股价格为基础时,每股净资产或每股盈余就受到如何看待非流通股的影响。当价格是以公司总市值为基础,如何计算非流通股每股价格就直接影响了总市值。不同的方法将会给出很不同的结果。

非流通股价值的定价会直接影响以公司价值为基础的指标如托宾 Q、市账比(M/B)、公司规模及相应的模型。托宾 Q 值是一种被广泛应用到测度企业市场价值的方法,等于企业股权市场价值与债权账面价值之和除以资本存量。上市公司流通股的市场价值容易计算,而非流通股市场价值的计算难以把握,如孙永祥[1]在计算托宾 Q 值时没有考虑非流通股的价值,由于非流通股占有很大的比重,非流通股多的公司的市值被高估,导致托宾 Q 被高估。由于最优投资额取决于托宾 Q,用这样的托宾 Q 计算出来的最优投资模型将得到非流通股比例较高的公司应有较高的投资这样的结论。金晓斌等[2]根据 Berger 和 Ofek[3] 的研究以及童盼、陆正飞[4],徐晓东、陈小悦[5],苏启林、朱文[6],汪辉[7],谷祺、邓德强、路倩[8]等都在文中用到了托宾 Q 作为变量,并在计算公司非流通股市值时都用每股净资产作为近似替代。具体计算公式为:

$$Q=(\text{流通股股数}\times\text{每股股价}+\text{非流通股股数}\times\text{每股净资产}+\text{负债账面价值})/\text{总资产}$$

因为净资产定价通常会低于公司价值,这种替代可能低估了托宾 Q 的真实值,如果用来评价公司治理结构,会得出非流通股比较大的公司治理比较差的结论。

Fama 和 French[9] 发现账面市值比(B/M)较高的公司,其股价容易被低估。非流通股市场价值的难以估计使得 M/B 的运用变得不是十分可靠。曾

---

① 孙永祥:《所有权、融资结构与公司治理机制》,《经济研究》2001 年第 1 期,第 45—53 页。

② 金晓斌、陈代云、路颖、联蒙珂:《公司特质、市场激励与上市公司多元化经营》,《经济研究》2002 年第 9 期,第 67—73 页。

③ Berger, P. G., & Ofek, E. Dicersification's Effect on Firm Value. *Journal of Financial Economics*, 1995, Vol.37, No.1, pp.39-65.

④ 童盼、陆正飞:《负债融资、负债来源与企业投资行为》,《经济研究》2005 年第 5 期,第 75—84 页。

⑤ 徐晓东、陈小悦,:《第一大股东对公司治理、企业业绩的影响分析》,《经济研究》2003 年第 2 期,第 64—74 页。

⑥ 苏启林、朱文:《上市公司家族控制与企业价值》,《经济研究》2003 年第 8 期,第 36—45 页。

⑦ 汪辉:《上市公司债务融资、公司治理与市场价值》,《经济研究》2003 年第 8 期,第 28—35 页。

⑧ 谷祺、邓德强、路倩:《现金流权与控制权分离下的公司价值——基于我国家族上市公司的实证研究》,《会计研究》2006 年第 4 期,第 30—36 页。

⑨ Fama, E., & French, K. The Cross-section of Expected Stock Returns. *Journal of Finance*, 1992, Vol.47, pp.427-465.

颖、陆正飞[①],苏东蔚、麦元勋[②],吴世农、许年行[③],吴东辉、薛祖云[④]均用到市账比作为控制变量,并在计算市账比时忽视了非流通股权结构的影响或者将非流通股的市值认同为流通股的市值。这必然会导致流通股比重大的公司的市账比被高估或低估,从而使市账比的应用不再可靠。

公司规模也是实证研究中经常用到的变量。吴世农、许年行[⑤]用 t 年 6 月底流通市值来度量 t 年度公司规模的大小;薛祖云、吴东辉[⑥],汪炜、蒋高峰[⑦],吴东辉、薛祖云[⑧]对于公司规模的计量都忽略了非流通股的影响,会低估非流通股比重较大的公司的规模。由于公司规模直接取决于非流通股的定价,构建的三因素模型也可能会因非流通股估值的不合理而产生偏误。

杨丹、林茂[⑨]注意到了非流通股处理方法导致结果差异的可能。他们在研究新股长期收益时,发现 IPO 的长期超常收益率对使用何种参照指标的收益率来调整以及使用何种加权平均方法很敏感,指出对非流通股的不同处理方式是导致 IPO 长期表现研究结论存在差异的主要原因。

（二）每股盈余计算

非流通股对资本市场实证研究的另外一个非常重要的影响表现在每股盈

① 曾颖、陆正飞:《信息披露质量与股权融资成本》,《经济研究》第 2 期,第 69—79 页。

② 苏冬蔚、麦元勋:《流动性与资产定价:基于我国股市资产换手率与预期收益的实证研究》,《经济研究》2004 年第 2 期,第 95—105 页。

③ 吴世农、许年行:《资产的理性定价模型和非理性定价模型的比较》,《经济研究》2004 年第 6 期,第 105—116 页。

④ 吴东辉、薛祖云:《财务分析师盈利预测的投资价值:来自深沪 A 股市场的证据》,《会计研究》2005 年第 8 期,第 37—42 页。

⑤ 吴世农、许年行:《资产的理性定价模型和非理性定价模型的比较》,《经济研究》2004 年第 6 期,第 105—116 页。

⑥ 薛祖云、吴东辉:《信息过载是否影响投资者对公开信息的使用》,《会计研究》2004 年第 6 期,第 57—65 页。

⑦ 汪炜、蒋高峰:《信息披露、透明度与资本成本》,《经济研究》2004 年第 7 期,第 107—114 页。

⑧ 吴东辉、薛祖云:《财务分析师盈利预测的投资价值:来自深沪 A 股市场的证据》,《会计研究》2005 年第 8 期,第 37—42 页。

⑨ 杨丹、林茂:《我国 IPO 长期市场表现的实证研究———基于超常收益率不同测度方法的比较分析》,《会计研究》第 11 期,第 61—68 页。

余上。股权分置下每股盈余计量的变化也会影响到常用的市盈率指标及盈余反应模型等。通常每股盈余是用净利润除以股份总数计算得到的，曾颖、陆正飞①，吴世农、吴超鹏②度量“意外盈余信息”时，都用到了每股盈余这一基础指标；陆正飞、叶康涛③，赵宇龙、王志台④，张俊瑞、赵进文、张健⑤，刘淑莲、胡燕鸿⑥，苏冬蔚、麦元勋⑦，冯根福、韩冰、闫冰⑧，吴淑琨、柏杰、席酉民⑨，朱武祥、郭志江⑩，冯根福、吴林江⑪，孟焰、袁淳，邓传洲，唐跃军、薛江志⑫，谢军⑬等都在研究用到的模型中加入每股盈余作为控制变量。股权分置下非流通股的存在对每股盈余的作用都会影响到这些研究的结果。

薛祖云、吴东辉⑭用盈余反应模型对信息过载论和有效论进行检验；柳

---

① 曾颖、陆正飞：《信息披露质量与股权融资成本》，《经济研究》第2期，第69—79页。

② 吴世农、吴超鹏：《盈余信息度量、市场反应与投资者框架依赖偏差分析》，《经济研究》2005年第2期，第54—62页。

③ 陆正飞、叶康涛：《中国上市公司股权融资偏好解析》，《经济研究》2004年第4期，第50—59页。

④ 赵宇龙、王志台：《我国证券市场“功能锁定”现象的实证研究》，《经济研究》1999年第9期，第56—63页。

⑤ 张俊瑞、赵进文、张健：《高级管理层激励与上市公司经营绩效相关性的实证分析》，《会计研究》2003年第9期，第29—34页。

⑥ 刘淑莲、胡燕鸿：《中国上市公司现金分红实证分析》，《会计研究》2003年第4期，第29—35页。

⑦ 苏冬蔚、麦元勋：《流动性与资产定价：基于我国股市资产换手率与预期收益的实证研究》，《经济研究》2004年第2期，第95—105页。

⑧ 冯根福、韩冰、闫冰：《中国上市公司股权集中度变动的实证分析》，《经济研究》2002年第8期，第12—18页。

⑨ 吴淑琨、柏杰、席酉民：《董事长与总经理两职的分离与合一》，《经济研究》1998年第8期，第21—28页。

⑩ 朱武祥、郭志江：《股票市场对非流通股比例的价格反应——兼析释放非流通股对股市冲击效应及策略》，《经济研究》1999年第5期，第32—38页。

⑪ 冯根福、吴林江：《我国上市公司并购绩效的实证研究》，《经济研究》2001年第1期，第54—61页。

⑫ 唐跃军、薛江志：《企业业绩组合、业绩差异与季报披露时间的选择》，《会计研究》2005年第10期，第48—54页。

⑬ 谢军：《股利政策、第一大股东和公司成长性：自由现金流理论还是掏空理论》，《会计研究》2006年第4期，第53—59页、第96—97页。

⑭ 薛祖云、吴东辉：《信息过载是否影响投资者对公开信息的使用》，《会计研究》2004年第6期，第57—65页。

木华①采用了普通的盈利报酬模型即盈余反应模型检验业绩快报是否具有信息含量；王跃堂、孙铮、陈世敏②(2001)应用事件研究法对自愿执行三大减值政策的公司盈余是否具有信息含量进行测试时，也采用了盈余反应模型。

此外，用于进行财务危机预测的 Altman(1968)Z 计分模型中的某些变量也会受到非流通股定价的影响。向德伟③、袁卫秋④都用到了流传最广、影响最深的 Altman(1968)Z 计分模型，其中的 X_4 变量定义为权益市场价值与债务账面价值之比，在计量权益市场价值时非流通股的价值采用的是账面价值来进行替代。这样的替代可能会使非流通股比重大的公司在使用 Z 计分模型时不能达到很好的财务预警效果。

三、股权分置对实证研究模型影响的理论分析

本部分我们将分析股权分置条件下，不同的公司价值指标计算方法对价格模型的影响，并在此基础上给出价格模型的一般修正方法，从理论上得出股改公平补偿的合理比率。同时，将分析股权分置对盈余反应模型和基于市账比的模型的影响。

（一）不同公司价值指标对价格模型的影响

由于流通股与非流通股价值的不一致，使非流通股部分的价格不能采用流通股的市价，那非流通股价格的计算就成为市场价值计算的关键环节。因此在不同的假设下，就产生了不同的非流通股计价方法。我们将考察公司市场价值的三种计算方法如何影响实证研究结果。

---

① 柳木华：《业绩快报的信息含量：经验证据与政策含义》，《会计研究》2005 年第 7 期，第 39—43 页。

② 王跃堂、孙铮、陈世敏：《会计改革与会计信息质量》，《会计研究》2001 年第 7 期，第 16—26 页。

③ 向德伟：《运用“ZZ 记分法”评价上市公司经营风险的实证研究》，《会计研究》2002 年第 11 期，第 53—57 页。

④ 袁卫秋：《我国上市公司的债务期限结构》，《会计研究》2005 年第 12 期，第 53—58 页。

1. 方法一:非流通股价值=流通股价值

MVE 的计算通常是表示为股价与公司股份总数的乘积。由于股权分置的影响,公司的股份分成了流通股与非流通股两种,那么 *MVE* 的计算表达式也就发生了相应的变化,即:

$$MVE_0 = Price \times Shares = Price \times \#TS + Price \times \#NTS$$

其中#*TS*、#*NTS* 分别为流通股股数、非流通股股数。

用这种方式来计算市盈率,就会受到非流通股的比率的影响。由于公认非流通股价值低于流通股,这种方法过高计算了一个公司的实际价值。一个公司的非流通股比率越高,这种方式对公司的实际价值的高估就越厉害。因此,我们提出以下假设:

假设一:用 MVE_0 作为因变量的模型夸大了定价模型系数估计。

就现有的文献来看,有许多研究把非流通股等同流通股来处理,计算公司每股市值代表的 *MV* 时,统一用流通股价格为流通和非流通股定价。这可能导致流通股比重大的公司的市账比被高估或低估,从而使市账比的应用不可靠。

2. 方法二:非流通股价值=账面价值

其中一种假设是认为非流通股的每股价值与每股的账面价值(净资产)是相等的,在这个假设下 *MVE* 的计算表达式就变成了:

$$MVE_1 = Price \times \#TS + BPS \times \#NTS \tag{1}$$

其中,*BPS* 是每股的账面价值,即 *BVE*(#*TS*+#*NTS*)。

接着,我们将(1)式代入价格模型,探讨将会给价格模型带来什么样的影响。价格模型如下:

$$MVE_1 = a + b \times BVE + c \times NI$$

将(1)代入价格模型后,得到下式:

$$P \times \#TS + BPS \times \#NTS = a + b \times BVE + c \times NI$$

经整理后得到以下结果:

$$P \times \#TS = a + (b - \%NTS) \times BVE + c \times NI$$

其中 $\%NTS = \#NTS / (\#NTS + \#TS)$。

可见,用这种方式整理出的模型中,方程的左边仅仅是流通股的股值。这样,NI 对 MVE 影响程度的系数 c,实际上解释的仅仅是 NI 对流通股价值的影响。这样 NI 系数被低估了。我们就此提出以下假设:

假设二:当用净资产来为非流通股定价的时候,净收益的回归系数被低估。

就现有的文献来看,许多学者采纳非流通股用净资产定价的方法。在计算公司非流通股市值时都用每股净资产作为近似替代,这可能低估公司的价值,如果用来评价公司治理结构,会得出非流通股比重较大的公司治理比较不好的结论。

3. 方法三:非流通股价值=15×每股盈余

另外一种关于非流通股价值的假设是假定非流通股的市盈率为已知,并认为价格是市盈率的若干倍(15 倍),这种假设下 MVE 的计算表达式就变成了:

$$MVE_2 = Price \times \#TS + EPS \times 15 \times \#NTS \tag{2}$$

将(2)式代入价格模型中,得到下式:

$$Price \times \#TS + \%NTS \times NI \times 15 = a + b \times BVE + c \times NI$$

经整理后得到以下结果:

$$Price \times \#TS = a + b \times BVE + (c - \%NTS \times 15) \times NI$$

用这种方法整理得到的模型中,模型左边只是流通股的股值。所以,BVE 的系数解释的并不是 BVE 对 MVE 的影响程度,实际上解释的仅是对流通股价值的影响,这种方法下 BVE 的系数被低估了。我们就此提出假设:

假设三:当用每股盈余的若干倍作为非流通股价值时,每股净资产的系数被低估。

这种计算方法源于市盈率控制的新股发行管制定价,市盈率管制是一个较大的空间,而且新股发行之后就不再具有现实定价意义,因此在二级市场的实证研究中较少使用。但是这种定价的思路具有一定代表性,因此本文也进行专门讨论。

(二) 价格模型的一般修正方法与股改公平补偿

流通股与非流通股价值的不一致是导致模型出现偏差的原因,那么非流通股价值的合理确定是模型修正的重点。本文提出了一种修正方法，就是令每股非流通股的价格为每股流通股的一个百分比，即令 $Price\ of\ NTS=f(z)\times(Price\ of\ TS)$。其中 $f(z)$ 是基于某些变量 z①的一个函数。则市场价值的真实值就变为：

$$True\ MVE=(Price\ of\ TS)\times\#TS+(Price\ of\ NTS)\times\#NTS=Price\times(\#TS+\#NTS\times f(z))=Price\times\#S\times(1-ntr\times(1-f(z))=MVE0\times(1-ntr\times(1-f(z)) \quad (3)$$

其中，$MVE_0=Price\times Shares$，$Price$ 为流通股价格，$Shares$ 为总股数。

此时，将价格模型做一点变化，变为：$True\ MVE=a+b\times BVE+c\times NI$，并将(3)式代入模型中，会得到下式：

$$MVE_0\times K=a+b\times BVE+c\times NI \quad (4)$$

其中 $K=1-ntr\times(1-f(z))$。如果我们令 $f(z)=d$，那么 d 是可以通过(4)式估计出来的一个参数。

在以上这些模型基础上，我们就能计算全流通改革的合理送股数量。记住总体的流通股和非流通股市场价值分别为 $P\times\#TS$ 和 $f(z)\times P\times\#NTS$，这样的价值比率应该在股改后保持不变。假设非流通股股东需要配送给流通股股东的股票数量是 D，则股改之后双方的股票数量就是 $\#TS+D$ 和 $\#NTS-D$。那么，我们就应该期望双方股改后的股票数比率 $(\#TS+D)/(\#NTS-D)$ 应该反映股改前两类股东财富的比率，也就是说：

$$(\#TS+D)/(\#NTS-D)=P\times\#TS/[f\times P\times\#NTS]$$

经过算术换算，我们求得合理的送股比率为②：

$$D/\#TS=1/K-1=MVE_0/(True\ MVE)-1$$

记住每 10 股的送股数可以表示成 $10\times D/\#TS$，即 $10\times D/\#TS=10\times(1/K-1)$。因此，以上的价格模型给出了一个公平的送股数额。如果 $f=0.5$，非流通比率 $ntr=0.5$，我们就得到 $K=1-ntr\times(1-f)=1-0.25=0.75$，公平送股为 $10(1/K-1)=3.33$ 股。如果 $f=0.5$，并且非流通股 $ntr=0.75$，则 $K=0.625$，公

① 关于变量 z 的讨论是一个有趣的话题，它应该包括非流通股比率和其他基本面信息，作者将对此另文论述。

② 限于篇幅，推导过程略去，备索。

平送股为 $10(1/K-1)=6$ 股。

以上的分析可以看出,通过严格的公平价格模型,我们可以得出一个公平的送股数。这个模型因此可以用来分析我国股改过程中送股数量的公平性,以及影响这个公平性的因素。后面我们将作实证分析。

将模型(4)除以 BVE,就导出以下的模型:

$$MVE_0/BVE\times(1-ntr\times(1-f))=a/BVE+b+c\times ROE+\varepsilon。$$

为简化起见,让 $0<f<=1$。但是模型的估计不能再用最小二乘法。有两种方法可以采用,第一种方法是假设 $\varepsilon\sim N(0,\sigma 2)$ 的分布。这样下式最小化时就可以获得最大似然估计:

$$-Likelihood=n\times[\log(s^2)-2\log(1-ntr\times(1-d))]。$$

注意这个解只能通过求解非线性的优化方程获得。其中

$$s^2=(1/n)\sum([MVE_0/BE]\times(1-ntr\times(1-d))-[a/BVE+b+c\times ROE])^2$$

是估计的剩余方差。

第二种方法是使用另外的假设,把模型改写为:

$$MVE_0/BVE=[a/BVE+b+c\times ROE]/(1-ntr\times(1-d)+\varepsilon'。$$

我们假设随机误差项 $\varepsilon'\sim N(0,\sigma 2)$,这个模型就可以使用标准统计软件中的非线性最小二乘法。

(三) 回报率模型和其他模型修正

1. 盈余反应模型

我们可以用同样的方法,对盈余反应模型进行修正。假设 $UEPS$ 是未预期每股收益,考虑盈余反应模型的最简化的形式:

$$CAR=b\times UEPS/Price$$

简单看来,非流通股的存在不会影响盈余反映模型。由于每一股非流通股都比流通股价值小,如果等同看待,在计算 EPS 时的股票数量就被夸大了,而流通股的每股收益就被低估。为纠正这个问题,由于每股非流通股相当于 f 股流通股,一个公司的等价流通股的股数就是 $\#TS+f\times\#NTS$,其真实 EPS 的值就变为:

$True\ EPS=NI/$(实际等价的流通股股数)$=NI/(\#TS+\#NTS\times f(ntr))=$

$$NI/[\#S\times(1-ntr\times(1-f))]=EPS_0/K$$

其中$\#S=\#TS+\#NTS$代表总股数，$EPS_0=NI(\#TS+\#NTS)$，$K=1-ntr\times(1-f)$。那么盈余反应模型就变为：

$$CAR=b\times UEPS_0(Price\times K)$$

其中 $K=1-ntr\times(1-f)$。那么 $1/K=1/(1-ntr\times(1-f))$，我们得到[①]：

$$CAR=b\times UEPS_0/Price+g\times(ntr\times UEPS_0/Price),g>0$$

这意味着盈余反应模型的简单修正方法就是把非流通比率和未预期盈余的相互作用包括进去，它们的相互作用会产生正的回归系数。我们得到：

假设四：非流通股比率加入盈余反应模型时，非流通股比率和未预期盈余乘积的回归系数为正。

2. 基于市账比的模型

对于一个基于市账比的模型而言，正确的市场价值表示为：

$$True\ MVE=MVE_0\times(1-ntr\times(1-f))$$

那么真正的市账比就是观察到的 $MVE_0/BVE\times(1-ntr\times(1-f(ntr)))$。所以，有必要把非流通股比率（$ntr$）作为模型的变量。这里的研究暗示应该在模型中包含 MVE_0/BVE 和 $K=1-ntr\times(1-f(ntr))$，简化的方法就是把 ntr 作为 MVE_0/BE 之外的新的变量。值得注意的是，我们通常预期 $f<1$。我们也就预期 $K=1-ntr\times(1-f)$ 是和 ntr 负相关的。因此，如果一个模型和市账比成正函数关系，我们就预期它和 ntr 成负函数关系。

四、股权分置对实证研究模型影响的实证分析

在这个部分，我们将在实证数据基础上分析非流通股的影响。分析分为几个方面：首先我们要用不同的市场价值的定义作不同的定价模型的估计；其次，运用我们在第三部分修正的模型，找出合理的修正因素从而使系数估计更有意义。

---

① 限于篇幅，推导过程在此略去，备索。

（一）研究数据

我们这里的数据取自 CSMAR2005 数据库，包括所有的财务数据和股价数据。由于在 1995 年以前公司数量较少，因此我们采用 1995 年至 2005 年的数据。股票价格取自财务年度结束后四个月。股票年度收益是从财务年度结束之后第五个月开始计算的一年的收益。这是因为根据会计准则，财务报告必须在财务年度结束后四个月公布。

对于定价模型而言，我们只计算净资产大于 1 亿的公司。这是因为定价模型中，净资产被用作分母，小的分母会导致回归模型中显著的极端值从而扭曲分析结果。此外，对于净资产较小的公司而言，价格和净资产的关系变为非线性。我们把净资产收益率（*ROE*）限于-2 和 0.3 之间，也就是说，净资产收益率超过这个区间的值就减为此区间的边界值，这减少了回归中极端观察值的影响。我们去除了非流通比率为零的三家公司，因为他们和其他公司的表现非常不同。我们对样本作一个初步的统计分析可以看出，经过处理的样本数据分布合理，样本数据的相关系数在可接受的范围之内。如下表：

表 1A　描述性统计

	Mean	*stdev*	*10th Percentile*	*Median*	*90th Percentile*
BVE	965.600	2769.384	201.389	558.000	1741.233
ntr	0.660	0.132	0.492	0.667	0.836
MVE_0	4.440	2.984	1.667	3.666	8.164
MVE_1	2.114	1.085	1.178	1.816	3.357
MVE_2	1.982	2.306	0.617	1.950	3.863
roe	0.052	0.173	0.000	0.074	0.156
DIV	-0.026	0.115	-0.003	0.000	0.000

表 1B　相关系数（Lower triangle is Spearman（rank）correlation）

	BVE	*ntr*	MVE_0	MVE_1	MVE_2	*roe*	*DIV*
BVE	1.00	0.13	-0.12	-0.14	-0.03	0.05	0.01
ntr	0.09	1.00	0.15	-0.27	-0.10	0.07	0.00

续表

	BVE	**ntr**	**MVE_0**	**MVE_1**	**MVE_2**	**roe**	**DIV**
MVE_0	-0. 45	0. 19	1. 00	0. 84	0. 39	0. 01	-0. 04
MVE_1	-0. 49	-0. 26	0. 85	1. 00	0. 48	-0. 01	-0. 05
MVE_2	-0. 24	-0. 08	0. 67	0. 73	1. 00	0. 80	-0. 07
roe	0. 03	0. 12	0. 28	0. 25	0. 77	1. 00	-0. 05
DIV	-0. 01	0. 03	0. 01	-0. 01	-0. 02	0. 00	1. 00

注：*BVE* 是公司账面价值，*ntr* 是非流通比率，MVE_0 = *Price*×#*TS*+*Price*×#*NTS*，MVE_1 = *Price*×#*TS*+*BPS*×#*NTS*，MVE_2 = *Price*×#*TS*+*EPS*×15×#*NTS*，*roe* 是净资产收益率，*DIV* 是净股利，等于当期股利减去融资金额。

（二）Ohlson 模型修正的实证研究

1. 模型参数设定和检验

我们将集中考虑有正式规范(formal specification)的 Ohlson 模型。这种方法的好处是使我们获得了关于模型参数的一系列限制条件。我们将以 Ohlson 模型为标准，把修改前后的模型与 Ohlson 模型进行对照。Ohlson 模型认为价值的评估由会计信息和非会计信息组成，提供了基于非正常盈余的简单描述。模型中 X_t 和 $X_t^a = X_t - r \times BVE_{t-1}$ 分别代表盈余与非正常盈余，其中 $r=R-1>0$ 是一个折扣率。Ohlson① 假设非正常盈余存在着线性的关系：

$$X_t^a = \omega X_{t-1}^a + V_t + \varepsilon_t^a$$

$$V_t = \rho V_{t-1} + \varepsilon_t^v$$

其中 $0 \leqslant \omega, \rho < 1$，$V_t$ 是未来盈余中不能被观测到的部分。在这个假设下，Ohlson(1995)得到了一个价格模型：

$$MVE_t = BVE_t + \alpha_1 X_t^a + \alpha_2 V_t$$

$$\alpha_1 = \omega/(R-\omega), \alpha_2 = R/(R-\omega)(R-\rho) \quad (5)$$

加入另外一个很明显的关系之后，即 $BVE_t = BVE_{t-1} + X_t - DIV_t$，其中 DIV_t 代表净股利，等式(5)可以被重写为：

---

① Ohlson, J. Earnings, Book Values, and Dividends in Equity Valuation. *Contemporary Accounting Research*, 1995, Vol.11, No.2, pp.661-687.

$$MVE_t = \beta_0 + \beta_1 BVE_t + \beta_2 X_t + \beta_3 DIV_t + \beta_r V_t$$
$$\beta_0 = 0, \beta_1 = 1 - r\omega/(R - \omega), \beta_2 = R\omega/(R - \omega), \beta_3 = \beta_1 - 1, \beta_4 = \alpha_2 \tag{6}$$

值得注意的是，这个模型中暗含着很多参数界限：$\beta_0 = 0, 0<\beta_1<1, \beta_3 = -(1-\beta_1)$，并且假设中的 $\omega<1$ 意味着 $\beta_1>0$。这些限制对于核定参数估计的质量是非常有用的，同时，我们也可以通过模型估计出折扣率与可持续性系数。假设一种场景：盈余可持续系数非常高 $\omega=0.95$，并且折扣率很低 $R=1.04$，则 $\beta_2=R\omega/(R-\omega)=1.04\times0.95/(1.04-0.95)=10.98$。这就得到近似的 β_2 的回归系数的上限。

根据现有的研究结果，Ohlson 模型在中外市场都具有较好的解释力。例如，Bernard① 证实 Feltham-Ohlson 股权估值模型得出的理论价值能解释股价的 68%—80%，在检验了 Feltham-Ohlson 模型有效性的同时，揭示了会计收益和净资产与股票价格之间的关系。在国内，陆宇峰②利用中国股市 1993—1997 年的数据对 Feltham-Ohlson 模型进行了研究，发现中国上市公司会计收益、净资产对股票价格具有一定的解释能力和增量解释能力。赵宇龙、王志台③认为从财务报表的角度看，Feltham-Ohlson 模型实际上是一种资产负债表观和损益表观的综合，将会计收益和净资产纳入计量模型中，成为股权价值的决定因素。陈信元、陈冬华、朱红军④发现 Ohlson 模型在中国市场具有良好的预测能力，股票价格与收益（净资产和剩余收益）呈正相关。

2. 传统计算方法导致参数误估

我们将不同市值计算得到的结果代入 Ohlson 模型，观察参数变化以印证关于参数的前三个假设，回归模型如下：

$$MVE_t = \beta_0 + \beta_1 BVE_t + \beta_2 X_t + \beta_3 DIV_t + \beta 4 V_t$$

---

① Bernard, V.L. The Feltham-Ohlson Framework: Implication for Empiricists. *Contemporary Accounting Research*, 1995, Vol.11, No.2, pp.733-747.

② 陆宇峰：《净资产倍率和市盈率的投资决策有用性：基于费森—奥尔森估值模型的实证研究》，博士学位论文，上海财经大学，1999 年。

③ 赵宇龙、王志台：《我国证券市场"功能锁定"现象的实证研究》，《经济研究》1999 年第 9 期，第 56—63 页。

④ 陈信元、陈冬华、朱红军：《净资产、剩余收益与市场定价：会计信息的价值相关性》，《金融研究》2002 年第 4 期，第 59—70 页。

其中，MVE_t代表 t 年公司实际市值；BVE_t代表是 t 年公司账面价值；X_t是 t 年公司净收益；DIV_t是 t 年公司分配的股利；V_t是 t 年公司收益不能观察到的部分。

这个估计分成盈利公司和亏损公司分别估计，因为对于亏损公司而言，盈余对于市场价值的影响是完全不同于盈利公司的①。

表 2 给出了在第三部分中提到的 Ohlson 模型在不能观察到盈余 $V_t=0$ 的前提下，用 Fama-MacBeth 方法计算的决定市场价值的三个因素的估计值。这样，表中的系数估计是 11 个年度回归系数的平均，t 值则是基于系数时间序列计算得到。

从表 2A，我们观察盈利公司的回归系数。从以 MVE_0作为因变量的模型来看，BVE 的系数是 1.29，远大于在 Ohlson 模型(6)中的系数。β_1的系数是在 0 和 1 之间，而且 t 值为 2.26，在 5%的水平上 β_1 不为 1。X_t 的回归系数(16.18)和 t 值(6.53)也显著高于 10.25 的 Ohlson 模型估计值的合理上限。这也确证了假设一。如果以 MVE_1作为因变量，非流通股的价值就被每股净资产替代，这导致 X_t回归系数的显著低估。NI 的系数估计是 5.36($t=5.76$)，大概只相当于用 MVE_0 模型时的 1/3，印证了假设二。在另一方面，如果以 MVE_2 作为因变量，非流通股的价值就被 EPS 的 15 倍替代，BVE 的系数就是 0.24 ($t=4.15$)，不到用 MVE_0作为因变量时的回归系数的 1/5，这也表明假设三是对的。

表 2A　价格模型的估计值(盈利公司)

	MVE_0	*t-value*	MVE_1	*t-value*	MVE_2	*t-value*
截距	707.19	4.47	270.58	4.96	266.95	4.75
BVE	1.29	10.07	0.96	19.04	0.24	4.15
X_t	16.18	6.53	5.36	5.74	16.23	17.61
DIV	1.31	2.13	0.68	1.65	0.63	1.61
平均 R^2	43.5%		39.3%		71.4%	

① Collins, D.W., Pincus, M., & Xie, H. Equity Valuation and Negative Earnings: The Role of Book Value of Equity. *The Accounting Review*, 1999, Vol.74, pp.29-61; Darrough, M.& Ye, J. Valuation of Loss Firms in a Knowledge-Based Economy. *Review of Accounting Studies*, 2007, Vol.12, pp.61-93.

表 2B 价格模型的估计值(亏损公司)

	MVE_0	t-value	MVE_1	t-value	MVE_2	t-value
Constant	700. 97	3. 9	261. 54	3. 54	177. 73	1. 49
BVE	2. 25	3. 83	1. 28	4. 61	1. 06	3. 35
X_t	−2. 27	−3. 51	−0. 76	−3. 13	10. 01	4. 29
DIV	5. 46	1. 06	−4. 44	−1. 61	−9. 28	−0. 82
平均 R^2	53. 8%		53. 1%		72. 2%	

注:MVE_0 = Price×#TS+Price×#NTS;MVE_1 = Price×#TS+BPS×#NTS;MVE_2 = Price×#TS+EPS×15×#NTS。

表 2B 列示了对亏损公司的系数估计。估计结果随着采用不同市场价值指标而显著变动。在采用 MVE_2 作为因变量时差异最为显著。以前的研究表明,对于亏损公司而言,盈余的回归系数是负的。但是,当使用 MVE_2 时,估计的盈余的系数是 10. 01(t=4. 29),表明使用 MVE_2 的回归结果有系统的偏差。

表 2 给出了每个模型的平均 R^2。这些 R^2 表明 Ohlson 模型对中国数据具有一定的拟合度。然而,由于三个模型的因变量不一致,这些 R^2 不能够被比较。例如,如果我们定义 $MVE=15\times X_t$,我们可以得到 $R^2=100\%$。这不能说明模型更好。

从表 2 也可以看出,常数项显著异于零,这说明还有重要的变量应该考虑,表 3 校正之后常数项变小,说明校正是有效的。

3. 模型的通用修正

为了调适非流通股的影响,我们设定(非流通股价格)= $f(ntr)$×(流通股价格)。再进行 Ohlson 模型的修正分析。回归模型为:

$$MVE_{0t}\times K=a+b\times BVE+c\times X_t$$

其中,MVE_{0t} 是 t 年用公司流通股市价乘以全部股数计算得到的市值。MVE_0 = Price×Shares = Price×#TS+Price×#NTS,#TS、#NTS 分别为流通股股数、非流通股股数,Price 为流通股市价。$K=1-ntr\times(1-f)$。ntr 为非流通比率,f 为基于非流通股折价的一个修正系数。BVE_t 代表的是 t 年公司账面价值。X_t 是 t 年公司净收益。

表 3 列示了在 Ohlson 模型基础上,用最大似然估计和非线性最小二乘法估计的从 1995 到 2005 年的 11 个年度的回归系数。年度的系数估计使我们

能够看到估计值变化的历史。在1995到1996年的熊市中，股票价值低，非流通股相对于流通股价值更低。相对价值比率在0.11和0.26之间。市场价值和非流通股的相对价值在1997年显著回升，非流通股和流通股的相对价值在0.4和0.5之间，均值为0.45，标准误差为0.05。如果只考虑1999年到2005年的数据则标准误差又减为一半。

表3　用最大似然估计方法估计的包括非流通比率（*NTR*）的价格模型的估计值

	截距	*BVE*	X_t	*DIV*	*f*	虚拟 R^2	$R^2(f=1)$	2 * Δ*LIK*
1995	134.45	0.12	2.22		0.11	39.4%	8.8%	215.9*
1996	161.64	0.44	4.05		0.26	42.4%	22.1%	142.3*
1997	183.42	1.61	23.55		0.72	57.5%	56.5%	15.2*
1998	358.41	0.73	19.34		0.67	52.2%	51.0%	18.3*
1999	352.27	0.58	10.10	0.16	0.45	54.7%	49.4%	72.9*
2000	885.87	0.72	18.98	−0.14	0.56	49.0%	47.1%	54.0*
2001	1091.90	1.16	12.88	0.25	0.50	60.3%	57.0%	111.7*
2002	824.72	0.98	7.59	−0.89	0.43	58.8%	55.3%	150.7*
2003	631.85	0.85	8.04	2.46	0.49	49.0%	48.4%	97.9*
2004	415.10	0.77	6.17	2.13	0.38	49.5%	46.5%	182.0*
2005	220.05	0.42	6.06	2.37	0.42	36.6%	33.4%	92.3*
平均值	478.15	0.76	10.82	0.90	0.45	50.0%	43.5%	104.8
标准差	104.53	0.13	2.21	0.56	0.05			
T−值	4.57	5.85	4.90	1.61	8.34			

注：* 表示该似然函数值在 $\alpha=0.001$ 水平上显著。

表3列示回归估计值比表2A中对应的估计值要低。净资产（*BVE*）的系数是0.76，满足了Ohlson模型关于回归系数要小于1的限制条件。净收益（X_t）的回归系数是10.82，小于我们从Ohlson模型中获得的大致上限值10.98。在表3中，我们做了如下检验：$H_0: f=1$ *vs.* $H_a: f\neq 1$。检验的方法为似然检验。假设模型（B）包含模型（A），那么，根据最大似然估计的理论，他们的似然函数差的两倍服从一个自由度为 n_B-n_A 的 χ^2 分布，

$$2 \times (\text{Log} - likelihood(B) - \text{Log} - likelihood(A)) : \chi^2 n_B - n_A$$

其中 n_B 和 n_A 分别是模型(B)和(A)的参数个数。我们考虑模型(A)为 $H_0: f=1$ 时的 Ohlson 模型,模型(B)为 f 取任意值时的 Ohlson 模型。那么 $n_B-n_A=1$。因此,在 $H_0: f=1$ 假设成立时,它们的两倍似然函数差服从一个自由度的 χ^2 分布,均值为 1,标准差为 $\sqrt{2}$。从表 3 可以看出,实际的似然函数差每一年都远大于 1,平均为 104.8。所有的年份都表明,$H_0: f=1$ 在 $\alpha=0.001$ 的水平被拒绝,表明实证结果显著地拒绝了非流通股与流通股等价的假设。非流通股对于流通股的价值比 f 在 1995—1996 年度的值较低($f=0.11$ 和 0.26),可能的原因是在那个时期当时股票供给较少,上市资格十分稀缺,表现为壳资源价值高。这部分价值均反映在流通股价格上,导致流通股的溢价较高。在表 3 中,我们给出了两个 R^2。首先,$R^2(f=1)$ 是假设 $f=1$ 时,也就是假设非流通股与流通股等价时,Ohlson 模型的拟合度。虚拟 R^2 是假设 f 等于估计值时的 Ohlson 模型的拟合度。由于 f 是未知的,因此这个虚拟 R^2 并没有太多的意义。但是,从中我们可以看到,如果实际的 f 值接近于我们的估计值,那么 Ohlson 模型对中国股市的数据有相当好的拟合度。Core, Guay, and Van Buskirk① 显示同类模型在美国股市市场的拟合度为 R^2 平均值 35%。因此,Ohlson 模型对中国股市的数据的拟合度并不逊于美国市场。

以上研究用分年度数据证明了价格模型在应用时必须进行非流通比率(ntr)的调整。那么这种结果会不会因行业而异呢?下表给出了价格模型的分行业估计值,不同行业的最大似然估计值显著异于零,表明行业差异不会影响结论。对所有行业而言,非流通股等价于流通股的原假设都是被拒绝的。

表 4　价格模型的行业对比

	样本数	截距	*BVE*	X_t	*DIV*	f	虚拟 R^2	$R^2(f=1)$	$2\times\Delta LIK$
公用事业	638	673.7	0.26	15.68	−2.65	0.56	64.4%	55.2%	10.6

① Core, J.E., Guay, W.R., & Van Buskirk, A. Market Valuation in the New Economy: An Investigation of What Has Changed, *Journal of Accounting and Economics*, 2003, Vol.34, pp.43-67.

续表

	样本数	截距	*BVE*	X_t	*DIV*	*f*	虚拟 R^2	$R^2(f=1)$	$2\times\Delta LIK$
房地产	289	328.5	1.06	5.07	-11.24	0.21	53.3%	42.5%	14.7
综合	1369	380.7	0.88	10.02	-1.41	0.36	51.4%	44.1%	24.1
工业	5068	492.8	0.80	11.07	1.26	0.50	51.2%	44.9%	55.8
商业	824	575.0	0.67	12.01	-2.23	0.58	58.5%	53.1%	11.9

小结以上分析可以看出，在运用价格模型的实证研究中一定要考虑非流通比率，方法有三种：一是用最大似然估计方法调整市场价值因变量；二是用非线性最小二乘法调整市场价值因变量，这种方法是最大似然估计的简化方式，能够在通用统计软件上应用；三是在自变量中加入非流通比率的影响因素，这是最为简单的调整方式。

（三）送股对价的分析

以上对于 f 的模型估计引出了关于现行股改的非流通股对价支付公平问题的思考。第三部分从价格模型导出了一个在非流通股公允价值基础上的公平对价，每 10 股的合理送股数是 $10(1/K-1)$ 股，其中 $K=1-ntr\times(1-f)$。假设 f 的平均估计值是 0.45，我们就可以计算得到 $K=1-0.55\times ntr$。这就可以推出合理的送股比率。按照不同非流通股比率换算如表 5。

表 5　非流通股比例与公平送股

NTR	*K*	公平对价
0.5	0.725	3.79
0.6	0.670	4.93
0.7	0.615	6.26
0.8	0.560	7.86
0.85	0.505	8.78

表 5 中，如果非流通比率 $ntr=0.5$，公平的对价是 10 送 3.79 股。这接近于大部分公司的 10 送 3 股。但是，模型显示，如果 $ntr=0.7$，公平的对价应该是 10 送 6.26 股。这个数字远大于实际配送股数。可见，全流通改革

的对价比率应该充分考虑非流通比率的差异,非流通比率越高,流通股股东获得的对价补偿应该越高,这也符合人们的直觉判断。反之,如果不考虑非流通比率的不同,单纯以平均对价作为股改公平性的评价标准就会得出偏颇的结论。

根据我们样本的计算结果,中国股市非流通股比率 *ntr* 的均值为 0.6,其合理对价为 4.93 股,而实际的送股数为 3,这就意味着平均而言,流通股股东每 10 股就少得了 1.93 股,占原有股数的 19.3%,近似于损失 20%。反过来推算,如果要保证现有的送股比率 10 送 3 是足够补偿的话,相对应的非流通比率 *ntr* 是 0.42,在 231 家样本公司里面,*ntr* 小于 0.42 的公司有 18 家,占整个样本的比率为 7.79%,说明有 92%以上的上市公司流通股股东都在全流通改革中被剥削。因此根据分析,我们可以说,对非流通股比例大的公司,全流通的改革中实际配送股数显著低于公平的配股。也就是说,全流通的改革实际上还是存在着大的非流通股股东剥削流通股股东的成分。

吴超鹏等①,张俊喜等②,沈艺峰等③,郑振龙、王保合④,赵俊强⑤等研究了实际对价率的影响因素,并没有直接得出基于非流通比率的合理对价率水平,也就无法真正评价不同方案的公平性。

(四) 盈余反应模型

正如我们在文献综述中讨论的那样,非流通股对实证研究具有广泛的影响。在这一部分,我们要评估加入非流通股比率(*ntr*)的因素之后,对于包括盈余反应(*ERC*)模型和股票收益预测模型在内的收益率模型的实证影响。

① 吴超鹏、郑文、林周勇、李文强、吴世农:《对价支付影响因素的理论和实证分析》,《经济研究》2006 年第 8 期,第 14—23 页。

② 张俊喜、王晓坤、夏乐:《实证研究股权分置改革中的政策和策略》,《金融研究》2006 年第 8 期,第 1—19 页。

③ 沈艺峰、许琳、黄娟娟:《我国股权分置中对价水平的“群聚”现象分析》,《经济研究》2006 年第 11 期,第 102—111 页。

④ 郑振龙、王保合:《股权分置改革的期权分析》,《金融研究》2006 年第 12 期,第 116—125 页。

⑤ 赵俊强、廖士光、李湛:《中国上市公司股权分置改革中的利益分配研究》,《经济研究》2006 年第 11 期,第 112—122 页。

盈余反映模型和股票收益预测模型是实证研究中使用广泛、具有代表性的模型。从股票收益的处理意义上,这两个模型是相似的,主要的区别在于变量的使用。对于盈余反映模型来说,非流通股的影响主要集中在每股收益的计算上,而对于收益预测模型而言,影响的是市账比的计算和用市场价值表示的公司规模。

我们选取最基本的盈余反应模型:

模型一:$CAR=a+b_1\times M/B+b_2\times UE+b_3\times UE(neg)+\varepsilon$

模型二:$CAR=a+b_1\times M/B+b_2\times UE+b_3\times UE(neg)+b_4\times NTR+b_5NTR\times UE+b_6\times NTR\times UE(neg)+\varepsilon$。

其中,*CAR* 是一年期的超常收益率。*M/B* 是市值账面价值之比。*UE* 是用价格标准化后的未预期盈余,$UE=UEPS_0/Price$,如果 $UE<0$,则 *UE*(*neg*)取 *UE*,其他则取 0。*NTR* 是非流通比率。

表 6 列示了包括和未包括非流通比率(*NTR*)的盈余反应模型的估计值。未预期盈余定义为年度盈余的变化。这个模型加入了变量 *UE*(*neg*),从而可以考虑到未预期盈余为正和为负两种情况下的不同斜率。初始的市账比也包括进去了,因为他们与未来收益相关①。我们把非流通比率作为变量,并把它和 *UE*,*UE*(*neg*)的各自交叉项作为模型 2 的解释变量。

表 6　盈余反应模型回归结果

	模型一		模型二	
	Coefficient	*T-ratio*	*Coefficient*	*T-ratio*
M/B	-0. 10	-12. 26	-0. 10	-11. 97
UE	4. 47	21. 77	1. 46	1. 52
UE(*neg*)	-2. 80	-9. 6	-1. 16	-0. 87
NTR			-0. 06	-1. 67
NTR×UE			4. 74	3. 19
NTR×UE(*neg*)			-2. 43	-1. 17

① Fama, E., & French, K. The Cross-section of Expected Stock Returns, *Journal of Finance*, 1992, Vol.47, pp.427-465.

模型1的估计结果确认了公认的关于股票收益和未预期盈余正相关的结论。模型估计的盈余反应系数(*ERC*)是4.47,t值为21.77。对于具有负的未预期盈余的公司而言,$ERC=4.47-2.80=1.67$,相对较低。加入交叉变量 $NTR\times UE$ 之后,估计的系数是4.74($t=3.19$)。正如假设四预测的那样,系数显著为正。*UE* 的系数则变得不再显著(估计值为1.46,$t=1.52$)。这说明 *UE* 的效应被变量 $NTR\times UE$ 取代。这结果表明模型中加入非流通比率并加以分析是十分有用的。

五、结论和未来研究方向

本文认为,资本市场实证研究的基础模型需要修正以反映中国市场特殊的制度背景。以股权分置为例,证明了忽视股权分置现实,或者不适当的修正都将导致偏颇的结论。本文引入了通用的修正方法,假定每股非流通股价值是流通股的一个比重,把这一比重作为未知的参数进行估计。本文的模型有以下优点:(1)关于非流通股价值的界定比起用净资产定价,或者盈余若干倍的做法而言更具有经济意义;(2)在Ohlson模型的框架下,模型估计的系数更具有经济意义,更好反映了净资产和盈余的定价效应;(3)估计的非流通股相当于流通股的价值比重使我们可以找到全流通改革中的合理对价。因此,模型可以被用来评估对价方法的公平性。

本研究没有广泛探讨非流通股价值如何和流通股价值相关。这两者之间的价值比率关系是十分有趣的话题,它涉及公司治理的绩效评价、盈余质量和权益成本等多种因素。这一关系也能最终回答股票全流通改革过程是否公平,什么样的因素在驱动这样的改革。这方面的相关研究将会十分富有成果。

虽然本文没有也不能尝试检验财务和实证研究的每一个模型,但是可以下结论说非流通股的因素不应该被忽略,相反应该在每一个涉及股价和股数计算的潜在实证研究中仔细考虑。中国股市的实证研究应该充分考虑国外模型在中国适用的特殊制度背景,简单的模仿式的研究是不可靠的,简单地使用不同的修正方法也值得商榷,对模型科学系统的修订是中国实证研究者应该解决的重要问题。只有科学地研究模型的适用和修正问题,才能走出模仿阶段,迎来理论和应用模型的创新阶段。

本文原载《经济研究》2008 年第 3 期,作者为杨丹、魏韫新、叶建明。

中国会计改革 30 年

——经济和会计互动的中国路径[①]

30 年中国会计改革实践，跨越了计划经济到市场经济，综合了本土化和国际化，从满足内部信息需求到满足外部市场信息需求，从为单一主体（政府）服务到为多主体服务，从简单记账到决策有用导向，并且具有了影响资源配置的重要功能。中国会计改革发展之路不仅可以成为别国借鉴，同时改革的成功也是中国参与国际会计事务新的起点，中国会计学术研究应总结中国会计实践中的得失成败，进而为世界的学术提供重要的研究素材。

如何认识和总结中国 30 年的会计改革和实践？笔者认为，经济是土壤，会计是植物，因此经济越发展，会计越重要。只有将会计与经济发展结合研究，才能得出会计改革内在的经济逻辑，才能科学认识会计的昨天、今天和明天。也才能从会计与经济的互动中，认识会计的作用，发挥会计的功能。从 30 年的实践过程看，一方面经济发展为会计发展提出了要求、提供了机遇；另一方面，会计的发展也有效地推动了经济改革开放的进程，而且这一过程具有深厚的中国特色。

笔者分五个部分探讨经济与会计互动的中国之路：中国会计改革的基本成就、经济发展对于会计的影响、会计对于经济发展的影响、中国会计改革之路的特色、中国会计研究的未来之路。

---

① 本研究受到国家自然科学基金项目（编号 70672112）和教育部“新世纪优秀人才支持计划”（批准号 NCET-06-0816）的资助，并得到财政部全国会计学术领军（后备）人才培训项目和西南财经大学“211 工程”三期重点学科建设项目资助和“151 工程”支持。

一、中国会计改革的基本成就

改革开放以来,中国经济社会发展取得了举世瞩目的成就。会计作为经济活动的基础语言、重要的工具和手段,会计改革与经济社会发展息息相关、相互促进。中国会计改革30年的基本成就可以简要概括为:

随着中国经济的发展,形成了体系完善的会计信息服务产业。以会计师事务所、资产评估机构、证券咨询机构、投资顾问等为主体,包括培训、咨询、教育、信息开发等衍生服务产业。随着中国经济全球化进程的加速,中国作为世界最有潜力的会计市场,会计信息服务产业的规模在高速增长,服务领域、服务范围、服务内容不断扩大。初步形成以企业会计准则、企业会计制度、金融企业会计制度和小企业会计制度为主体的企业会计核算制度体系,以及行政单位会计制度、事业单位会计准则、事业单位会计制度和民间非营利组织会计制度为主体的政府及民间非营利组织会计核算制度体系,规范了我国企业、政府及非营利组织的会计核算。

成功实现会计标准从计划经济模式向市场经济模式转换的基础上,顺利实现了会计、审计准则的国际趋同。初步建立了“外有准则、里有内控、中有信息系统、眼中有世界、基础有人才、根本有法律”的会计管理体系①。中国会计改革成就,赢得了国际会计职业界及有关国际和地区性组织的广泛关注和尊重,在中国会计准则影响国际会计准则的同时,中国会计高级官员及专业人士也开始跻身“国际会计俱乐部”,标志着中国会计改革的实践开始对国际产生影响。

注册会计师行业从无到有,服务领域不断扩大。从改革开放初期的外商投资企业,扩展到国有企业、上市公司等所有领域;执业范围也从传统的会计报表审计业务,不断延伸到内部控制审计、会计报表审阅、资产评估以及管理

---

① 王军:《加强对话、增进互信,深化会计改革、促进企业创新》,时任财政部副部长王军在首届企业会计高层论坛上的讲话,2007年。

咨询等方面,注册会计师已经成为中国市场经济社会监督体系的一支重要力量。

伴随着中国经济的发展,尤其是证券市场的产生,中国会计研究内容和研究范式也发生了深刻变革。近 10 年来,国内会计领域的实证研究发展迅速,完成了"从规范到实证"的转变,开始了从"从本土到国际"的更高层面上与国际接轨。

伴随着中国经济的发展和会计的改革,中国的会计职能,从改革开放初期的以核算等业务处理为主,决策支持及管理控制为辅,逐步经过角色转变、流程再造、增值服务过渡到以决策支持、管理控制为主。管理会计、财务会计、财务管理和税务内控等体系实现了早期企业内部从分工到功能整合的过程。使得会计工作向更高层次发展,在经营管理、组织中扮演更加重要的角色。

二、经济发展对会计的影响

(一) 中国经济改革催生会计改革

中国经济改革 30 年,建立了市场经济体制,在经济转型过程中,必然伴随着会计实践和会计体系的变化。

国有经济改革催生了会计改革。计划经济时代会计制度和法规主要关注国有企业生产目标的完成及成本的降低。自改革开放后,中国经济、贸易和证券市场的快速发展对财务报告的目标产生了重大影响,国有企业更多地以盈利为目标,政府各部门、管理者和其他的报表使用者都需要真实可靠的相关财务信息来更有效地实现资金分配。因此会计改革进入社会经济的中心。

中国经济的全球化催生了中国会计的国际化。会计标准国际化的工作始于外资的引进和外商投资企业的发展。外国投资者很难看懂当时的会计报表,影响了外国投资者在中国的投资。于是,我国 1986 年发布实施了《外商投资企业会计制度》。《外商投资企业会计制度》在许多方面吸收了国际会计的通行做法,有力地改善了我国的投资环境。进入 20 世纪 90 年代以来,证券市场的发展和国有企业到境外上市，对我国企业会计信息可比性和会计标准的国际化提出了进一步的要求。我国于1993年适时制定了《股份制试点企业会计制度》，与此同时进行了以“两则”“两制”为核心的会计制度的重大改革，结束了我国40多年来计划经济基础上建立起来的会计模式，确立了与市场经济相适应、与国际会计惯例初步协调的新的会计模式，实现了我国会计核算模式的根本转换。

进入21世纪，我国经济更广更深地融入世界，我国会计系统作为国际通用商业语言的功能凸现。从2005年初开始，财政部在总结会计改革经验的基础上，顺应中国市场经济发展对会计工作提出的新要求，借鉴国际财务报告准则，全面启动了企业会计准则建设。经过近两年的艰苦努力，建成了由1项基本准则、38项具体准则和应用指南构成的企业会计准则体系，实现了立足国情的准则国际趋同①。

由此可见，经济环境的每一次重大变化都引发了新的会计需求和变革。当经济体制由计划经济转向市场经济时，会计信息的服务主体和方式就随之变化；当出现资本市场时，会计信息的服务主体则由管理者转向投资者，并且要求独立的第三方对报表予以审计鉴证；当资本市场跨越国界时，会计准则国际化开始成为资本市场全球化的现实需求；随着我国加入世界贸易组织后，我国经济全面深入地融入世界经济的一体化，中国会计、审计准则全面与国际趋同就成为必然。

（二）经济发展决定会计目标及质量特征

经济发展的需求决定着中国会计改革的目标。在会计目标方面，30年来，会计系统从满足政府为主转变为以满足投资者为主；在会计信息透明度方面，从强调内部使用转为公开披露；在会计政策选择方面，从政府选择需要为主向企业微观选择转变。所以这些变革都是经济发展的结果。

可靠性和相关性是会计信息最重要的两个特征。两者的重要性也随着经济改革而发生巨大的变化。我们长期以来强调真实可靠是会计的生命，甚至

---

① 刘玉廷：《中国企业会计准则体系：架构、趋同与等效》，《会计研究》2007年第3期，第6—10页。

这一需求都已经强化成为理想的会计人员的个性特征。强调可靠性的基本动机是中国经济发展形成了广泛的代理关系，相关利益方都需要得到可靠的会计信息。为了强化可靠性，我们采用国际通行的办法，对收益和损失采取了不对称的计量方式，于是就有了稳健原则和相关的 8 项减值准备等。

但是，我们更为强调可靠性的更深层次的原因是，中国在经济转型的过程中，出现了相当多的上市公司会计信息严重失真，社会公众对上市公司披露的会计信息信任程度较低，美国也在安然事件后，出台了旨在强化会计信息可靠性特征的"萨班斯法案"。因此，在这样的背景下，更应该重视会计信息的可靠性。审计以及强化审计师的监督，本质上都是为了保证会计信息的真实和可靠。

但是可靠性的不足也是明显的，可靠的会计信息并不必然提供决策有用的信息，可靠而与决策无关的信息可能是一种浪费。因此，相关性在理论和实务界都被认为是更重要的会计信息目标。基于这样的共识，国际财务报告准则要求广泛运用公允价值，以充分体现相关性的会计信息质量要求，反映了人们对于经济环境的动态性和不确定性的关注，对预期的及时的信息更为关注。中国的会计准则也适度、谨慎地引入公允价值。为了避免利用公允价值操纵利润现象，也作了一些限制，投资性房地产、生物资产、非货币性资产交换、债务重组等只有存在活跃市场、公允价值能够获得并可靠计量的情况下，才允许采用公允价值计量。

在作者看来，引入公允价值计量是对相关性优先地位的强调，而推动这种变化的基本原因是证券市场的发展使得价值发现成为会计信息的重要需求。

（三）资本市场对会计的推进

资本市场的快速发展真正赋予会计改革生命力与全新含义，它不仅创造了一个全新的会计信息需求者——市场投资者，而且引进了全新的会计理念——充分披露、决策有用，等等。随着资本市场的发展，出现了机构投资者、证券分析师，注册会计师行业也逐步扩大，产生了对于会计信息的多重需求①。与此同

① 陈信元、叶鹏飞、薛建峰：《我国会计信息环境的初步分析》，《会计研究》2000 年第 8 期，第 8—16 页。

时,资本市场的发展对会计思想产生了重要影响,催生了上市公司会计目标的转变以及会计准则的变迁①。

上市公司在我国会计改革中一直充当着先行者和试验田的角色,所有的改革措施,都是在上市公司中率先应用和试点,如《股份制企业会计制度》、《企业会计制度》、新的会计准则和审计准则都是先在上市公司实施。最近颁布的《企业内部控制基本规范》同样如此。在资本市场中,会计信息的重要性不言而喻,因为资源配置决策在很大程度上依赖于可信和可理解的会计信息。上市公司在资本市场的会计实践推动了会计准则的变革,如关联交易会计准则的出台,资产重组收益是否计入当期损益等,上市公司在资本市场中的问题,也催生了资本市场的会计监管和会计披露。上市公司的会计信息失真、会计舞弊和审计失败,也引发了中国版的"萨班斯法案"——《企业内部控制基本规范》的颁布和实施。对上市公司的会计监管是中国会计监管的重要组成部分。历史告诉我们会计先行,可以避免很多经济损失。"南海泡沫"事件后,职业会计师在英国得以兴起。20 世纪初美国经济大萧条后,美国政府加强了对资本市场的监管,公认会计准则由此出台。

资本市场的发展也促进了会计实证研究的发展。20 世纪 90 年代末,资本市场的发展,为会计的实证研究提供了大量的数据来源,为中国会计研究与国际的接轨提供了基础。以此为基础,近 10 年来,国内会计领域的实证研究发展迅速,完成了"从规范到实证"的转变。

(四) 经济发展水平决定会计的发展水平

中国经济改革的一个基本特征是渐进式改革,每次改革都从试点开始做,不断推进。30 年的会计改革也是分阶段、分行业不断推进。会计制度是在经济制度、政治制度、法律制度和文化环境等因素共同作用下的产物,并随着环境的不断发展而发展。如上市公司和非上市公司,以及为数众多的小企业,对于这些企业,社会对其会计信息的质量要求是不同的,目前,上市公司与非上

① 孙铮、贺建刚:《中国会计研究发展:基于改革开放三十年视角》,《会计研究》2008 年第 7 期,第 7—15 页。

市企业执行着不同的会计规范。其中上市公司执行2006年会计准则，而非上市企业中一部分大中型企业执行2001年会计制度或带有行业色彩的其他会计制度，如金融企业会计制度，小型企业执行《中小企业制度》。对于注册会计师审计，也是采取分类的办法，上市公司的财务会计报告要求注册会计师进行审计，非上市公司没有强制要求。因此，根据不同企业的实际状况，采用分类的方法，适用不同的制度，采用不同的会计监督方式，符合成本—效益原则，以及适应经济发展的需要，对于不同的公司，会计的经济作用是不同的。

三、会计对经济发展的影响

会计信息是以数字语言来反映企业的经营成果，作为社会经济细胞的企业，几乎都要依赖会计信息作出经营决策及各种决策。在中国会计国际化的进程中，会计改革的实践促进了企业管理水平的提高，推动了经济的发展。可信的会计信息能促使决策者做出理性决策，减少决策的盲目性和不确定性。

（一）会计信息是社会财富分配的基础

经济增长的决定性因素是制度，而在制度因素之中，财产关系的作用最为突出。制度是一个自然演进的过程，从本质上说，制度更多的是对环境的适应①。企业处理复杂的利益分配关系需要借助会计的功能，制度实际上是界定利益的行为规则。过去30年经济体制改革的历史，简单地看就是围绕企业利润如何分配的历史，中国企业的利润分配走过了基金制、承包制、利改税、股份制等；离开了会计，整个社会经济制度就会失去赖以存在的基础，如公司注册，公司日常经营、监管、利益分配等。

① North, D.C. *Institutions, Institutional Change, and Economic Performance*. New York: Cambridge University Press, 1990.

（二）会计对经济发展的影响：资源配置

会计信息和非会计信息通过影响投资者行为以及公司的投融资行为，从而对于经济的运行效率产生影响，如图1所示。图中给出了会计信息从生成到进入市场进而影响资源配置的路径，是会计信息研究的一个框架性介绍。从图中可以看出，会计信息至少可以通过三条渠道，影响公司行为和投资者行为：会计信息帮助公司管理者和投资者评估投资机会，起到项目甄别作用（project identification），这将直接影响资源的合理配置。当投资者感到投资风险降低时，他们所要求的投资回报率也随之降低，这会大大降低企业的资本成本，从而进一步提高经济效率。会计信息通过影响公司治理机制来影响资源配置，此为会计信息的治理作用。会计信息披露可以降低投资者之间的信息不对称程度，从而减少逆向选择，减少证券市场的流动性风险来增强经济效果。高质量的财务会计报告对资本市场的这些功能提供了重要的支持。随着公允价值导向的会计准则的引入，计量成为会计的关键和难点，这就需要有相应的估值模型，估值模型又以资产定价理论为基础，因此，会计信息影响着金融市场和机构的微观行为。

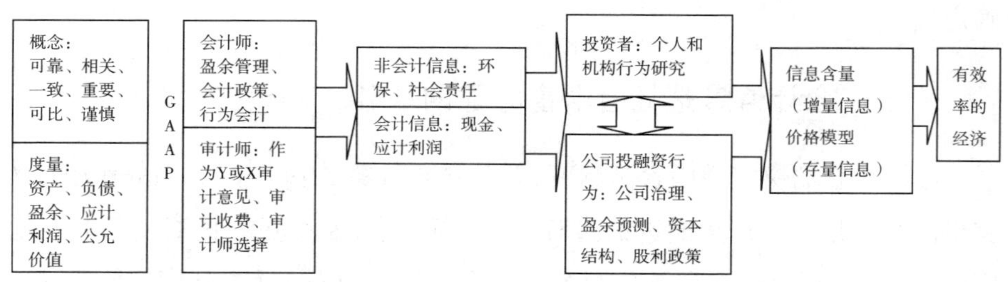

图1　会计对于经济的影响

（三）会计对经济的作用：监督和预防腐败

在从计划经济向市场经济转变的过程中，会计的一个重要作用是控制贿赂、欺诈和资产的无偿占用。独立的会计能够有效地发现贿赂和腐败。会计人员能够通过交易票据和数据的审查，发现贿赂和腐败的线索和证据。另外，面临诉讼风险的审计人员，也必须抽查进入公司会计系统的交易事项。中国最近几年掀起的审计风暴、会计信息质量检查以及 20 世纪 80—90 年代的财经纪律大检查，都发现了不少部门和单位存在腐败和违反财经纪律的问题。独立的会计系统在发现无偿占用公司资产方面具有相似的效果，因为会计记录了公司每一项资产以及负债，以及公司进行的每项分配。这是会计系统基于独立可观察的结果记录的长处。会计通过防止腐败和资产的流失，增加了国民的财富和社会的公平与效率①。

四、中国特色的互动之路

理解中国特色的会计与经济的互动，必须了解中国的特殊制度背景，尤其是政府在会计与经济互动中的作用。中国的经济体制改革的最大特色在于它是一种自上而下的改革和转变。

中国经济改革的特征反映到会计改革上，一个非常明显的特征是政府推动。政府在宏观调控、税收征管、参与利润分配、国有资产管理、考核和监督等方面的巨大需求，推动了中国会计的改革，加入 WTO 和推动企业实施“走出去”的战略，加快了中国会计与国际趋同②。我国会计制度的制定和变迁主体是以政府为主导的经济改革系统工程的一个子系统，是一个政府主导的改革历程。政府集社会管理与资产所有者于一身，具有社会调控者和资产所有者的双重权威身份。中国会计改革和国际化在短短的 30 年，就走在了世界前列，得到许多国际组织的肯定，说明这种机制的有效性，也是中国经验的重要组成部分。中国的经历也为其他正在改革道路上奋争的国家提供了宝贵经验。中国已经证明，把引进的概念和制度与旧的、传统的制度嫁接在一起是可以实现的，而且这种嫁接可以改善市场经济中各种制度的作用。中国的做法

---

① Ray, B.Infrastructure Requirements for an Economically Efficient System of Public Financial Reporting and Disclosure.Brookings Wharton Papers on Financial Services, 2001, Vol.1, pp.127-169.

② 冯淑萍：《中国的会计改革和发展》，时任财政部部长助理冯淑萍在第十六届世界会计师大会“中国论坛”上的演讲，2002 年。

还表明,不完善的但有作用的制度总比制度真空要好。

五、中国会计研究未来之路

经济与会计的互动,提供了理解会计作用的一个途径和框架,会计研究的作用是解释和预测会计实践,促进经济的有效运行。目前,中国的会计研究,远没有像会计准则一样国际化,实质趋同或者等效,中国会计研究的国际影响力,远没有像中国会计改革和会计实践一样受到国际社会的关注,尽管从20世纪90年代开始,中国的会计学术研究开始向国外学习,但是研究方法、科研考核体系和学术刊物的审稿尚未实现国际趋同。

中国的发展转型过程是人类一次伟大的社会自然实验,为经济学、管理学研究提供了异常丰富和宝贵的素材,中国经济在高速发展,中国的国际影响在逐渐增大,中国奇迹、中国现象的总结迫切需要中国学者的贡献。如何以国际化的视野、主流的理论来研究中国特有的问题,进而为世界的学术提供增量的贡献,成为中国会计学者的共同使命。中国的会计研究也需要像中国会计准则一样,实现国际趋同、等效,逐步参与国际标准的制定,从而走向国际,影响世界。

中国会计研究的未来发展,可以借鉴企业国际化经验,中国企业发展的经验是以市场换技术。那么中国学者的比较优势是什么?我们掌握和了解中国的数据和事实,熟悉中国的制度背景,中国管理的实践超前于理论的发展,因此,对于现有数据和事实的归纳和整理有着迫切的需求,新的理论需要这些数据和事实进行检验,这是实施中国研究走向世界的基础。变革的年代提供了难得的研究机遇,中国问题的研究需要与先进的研究方法进行有机结合,这样才能够使代表转型经济国家的研究成果在国际学术舞台上展现风貌。

会计信息生成和传播过程是一个博弈过程,必须关注参与各方的行为过程。西蒙获得诺贝尔经济学奖使得人们开始关注人类的有限理性行为,而D.Kahneman 和 V.Smith 将心理学研究方法应用到经济学领域,形成了行为经济学，并因此获得2002年诺贝尔经济学奖，标志着行为研究的方法和跨学科应用达到了新的高度，是世界管理研究的前沿。中国的快速变革和宽松的行为研究环境使得行为会计研究可能产生优秀的成果。

本文原载《会计研究》2009年第1期，作者为杨丹、陈旭东、逯东、叶建明。

会计稳健性与上市公司投资行为①

——基于资产减值角度的实证分析

一、引言

由于代理问题的存在,公司存在过度投资和投资不足两类非效率的投资行为。过度投资是指公司经理人为追逐私人利益而对净现值为负的项目进行投资;投资不足是指公司经理人为避免投资失败带来的私人成本而放弃对风险较大但净现值为正的项目进行投资。由于这两类投资行为都严重损害公司价值,因此,探索如何改善公司投资行为以提高资本的配置效率一直是公司金融领域的重要课题。

已有的研究主要探讨了融资方式、公司治理、制度环境和会计信息质量对公司投资效率的影响。Lang 等②,Aivazian 等③,童盼和陆正飞④,唐雪松等⑤证实,由于债务融资之后支付利息将减少经理人可支配的自由现金流,因此举

---

① 感谢国家自然科学基金项目(70672112,71072167)、教育部新世纪优秀人才支持计划基金项目(NCET-06-0816),以及西南财经大学 211 工程三期项目的资助。

② Lang,L.,Ofek,E.,& Stulz,R.M,Leverage,Investment and Firm Growth.*Journal of Financial Economics*, 1996,No.1,pp.3-29.

③ Aivazian,V.A.,Ge,Y.,& Qiu,J.P.The Impact of Leverage on Firm Investment:Canadian Evidence.*Journal of Corporate Finance*,2005,No.1,pp.277-291.

④ 童盼、陆正飞:《负债融资、负债来源与企业投资行为——来自中国上市公司的经验证据》,《经济研究》2005 年第 5 期,第 75—84 页。

⑤ 唐雪松、周晓苏、马如静:《上市公司过度投资行为及其制约机制的实证研究》,《会计研究》2007 年第 7 期,第 44—52 页。

借债务可以约束过度投资。但是,Firth 等[①]和王建新[②]却发现,由于预算软约束和政府扶持之手等原因,我国上市公司的负债融资并未发挥出制约过度投资的作用。唐雪松等[③],魏明海和柳建华[④]证实,由于支付现金股利同样能够减少经理人可支配的自由现金流,因此现金分红也具有抑制过度投资的作用。Richardson[⑤],唐雪松[⑥]等证实了有效的公司治理结构对过度投资的制约作用。魏明海和柳建华[⑦],辛清泉等[⑧],杨华军和胡奕明[⑨],程仲鸣等[⑩]还发现,由于我国特殊的制度环境,上市公司存在着由于政府控制、政府干预、薪酬契约失效等原因导致的过度投资问题,因此通过减少政府干预、提高执法水平、促进金融发展和构建金字塔结构等途径可以有效解决该问题。此外,Bidle 和 Hilary[⑪] 发现高质量的会计信息可以降低投资对现金流的敏感性。McNichols 和 Stuben[⑫] 发现被操纵的会计盈余会影响公司内部决策各方的投资决策,导致

---

① Firth, M., Lin, C., &Wong S.M.L.Leverage and Investment under a State-owned Bank Lending Environment: Evidence from China. *Journal of Corporate Finance*, 2008, No.5, pp.642-653.

② 王建新:《债务约束与自由现金流的过度投资问题研究》,《财政研究》2008 年第 11 期,第 65—69 页。

③ 唐雪松、周晓苏、马如静:《上市公司过度投资行为及其制约机制的实证研究》,《会计研究》2007 年第 7 期,第 44—52 页。

④ 魏明海、柳建华:《国企分红、治理机制与过度投资》,《管理世界》2007 年第 4 期,第 88—95 页。

⑤ Richardson, S.Over-investment of Free Cash Flow. *Review of Acounting Studies*, 2006, No.2-3, pp.159-189.

⑥ 唐雪松、周晓苏、马如静:《上市公司过度投资行为及其制约机制的实证研究》,《会计研究》2007 年第 7 期,第 44—52 页。

⑦ 魏明海、柳建华:《国企分红、治理机制与过度投资》,《管理世界》2007 年第 4 期,第 88—95 页。

⑧ 辛清泉、林斌、王彦超:《政府控制、经理薪酬与资本投资》,《经济研究》2007 年第 8 期,第 110—122 页。

⑨ 杨华军、胡奕明:《制度环境与自由现金流的过度投资》,《管理世界》2007 年第 9 期,第 99—106 页、第 116 页。

⑩ 程仲鸣、夏新平、余明桂:《政府干预、金字塔结构与地方国有上市公司投资》,《管理世界》,2008 年第 9 期,第 37—47 页。

⑪ Bidle, G.C., & Hilary, G.Acounting Quality and Firm-level Capital Investment. *The Acounting Review*, 2006, Vol.81, pp.963-982.

⑫ McNichols, M.F., & Stuben, S.R.Does Earnings Management Affect Firm's Investment Decisions? *The Acounting Review*, 2008, No.6, pp.1571-1603.

过度投资。Bidle 等①发现高质量的会计信息可以缓解公司的过度投资和投资不足问题。

在本文中，我们将从资产减值的角度研究会计稳健性对公司投资行为的影响。会计稳健性是指损失与收益确认的非对称性，即对于损失要及时进行确认，而对于收益则要到有充分的证据时才可进行确认②。由于要求对损失进行及时确认，会计稳健性可以约束公司的过度投资行为，并且也有可能导致公司投资不足。随着我国会计改革的进行，稳健性原则已经充分反映于会计准则的制度规定中，一个重要体现便是资产减值准备的计提。计提资产减值准备作为稳健性原则的具体运用是否以及如何影响公司的投资效率，是一个关于会计方法如何影响公司投资行为的新问题。因此，我们将实证检验资产减值准备计提对公司投资行为的影响，从而为会计稳健性影响公司资本配置效率的理论观点提供经验证据，并为促进关于会计稳健性影响经济运行效率的一般性研究作出贡献。

二、理论分析与研究假设

会计稳健性能够影响公司的投资行为，主要表现为可以抑制过度投资，这其中的原因主要在于会计稳健性要求对损失进行及时确认③。由于过度投资导致的损失会被及时确认并反映在会计盈余中，公司的经理人将自己承担因过度投资造成损失的责任，而不能通过推迟确认这种损失将其责任转嫁给后任经理人。因此，现任经理人为避免受到惩罚就会减少过度投资。另外，会计信息是订立债务契约的重要依据，及时确认过度投资造成的损失会使公司的

① Bidle, G.C., Hilary, G., & Verdi, R.S. How Does Financial Reporting Quality Relate to Investment Eficiency? *Journal of Acounting and Economics*, 2009, No.2-3, pp.112-131.

② Basu, S. The Conservatism Principle and the Asymmetric Timelines of Earnings. *Journal of Acounting and Economics*, 1997, No.1, pp.3-37.

③ Watts, R.L. Conservatism in Acounting Part I: Explanations and Implications. *Acounting Horizons*, 2003, No.3, pp.207-221; Ball, R., & Shivakumar, L. Earnings Quality in UK Private Firms: Comparative Loss Recognition Timelines. *Journal of Acounting and Economics*, 2005, No.1, pp.83-128.

会计指标加速恶化,债权人为保证本金和利息的安全将加大对公司的监督和干预力度,从而督促公司减少过度投资。然而,同样是由于要求对损失进行及时确认,会计稳健性也有可能抑制公司的正常投资。公司的投资项目往往持续时间较长且风险较大,一旦投资失败,损失会被及时确认并反映在会计盈余中,公司经理人将因此承担相应的责任。因此,厌恶风险的公司经理人为避免投资失败所带来的私人成本,有可能放弃净现值为正但风险较大的投资项目,导致公司投资不足。

十多年来,随着我国会计改革的不断进行,稳健性原则在会计准则中被运用得越来越广泛和深入,其中一个重要体现就是资产减值准备的计提范围不断扩大①。1992 年颁布的《企业会计准则》首次将稳健性原则作为会计核算的一项基本原则并要求对应收账款计提坏账准备。1999 年资产减值的计提范围被扩大为四项,要求对应收账款、短期投资、长期投资和存货计提准备。2001 年实施的《企业会计制度》又进一步扩大了资产减值准备的计提范围,新增固定资产、无形资产、在建工程和委托贷款的减值准备,至此,资产减值准备的计提范围被确定为八项,较为全面的资产减值会计规范体系已经初步形成,这个体系所披露的信息比美国通用会计体系(USGAAP)的披露标准更加详细②。因此,我们的研究充分利用了我国会计体系的这一优点。

资产减值是指资产的可收回金额低于其账面价值。我国《企业会计制度》要求会计人员合理预计各项资产可能发生的损失,并对可能发生的各项资产损失计提资产减值准备。在《企业会计制度》的规定下,资产要按照历史成本原则进行计价,但是,资产会由于本身的安全性、技术性以及物价波动和利率波动等原因而发生价值变动。为了防止资产计量不实造成资产和利润虚增,从而使会计信息更准确地反映企业的财务状况,资产减值准备的计提就显得必不可少。因此,资产减值准备的计提符合会计稳健性"不能确认任何不

---

① Chen,S.,& Wu,D.Acounting Conservatism in Chinese Listed Firms:The Influence of Standards,Incentives and Monitoring.Working Paper,Hong Kong Polytechnic University,2007.

② 在本文的研究过程中,财政部于 2006 年 2 月颁布了新的会计准则,并于 2007 年起开始在上市公司执行。新的会计准则对资产减值的计提行为又有了新的规定,比如"长期资产减值准备一经计提,在以后会计期间不得转回"。为避免制度变迁对研究结果的影响,我们主要研究 2001 年至 2006 年《企业会计制度》执行期间的"八项准备"。

确定的收益,但要确认所有可能发生的损失”的要求。此外,资产减值准备的计提要求采用“孰低法”,这充分体现了“资产和收益不可高估,负债和费用不可低估”的会计稳健性原则。由此可见,计提资产减值准备是会计稳健性原则在资产计价过程中的具体运用,是对经济损失进行及时确认的典范。

既然会计稳健性能够约束公司的过度投资行为,那么计提资产减值准备作为稳健性原则的应用之一理应具有约束过度投资的作用。此外,计提资产减值准备这一稳健的会计行为也有可能抑制公司正常的投资支出,导致投资不足。因此,我们提出如下假设:

假设 H_1:计提资产减值准备能够约束公司的过度投资行为。

假设 H_2:计提资产减值准备会导致公司投资不足。

三、研究设计

(一)样本选择与数据来源

为减少会计准则变化对研究结果的影响,我们选择 2001 年至 2006 年沪、深两市 A 股上市公司并剔除属于金融保险行业以及同时发行 B 股或 H 股的公司之后作为研究样本。为消除极端值的影响,我们对连续变量进行 1%或 5%的 winsorize 处理。数据来源于 CSMAR 数据库和 Wind 资讯数据库。

(二)确定非效率投资的模型

我们借鉴 Richardson① 的方法来衡量公司的非效率投资支出。

$$NewInvt_t=\beta_0+\beta_1 Growth_{t-1}+\beta_2 Leverage_{t-1}+\beta_3 Return_{t-1}+\beta_4 Cash_{t-1}+\beta_5 Age_{t-1}+\beta_6 Size_{t-1}+\beta_7 NewInvt_{t-1}+\gamma\sum YrDum+\eta\sum IndDum+\varepsilon \quad \text{模型(1)}$$

其中,$New\ Invt_t$ 为公司第 t 年的新增投资,等于总投资减去维持性投资。

① Richardson, S. Over-investment of Free Cash Flow. *Review of Acounting Studies*, 2006, No.2-3, pp.159-189.

总投资为"购建固定资产、无形资产和其他长期资产所支付的现金""购买和处置子公司及其他营业单位所支付的现金"、"权益性投资所支付的现金"与"债权性投资所支付的现金"之和减去"处置固定资产、无形资产和其他长期资产而收回的现金净额"后，除以年初总资产。维持性投资为"固定资产折旧""无形资产摊销""长期待摊费用摊销"与"其他长期资产摊销"之和与年初总资产的比值。$Growth_{t-1}$为公司第 $t-1$ 年末的投资机会，用托宾 Q 来衡量。考虑到我国的股权分置问题，托宾 Q 的计算公式为"（流通股股数×每股市价+非流通股数×每股净资产+负债的账面价值）÷总资产的账面价值"。$Leverage_{t-1}$为公司第 $t-1$ 年末的资产负债率。$Return_{t-1}$为公司第 $t-1$ 年的购买并持有收益率。$Cash_{t-1}$为公司第 $t-1$ 年末的现金持有量。Age_{t-1}为公司从上市至第 $t-1$ 年末的年数。$Size_{t-1}$为公司第 $t-1$ 年末总资产的自然对数。$NewInvt_{t-1}$为公司第 $t-1$ 年的新增投资。$YrDum$ 和 $IndDum$ 分别为年度和行业虚拟变量。模型（1）回归后得到拟合值是公司第 t 年的合理投资，残差是第 t 年的非效率投资。

（三）用于检验假设的模型

用于检验资产减值准备计提与非效率投资之间关系的回归方程为模型（2）。

$$NewInvt_t = \alpha_0 + \alpha_1 DR_t \beta_1 Writeoff_t + \beta_2 FCF_t + \beta_3 Pay_t + \beta_4 IndDirector_t + \beta_5 CashDiv_t + \beta_6 OwnerTop1_t + \beta_7 CEOOwner_t + \beta_8 Return_t + \beta_9 Return_t \times DR + \gamma \sum YrDum + \eta \sum IndDum + \varepsilon \qquad \text{模型(2)}$$

其中，$NewInvt_t$为公司第 t 年的非效率投资。$Writeoff_t$为公司第 t 年计提的资产减值准备与年初总资产的比值，我们将分别检验八项资产减值准备计提合计（$TotalWriteoff_t$）、流动资产减值准备计提合计（$CurentAssetWriteoff_t$）和长期资产减值准备计提合计（$LongtermAssetWriteoff_t$）与非效率投资的关系①。此外，根据已有研究，在模型（2）中加入控制变量：FCF_t为自由现金流，用经营活动现金流量净额与年初总资产的比值减去维持性投资和合理投资。Pay_t为经理薪酬，用金额最高的前三名高级管理人员的报酬总额占总资产的比例来衡

① 由于计提委托贷款减值准备的样本公司很少。因此，在分别加总流动资产和长期资产的减值准备计提数时，没有包括委托贷款减值准备。

量。$IndDirector_t$为独立董事在董事会中所占的比例。$CashDiv_t$为虚拟变量，若发放现金股利，则取值为1，否则为0。$OwnerTop1_t$为第一大股东的持股比例。$CEOOwner_t$为虚拟变量，若公司的CEO持有股份，则取值为1，否则为0。$Return_t$为购买并持有收益率。DR是虚拟变量，若$Returnt_t$小于0，则取值为1，否则为0。之所以控制并区分正负收益率的影响，是基于Basu① 检验会计稳健性的模型，用资产减值准备计提代替会计盈余作为被解释变量得到模型：

$$Writeoff_t = \alpha_0 + \alpha_1 DR + \beta_1 Return_t + \beta_2 Return_t \times DR + \varepsilon$$

由于公司的投资行为具有持续性，为了进一步检验资产减值准备计提对公司未来投资行为的影响，我们根据模型（1）回归所得残差的符号将样本公司分组：正残差为第t年投资过度的公司，负残差为第t年投资不足的公司。在此基础上，建立回归模型（3），分别针对这两类公司，检验第t年资产减值准备计提对第t+1年总投资的影响。模型（3）中各变量的含义与模型（1）与模型（2）中相应变量的含义相同。

$$TotalInvt_{t+1} = \alpha_0 + \beta_0 Writeoff_t + \beta_1 Growth_t + \beta_2 Leverage_t + \beta_3 Return_t + \beta_4 Cash_t + \beta_5 Age_t + \beta_6 Size_t + \beta_7 TotalInvt_t + \gamma \sum YrDum + \eta \sum IndDum + \varepsilon$$

模型（3）

四、研究结果

（一）描述性统计结果

表1　各变量的描述性统计量

变量	平均值	中位数	标准差	最小值	最大值
$NewInv_t^{\varepsilon}$	0.000	−0.013	0.072	−0.285	0.466
$TotalWriteoff_t$	0.010	0.004	0.015	0.000	0.059

① Basu, S. The Conservatism Principle and the Asymmetric Timelines of Earnings. *Journal of Acounting and Economics*, 1997, No.1, pp.3-37.

续表

变量	平均值	中位数	标准差	最小值	最大值
$CurrentAssetWriteoff_t$	0.008	0.004	0.011	0.000	0.043
$LongtermAssetWriteoff_t$	0.002	0.000	0.004	0.000	0.013
FCF_t	-0.015	-0.013	0.092	-0.338	0.273
Pay_t	0.039	0.026	0.042	0.002	0.280
$IndDirector_t$	0.297	0.333	0.108	0.000	0.667
$OwnerTopl_t$	0.409	0.389	0.166	0.101	0.750
$CashDiv_t$	0.495	0.000	0.500	0.000	1.000
$CEOOwner_t$	0.317	0.000	0.465	0.000	1.000
$Return_t$	0.063	-0.146	0.608	-0.775	4.179

注:样本量为5668。

由模型(1)的回归得到非效率投资。模型(2)中各变量的描述性统计量见表1。如表1所示,公司非效率投资支出与期初总资产比值的平均值为0。平均来讲,资产减值准备计提合计数占期初总资产的比重为1%,流动资产减值准备计提合计数占期初总资产的比重为0.8%,长期资产减值准备计提合计数占期初总资产的比重为0.2%。自由现金流与期初总资产之比的平均值为-1.5%,高管的薪酬占公司总资产比例的平均值为0.039%,独立董事人数在董事会中的平均比例为30%,第一大股东的平均持股比例为41%,购买并持有收益率平均为6.3%。平均来说,有50%的公司发放现金股利,32%的公司CEO持有本公司股份。

(二) 回归结果

模型(2)的回归结果见表2。如表2所示,资产减值准备计提合计($TotalWriteoff_t$)、流动资产减值准备计提合计($CurrentAssetWriteoff_t$)和长期资产减值准备计提合计($LongtermAssetWriteoff_t$)均与非效率投资显著负相关。这表明资产减值准备计提具有约束公司过度投资行为的作用,与假设H_1相一致。从另一个角度讲,显著为负的系数也意味着资产减值准备计提会导致公司发生投资不足。虽然长期资产减值准备计提对投资的影响不如流动资产减值准备计提对投资的影响显著（t 值较小），但是其系数接近后者系数的两倍。

在回归结果中，各控制变量的系数与已有的研究结果基本相符。自由现金流（FCF_t）的系数显著为正，说明自由现金流越多，由股东与经理之间代理问题导致的过度投资越严重。经理人的薪酬（Pay_t）和第一大股东持股比例（$OwnerTop1_t$）的系数均显著为负说明增加经理人的薪酬可以减少因薪酬激励不足导致的过度投资，并且第一大股东的持股比例越多，其监督经理人的作用越明显，因此可以减少公司的过度投资。独立董事比例（$IndDirector_t$）的系数显著为正，说明独立董事没有发挥出应有的监督作用，这一结果与国内大多数关于独立董事的研究结论一致。发放现金股利（$CashDiv_t$）的系数显著为正，说明自由现金流充足的公司在发放现金股利之后，进行过度投资的动机仍很强烈。经理人持股（$CEOOwner_t$）的系数不显著，表明与 CEO 没有持股的公司相比，CEO 持股的公司的过度投资水平并未显著降低。

表 2　模型（2）的回归结果

变量	（1）	（2）	（3）
	$Writeoff_t$ 表示 $TotalWriteoff_t$	$Writeoff_t$ 表示 $CurrentAssetWriteoff_t$	$Writeoff_t$ 表示 $LongtermAssetWriteoff_t$
$Constant$	0.019*** （2.70）	0.019*** （2.73）	0.018** （2.47）
DR	−0.005 （−1.29）	−0.005 （−1.30）	−0.004 （−1.15）
$Writeoff_t$	−0.239*** （−4.42）	−0.342*** （−4.91）	−0.594*** （−2.60）
FCF_t	0.124*** （10.13）	0.123*** （10.08）	0.125*** （10.16）
Pay_t	−0.069*** （−3.18）	−0.068*** （−3.13）	−0.075*** （−3.49）
$IndDirector_t$	0.028* （1.90）	0.028* （1.88）	0.029* （1.93）
$CashDiv_t$	0.009*** （4.68）	0.009*** （4.70）	0.011*** （5.28）

续表

变量	(1)	(2)	(3)
	$Writeoff_t$ 表示 $TotalWriteoff_t$	**$Writeoff_t$ 表示 $CurrentAssetWriteoff_t$**	**$Writeoff_t$ 表示 $LongtermAssetWriteoff_t$**
$OwnerTop1_t$	−0.020*** (−3.10)	−0.020*** (−3.11)	−0.019*** (−3.07)
$CEOOwner_t$	0.001 (0.67)	0.001 (0.62)	0.002 (0.75)
$Return_t$	0.003 (1.25)	0.003 (1.20)	0.003 (1.30)
$Return_t \times DR$	0.20** (2.30)	0.021** (2.34)	0.024*** (2.68)
Y_rD_{um}	控制	控制	控制
IndDum	控制	控制	控制
R^2	0.0488	0.0491	0.0475
样本量	5668	5668	5668

注:括号中为 WhiteRobust 统计量;** 表示在 1%的水平上显著;* 表示在 5%的水平上显著;* 表示在 10%的水平上显著。

模型(3)的回归结果如表 3 所示。在表 3 第一部分中,第 t 年发生过度投资的公司,其资产减值准备计提与第 $t+1$ 年的总投资支出负相关,并且在(1)(2)列中,负相关关系显著,说明在第 t 年发生过度投资的公司,资产减值准备的计提会对公司第 $t+1$ 年的投资支出产生抑制作用。这一结果进一步表明资产减值准备计提具有约束过度投资的作用。在表 3 第二部分中,第 t 年发生投资不足的公司,其资产减值准备计提与公司第 $t+1$ 年的总投资支出也是负相关,并且在(4)(5)列中,负相关关系显著,说明即使在第 t 年投资不足的公司,资产减值准备的计提也会对公司第 $t+1$ 年的投资支出产生制约作用。这意味着资产减值准备的计提确实有可能导致公司发生投资不足。但是,资产减值准备计提在第(4)(5)(6)列中的系数绝对值均小于在第(1)(2)(3)列中的系数绝对值,说明资产减值准备计提约束过度投资的作用更明显。此外,其他控制变量的符号也与预期相一致。

表 3　模型(3)的回归结果

变量	第一部分:第 t 年投资过度			第二部分:第 t 年投资不足		
	(1)	(2)	(3)	(4)	(5)	(6)
	$Writeoff_t$ 表示 $TotalWriteoff_t$	$Writeoff_t$ 表示 $CurrentAssetWriteoff_t$	$Writeoff_t$ 表示 $LongtermAssetWriteoff_t$	$Writeoff_t$ 表示 $TotalWriteoff_t$	$Writeoff_t$ 表示 $CurrentAssetWriteoff_t$	$Writeoff_t$ 表示 $LongtermAssetWriteoff_t$
Constant	−0. 263*** (−4. 14)	−0. 262*** (−4. 12)	−0. 274*** (−4. 33)	0. 052 (1. 26)	0. 056 (1. 34)	0. 043 (1. 03)
$Writeoff_t$	−0. 345*** (−3. 18)	−0. 510*** (−3. 43)	−0. 429 (−0. 99)	−0. 183*** (−2. 65)	−0. 322*** (−3. 73)	−0. 210 (−0. 78)
$Growth_t$	0. 015** (2. 41)	0. 015** (2. 42)	0. 014** (2. 26)	0. 009* (1. 80)	0. 009* (1. 83)	0. 008* (1. 67)
$Leverage_t$	−0. 011 (−1. 50)	−0. 011 (−1. 40)	−0. 016** (−2. 22)	−0. 025*** (−4. 29)	−0. 024*** (−4. 16)	−0. 028*** (−4. 95)
$Return_t$	0. 023*** (3. 71)	0. 023*** (3. 68)	0. 024*** (3. 86)	0. 009* (1. 83)	0. 009* (1. 78)	0. 010** (1. 99)
$Cash_t$	0. 126*** (5. 08)	0. 127*** (5. 11)	0. 128*** (5. 20)	0. 060*** (4. 69)	0. 060*** (4. 68)	0. 062*** (4. 85)
$Size_t$	0. 012*** (4. 40)	0. 012*** (4. 37)	0. 013*** (4. 61)	0. 000 (0. 02)	−0. 000 (−0. 05)	0. 000 (0. 25)
Age_t	−0. 000 (−0. 42)	−0. 000 (−0. 43)	−0. 000 (−0. 45)	−0. 000 (−0. 58)	−0. 000 (−0. 59)	−0. 000 (−0. 55)
$TotalInvt_t$	0. 495*** (13. 66)	0. 494*** (13. 61)	0. 502*** (13. 85)	0. 743*** (15. 43)	0. 739*** (15. 44)	0. 753*** (15. 76)
YrDum	控制	控制	控制	控制	控制	控制
IndDum	控制	控制	控制	控制	控制	控制
R^2	0. 3258	0. 3261	0. 3241	0. 2152	0. 2159	0. 2139
样本量	2226	2226	2226	3755	3755	3755

注:括号中为 *WhiteRobust* 统计量;** 表示在 1%的水平上显著;* 表示在 5%的水平上显著;* 表示在 10%的水平上显著。

五、敏感性分析

为了检验本文的研究结果是否稳健，我们进行如下的敏感性分析。

首先，有研究表明我国上市公司利用资产减值进行盈余管理，为排除盈余管理因素对资产减值准备计提的影响，我们借鉴代冰彬等[①]的方法删除样本中发生高管变更、扭亏为盈、存在大清洗和利润平滑动机的公司，因为这些公司更倾向于利用资产减值进行盈余管理。利用剩余的样本公司对模型（2）和模型（3）进行检验，回归结果没有发生实质变化[②]。

其次，借鉴 Firth 等[③]和 Aivazian 等[④]建立交叉项的方法检验资产减值准备计提对公司投资效率的影响。

$$NewInvt_t = \beta_0 + \beta_1 Q_{t-1} + \beta_2 Writeoff_{t-1} + \beta_3 Writeoff_{t-1} \times DQ + \beta_4 Leverage_{t-1} + \beta_5 Return_{t-1} + \beta_6 CF_{t-1} + \beta_7 Age_{t-1} + \beta_8 Size_{t-1} + \beta_9 New\ Invt_{t-1} + \beta_{10} Rev_{t-1} + \gamma \sum YrDum + \eta \sum IndDum + \varepsilon \qquad \text{模型(4)}$$

其中，CF_{t-1}为第 $t-1$ 年经营活动现金流量，Rev_{t-1}为第 $t-1$ 年营业收入，二者均除以第 $t-1$ 年末总资产。DQ 是虚拟变量，当托宾 Q 大于 1 时，$DQ=1$；否则，$DQ=0$[⑤]。其他变量的含义与模型（1）和模型（2）中相应变量的含义相同。

模型（4）的回归结果见表 4。在表 4 中，资产减值准备计提合计（$TotalWriteoff_{t-1}$）、流动资产减值准备计提合计（$CurentAssetWriteoff_{t-1}$）和长期资产减

① 代冰彬、陆正飞、张然：《资产减值：稳健性还是盈余管理》，《会计研究》2007 年第 12 期，第 35—42 页。

② 由于篇幅所限，我们没有列出检验结果，有兴趣的读者可以向作者索取。

③ Firth, M., Lin, C., & Wong, S. M. L. Leverage and Investment under a State - owned Bank Lending Environment: Evidence from China. *Journal of Corporate Finance*, 2008, No.5, pp.642-653.

④ Aivazian, V.A., Ge, Y., & Qiu, J.P. The Impact of Leverage on Firm Investment: Canadian Evidence. *Journal of Corporate Finance*, 2005, No.1, pp.277-291.

⑤ 我们也根据年度和行业的托宾 Q 来定义 DQ。当某个公司的托宾 Q 大于当年同行业公司托宾 Q 的中位数时，DQ 取值为 1，否则取值为 0。回归结果与此结果基本相同。

值准备计提合计（$LongtermAssetWriteoff_{t-1}$）的系数均显著为负，且交叉项（$TotalWriteoff_{t-1} \times DQ$、$CurentAssetWriteoff_{t-1} \times DQ$ 和 $LongtermAssetWriteoff_{t-1} \times DQ$）的系数均显著为正，说明公司的投资机会很少时，资产减值准备计提与投资支出之间的负相关关系更明显。这一结果进一步支持了资产减值准备计提可以约束过度投资的假设。

表 4　模型（4）的回归结果①

变量	（1）	（2）	（3）
	$Writeoff_t$ 表示 $TotalWriteoff_t$	$Writeoff_t$ 表示 $CurrentAssetWriteoff_t$	$Writeoff_t$ 表示 $LongtermAssetWriteoff_t$
$Writeofft_{t-1}$	-0.651^{***} （-3.73）	-1.043^{***} （-4.08）	-0.717^{**} （-2.05）
$Writeofft_{t-1} \times DQ$	0.496^{***} （2.77）	0.801^{***} （3.10）	0.707^{*} （1.93）
……	……	……	……
R^2	0.2488	0.2491	0.2479
样本量	5984	5984	5984

注：括号中为 *WhiteRobust* 统计量；** 表示在 1%的水平上显著；* 表示在 5%的水平上显著；* 表示在 10%的水平上显著。

最后，借鉴 Bidle 等②的方法，根据模型（1）回归后所得残差的四分位数建立一个新变量 $Invt\_state_t$：残差小于四分之一分位数的样本（投资不足严重组），取值为 1；残差大于四分之三分位数的样本（过度投资严重组），取值为 3；残差位于四分之一分位数与四分之三分位数之间的样本（投资正常组），取值为 2。将 $Invt\_state_t$ 作为被解释变量建立模型（5）进行 multinomiallogit 回归，模型（5）中其他变量的含义同模型（2）。这一方法可以同时但却分别检验资产减值准备计提对公司过度投资与投资不足可能性的影响。

$$Invt\_state_t = \beta_0 + \beta_1 Writeoff_t + \beta_2 FCF_t + \beta_3 Pay_t + \beta_4 IndDirector_t + \beta_5 CashDiv_t +$$

① 由于篇幅所限，表 4 和表 5 只列出了检验变量的回归结果，其他控制变量的结果与预期相符。

② Bidle.G.C.，& Hilary G.Acounting Quality and Firm-level Capital Investment. *The Acounting Review*，2006，Vol.81，pp.963-982.

$$\beta_6 OwnerTop1_t + \beta_7 CEOOwner_t + \beta_8 Return_t + \gamma \sum YrDum + \gamma \sum IndDum + \varepsilon \quad \text{模型(5)}$$

模型(5)的回归结果见表5。在表5第(1)至(3)列中,资产减值准备计提合计($TotalWriteoff_{t-1}$)、流动资产减值准备计提合计($CurentAssetWriteoff_{t-1}$)和长期资产减值准备计提合计($LongtermAssetWriteoff_{t-1}$)的系数均不显著,说明公司发生投资不足行为的可能性未受到资产减值准备计提的影响,而在第(4)至(6)列中,资产减值准备计提合计($TotalWriteoff_{t-1}$)、流动资产减值准备计提合计($CurentAssetWriteoff_{t-1}$)和长期资产减值准备计提合计($LongtermAsset\text{-}Writeoff_{t-1}$)的系数均显著为负,说明资产减值准备计提显著减少了公司进行过度投资的可能性。

这些敏感性分析结果与前面的结果没有实质性差异,说明前面的研究结果是稳健的。

表5 模型(5)的回归结果

变量	第一部分:投资不足与正常投资			第二部分:过度投资与正常投资		
	(1)	(2)	(3)	(4)	(5)	(6)
	$Writeoff_t$ 表示 TotalWriteoff$_t$	$Writeoff_t$ 表示 CurrentAssetWriteoff$_t$	$Writeoff_t$ 表示 LongtermAsset-Writeoff$_t$	$Writeoff_t$ 表示 Total-Writeoff$_t$	$Writeoff_t$ 表示 CurrentAsset-Writeoff$_t$	$Writeoff_t$ 表示 LongtermAsset-Writeoff$_t$
$Writeoff_t$	−1.925 (−0.82)	−3.672 (−1.16)	−4.614 (−0.48)	−16.606*** (−5.89)	−21.767*** (−5.82)	−32.421*** (−3.50)
……	……	……	……	……	……	……
Pseudo R^2	0.0607	0.0606	0.0585	0.0607	0.0606	0.0585
样本量	5668	5668	5668	5668	5668	5668

注:括号中为Z统计量;*** 表示在1%的水平上显著;** 表示在5%的水平上显著;* 表示在10%的水平上显著。

六、研究结论

在本文中,我们研究发现,计提资产减值准备的稳健性行为可以对过度投资形成有效约束。这一发现证实了会计稳健性可以有效制约过度投资行为的理论观点,并且为会计稳健性原则的应用提供了有力的支持。近年来,我国上市公司特别是国有企业的过度投资问题逐渐成为研究热点(如:魏明海和柳建华,2007;辛清泉等,2007;杨华军和胡奕明,2007;程仲鸣等,2008)。但是,这些研究大多是研究了过度投资的形成机制,而较少直接探究过度投资的制约机制。因此,本文的研究为公司过度投资问题的解决提供了一个新的视角,并为会计稳健性提高资本配置效率的作用提供了经验证据。

同时,我们也发现计提资产减值准备这一稳健性行为有可能抑制公司正常的投资支出,导致公司发生投资不足,从而损害公司资本配置的效率。虽然研究结果表明资产减值准备计提导致公司投资不足的作用要明显弱于抑制公司过度投资的作用,但是,这仍旧意味着会计稳健性具有一定的两面性,这一会计原则的运用要充分权衡其利弊。

此外,我们的研究对于公司的会计政策选择具有一定的指导意义。如果公司的现金流充足且投资规模较大,为防止经理人追逐私人利益而进行过度投资,董事会应要求公司执行较为稳健的会计政策。相反,如果公司现金流较少且投资规模较小,公司的会计政策不应过分稳健,否则将导致更严重的投资不足。

本文原载《会计研究》2011 年第 3 期,作者为杨丹、王宁、叶建明。

会计信息形式质量研究

——基于通信视角的解构①

一、引言

会计信息是信息使用者决策模型中的重要依据,其质量高低直接决定着信息使用者的决策效果②,对于实现投资者保护、提高资本市场运行效率具有重要意义。事实上,会计信息的决策影响效应不仅受制于信息的实质内容,同时也隐含着编报信息所用形式的影响③。只有依托于高质量的会计信息形式,会计信息内容才会以准确、清晰、简明的方式传递给信息使用者,最终实现帮助信息使用者决策的目标。可以说,高质量的会计信息形式有利于打破信息使用者的信息解读枷锁,在其决策过程中具有与会计信息内容同等重要的地位。

正是考虑到会计信息形式的重要性,美国证监会(SEC)颁布了一系列政策法规、指导文件,如 1998 年 Plain English 计划、2013 年 Disclosure Effectiveness Initiative 等,试图通过规范会计信息形式,降低信息使用者的阅读负担。但是,在我国,现行政策规定大多用于规范会计信息内容,与形式相关的规定通

---

① 本文为国家自然科学基金项目(71620107005 和 71672149)、高等学校学科创新引智基地项目(B18043)和财政部会计名家培养工程项目资助的研究成果。

② Bushman, R.M., & Smith, A.J. Financial Accounting Information and Corporate Governance. *Journal of Accounting and Economics*, 2001, No.1, pp.237-333.

③ Rennekamp, K. Processing Fluency and Investors' Reactions to Disclosure Readability. *Journal of Accounting Research*, 2012, No.5, pp.1319-1354.

常只是作为内容的附属。例如,在《公开发行证券的公司信息披露内容与格式准则》系列文件中,会计信息形式的相关规定就以"董事会报告应语言表述平实,清晰易懂,力戒空洞、模板化",在呈现方式上"可以图文并茂,采用柱状图、饼状图等统计图表"等方式零星出现。并且,在实践中,中国上市公司会计信息编报方面存在诸多弊端。如语言晦涩难懂、信息冗长、描述空泛等问题阻碍了中国会计信息使用者的有效信息解读。另外,相较于国外浩瀚如海的研究成果,我国会计信息形式质量研究尚处于起步阶段,不仅未就会计信息形式质量的重要性达成共识,也缺乏对会计信息形式质量的本质、重要性和影响机理的系统性研究。面对不容乐观的中国会计信息编报现状,加之监管者和学术界的系统研究不足,如何改进上市公司会计信息形式质量成为一个刻不容缓的重要话题。

有鉴于此,本文借鉴通信模型,重构了"企业生成会计信息—编报会计信息—披露会计信息—信息使用者解读会计信息"的过程,以此将会计信息质量解构为会计信息内容质量、会计信息形式质量、会计信息传输质量和会计信息解读质量,提出了各自的定义并浅析了各种质量的动态互动关系。进一步,聚焦于会计信息形式质量,本文讨论了其重要性及度量,并评述了会计信息形式质量相关研究,指出了这一新兴研究领域在中国的未来研究方向。本文贡献包括两个方面:一是基于跨学科视角,沿着企业信息流动的过程,对会计信息质量进行再认识,在一定程度上深化了既有研究;二是提出了会计信息形式质量这一概念,用以整体性评价所有会计信息形式传递会计信息的能力,并指出了我国会计信息形式质量研究的未来发展方向。

二、会计信息质量解构

就"信息系统论"看来,会计是一个旨在将企业经济业务相关信息传递给利益相关者的信息系统①;企业发生的交易和事项产生的数据是其输入,可供

① Davidson, S., & Weil, R.L. *Handbook of Modern Accounting*. McGraw-Hill Companies, 1977.

使用者进行经济决策的财务信息是其输出①。围绕这一论断,学者们就会计的定义、目标、职能等基础理论问题进行了大量的探讨②。但是,整体而言,这些研究对会计这一信息系统的认知集中于输入和输出两头,而对其内部的信息流动过程缺乏清晰的理解。

我们认为,会计信息系统是一个从信息供给方到信息需求方的通信过程,通过这个过程可以让信息需求方了解企业的生产经营情况。因此,借鉴1949年Shannon和Weaver提出的标准通信模型(Transmission Model),本文按照"编码—传输—解码"的逻辑,将会计信息系统内部的信息传递过程划分为四个阶段,即"企业生成会计信息—编报会计信息—披露会计信息—信息使用者解读会计信息",对会计信息系统进行重新思考。

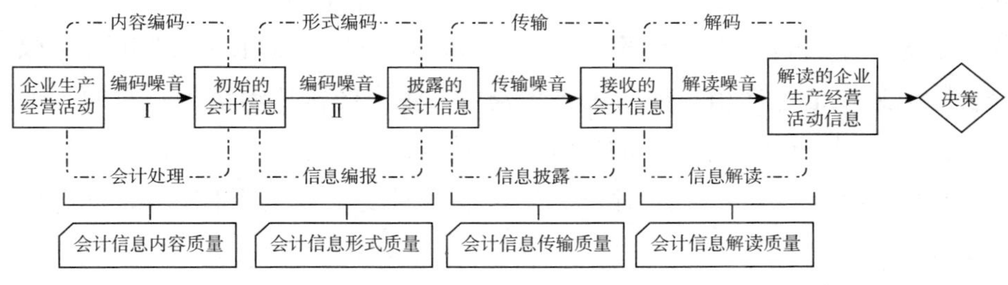

图1 通信视角的会计信息质量解构

基本逻辑框架如图1所示。在这样一个信息系统中,从企业生产经营活动到信息使用者决策,存在四个过程。首先,企业基于会计准则和自主判断,对生产经营活动产生的信息③进行会计处理,将其归纳整理至各会计科目,即进行"内容编码",生成初始的会计信息;在此基础上,企业按照特定形式(包括语言表达和列报格式两方面)重新组合初始的会计信息,即"形式编码",生成披露的会计信息;然后,企业通过监管者指定的披露渠道(如巨潮资讯网、

① 葛家澍、李翔华:《论会计是一个经济信息系统》,《财经研究》1986年第9期,第44—49页。

② 葛家澍、唐予华:《关于会计定义的探讨》,《会计研究》1983年第4期,第26—30页;黄志忠:《从会计本质看会计目标与会计职能》,《会计研究》1997年第6期,第33—35页。

③ 此处,企业生产经营活动相关信息仅限于能够引起企业资产、负债、所有者权益、收入、费用、利润等要素发生增减变化的事项或行为,而非企业产生的所有信息。

EDGAR)和其他渠道(如官网、社交媒体、Conference Call 等)披露会计信息,使得所有信息使用者都有机会以合理成本接收到披露的会计信息,即“传输”;最后,信息使用者基于自身的知识经验和能力,解读接收的会计信息,即“解码”。

伴随着“内容编码—形式编码—传输—解码”的过程,企业生产经营活动相关信息也相应发生了五个阶段的演变。如图 1 所示,企业的生产经营活动信息为原始信息输入。在“内容编码”阶段,企业将经济事项筛选整理为会计事项,通过会计记录和会计核算,将原始的信息转换为初始的会计信息。具体实践中,各会计科目记录的信息即为初始的会计信息;在“形式编码”阶段,初始的会计信息按照特定语言表达方式和列报格式加工处理后输出为定期财务报告、盈余公告等披露的会计信息;在“传输”阶段,披露的会计信息通过各种渠道披露后转变为接收的会计信息;最后,经信息使用者“解读”,接收的会计信息在信息使用者视角还原为企业的生产经营活动信息。不同于前述以供给者(即企业)为主体的四种信息,已解读的企业生产经营活动信息是信息使用者根据自身判断对企业生产经营状况形成的个体认知,具有主观属性。

在理想状况下,“内容编码—形式编码—传输—解码”的过程是完全通畅的,相应的企业生产经营活动信息也能够在无干扰的状态下传递至所有信息使用者。但是,在现实中,由于各种客观或主观因素的存在,信息传递过程不可避免的总是存在各种“噪音”,因此从企业生产经营活动开始,依次到初始的会计信息、披露的会计信息、接收的会计信息、解读的生产活动信息会发生信号减弱和信息损耗。具体而言,(1)在“内容编码”阶段,会计准则解读偏差以及企业的机会主义动机可能使得会计处理过程偏离既定规则,形成“编码噪音Ⅰ”。在其干扰下,初始会计信息的信息总量可能增加、减少或不变,但其传递的决策有用信息必然会减少。我们可将“编码噪音Ⅰ”看作企业会计信息加工处理方式偏离最优状态(一般特指会计准则或公认会计信息加工取向)程度的一种描述。“噪音”越强,偏离程度越高,表明初始会计信息刻画企业生产经营状况的能力越低,其包含的决策有用信息越少。(2)在“形式编码”阶段,由于现行编报政策本身的缺陷①,加之管理层存在掩盖不利信息的动机,会计信息的编报过程可能偏离最优的编报形式安排,生成“编码噪音Ⅱ”,阻碍了初始会计信息的有效传递,使得决策有用信息在此过程中发生耗损。一般而言,“编码噪音Ⅱ”越强,会计信息形式偏离最优状态的程度越高,表明该种形式完美传输初始会计信息的能力越弱,相应的决策有用信息耗损越多。(3)在“传输”阶段,指定信息披露渠道可能的传输低效率以及企业自利性表现②都会招致“传输噪音”。在其影响下,披露的会计信息难以透明、高效地予以公开,企业外部信息总量也会随之耗损。延续上述逻辑,这种“噪音”可被看作企业信息披露渠道传输效率偏离最优状态程度的一种描述。“传输噪音”越强,信息披露渠道的传输效率越低,相应的接收的会计信息中所含决策有用信息越少,企业外部信息环境越恶劣。(4)在“解码”阶段,信息使用者知识经验的不足以及认知偏差均会滋生“解码噪音”,使得信息使用者即便在完美的信息环境中,也无法充分理解到接收的会计信息所传递的决策有用信息,造成信息耗损。这里的“解读噪音”衡量了特定信息使用者信息解读障碍。综上,在“编码噪音Ⅰ”“编码噪音Ⅱ”“传输噪音”“解码噪音”的逐层干扰下,决策有用信息逐层耗散,最终信息使用者仅能基于接收到的有限信息做出决策。当然,监管者、审计师或利益相关者均有参与信息传递过程,在一定程度上可以控制“噪音”的程度及信息损耗。

为了衡量上述各阶段信息传递的效率,我们将会计信息质量分解为四种信息质量,即会计信息内容质量、会计信息形式质量、会计信息传输质量和会计信息解读质量。前三种质量是基于会计信息提供者视角,会计信息解读质量是基于信息使用者视角的。基于前文分析,我们可将上述四种质量看作是四个“噪音”对应的正面视角测度。具体而言,(1)会计信息内容质量(Quality of Content)是“内容编码”过程信息传递效率的评价。我们将会计信息内容质量③

---

① 以《公开发行证券的公司信息披露内容与格式准则第2号——年度报告的内容与格式》为例,该政策一方面强制规定了上市公司年度报告的编报框架及各部分的拟披露内容,但是其合理性有待验证;另一方面,缺乏对编报语言及特定重要信息的呈报格式的适当规定,赋予了管理层过多的编报管理空间。

② 在这一环节,企业自利性动机表现为:减少使用其他渠道披露或者选择传输效率较低的其他披露渠道。

③ 会计信息内容质量适用于所有会计主体,包括政府、非政府组织及企业。此处以企业作为研究对象予以讨论。以下同。

定义为:企业在会计信息生成过程中遵循会计准则和相关会计信息加工处理规范的程度。根据 FASB 以及财政部会计准则委员会的界定,高内容质量的会计信息应同时满足可靠性、相关性、可理解性、可比性、实质重于形式、谨慎性、重要性、及时性等特征。(2)会计信息形式质量(Quality of Presentation)是对"形式编码"过程信息传递效率的评价,可定义为:企业以特定语言和呈报方式准确、清晰、简明地传递会计信息的程度。高质量会计信息形式的判断标准为是否清晰、简明、重点突出等。(3)会计信息传输质量(Quality of Transmission)是针对"传输"过程信息传递效率的评价,可定义为:企业以公开、透明、高效的方式将披露的会计信息送达信息使用者的程度。(4)会计信息解读质量(Quality of Comprehension)是对"解码"过程信息传递效率的评价,可定义为:信息使用者及时、准确、高效地理解会计信息的程度。本质上,这种质量测度的是信息使用者的信息解读能力,具有主观属性。表 1 列示了会计信息总体质量和四种分类质量的区别与联系。

表 1　会计信息质量解构对比

	会计信息总体质量	会计信息内容质量	会计信息形式质量	会计信息传输质量	会计信息解读质量
定义	会计信息系统提供企业生产经营活动相关决策信息的质量。	企业在会计信息生成过程中遵循会计准则和相关会计信息加工处理规范的程度。	公司以特定语言和呈报方式准确、清晰、简明地传递会计信息的程度。	企业以公开、透明、高效的方式将披露的会计信息送达信息使用者的程度。	信息使用者及时、准确、高效地理解会计信息的程度。
主体	信息提供者	信息提供者	信息提供者	信息通道	信息使用者
质量特征	可靠性、相关性、可理解性、可比性、实质重于形式、谨慎性、重要性、及时性、清晰、简明、重点突出、透明、准确、高效等	可靠性、相关性、可理解性、可比性、实质重于形式、谨慎性、重要性、及时性	清晰、简明、重点突出等	公开、透明、高效	及时、准确、高效

续表

	会计信息总体质量	会计信息内容质量	会计信息形式质量	会计信息传输质量	会计信息解读质量
计量标准	NA	异常应计、盈余持续性、盈余平稳性、盈余稳健性等	Fog Index、年报长度等	NA	NA
美国准则	美国公认会计准则、Regulation S-K、Regulation S-X 和 Disclosure Effectiveness Initiative	美国公认会计准则	Regulation S-K、Regulation S-X 和 Disclosure Effectiveness Initiative	无专门规定，但是在 SEC 网站要求上市公司在 EDGAR 披露信息	NA
中国准则	《企业会计准则》、《公开发行证券的公司信息披露内容与格式准则》系列文件、《公开发行证券的公司信息披露编报规则第 15 号》	《企业会计准则》	《公开发行证券的公司信息披露内容与格式准则》系列文件、《公开发行证券的公司信息披露编报规则第 15 号》	《公开发行证券的公司信息披露内容与格式准则》系列文件	NA

从表 1 可以看出，现有实证研究广泛使用的盈余指标（如 EPS、ROE），其实指向的主要是会计信息的内容质量。我们认为，在一定程度上，正是因为现有研究未能解构会计信息质量，忽视了会计信息的形式质量、传输质量和解读质量，才使得会计信息质量的理论研究难以深入。

四种会计信息质量存在复杂的互动关系。就以信息提供者为主体的三种质量而言，如图 2 所示，会计信息内容质量分别与形式质量、传输质量存在双向的互动。一方面，较低的会计信息内容质量会提高管理层管理编报过程和披露渠道的倾向，进而降低会计信息形式质量和会计信息传输质量。例如，Lee 等①

① Lee, Y.J., Petroni, K.R., & Shen, M. Cherry Picking, Disclosure Quality, and Comprehensive Income Reporting Choices: The Case of Property-Liability Insurers. *Contemporary Accounting Research*, 2006, No.3, pp.655-692.

发现,为了掩盖盈余管理行为(较低的会计信息内容质量),管理层会使用低质量的会计信息形式。另一方面,高质量的会计信息形式、信息披露渠道也会通过透明化的会计信息供给,约束管理层的盈余管理行为,进而提高会计信息内容质量。同样的,这种双向互动关系也存在于会计信息形式质量与会计信息传输质量之间。在会计信息内容质量确定的情况下,当信息披露渠道的传输效率较低时(即会计信息传输质量较低),企业需要通过高质量的会计信息形式来弥补"传输"过程潜在的决策有用信息损失;反之,当会计信息形式质量较低时,其造成的信息解读障碍就需要较高的会计信息传输质量予以缓解。

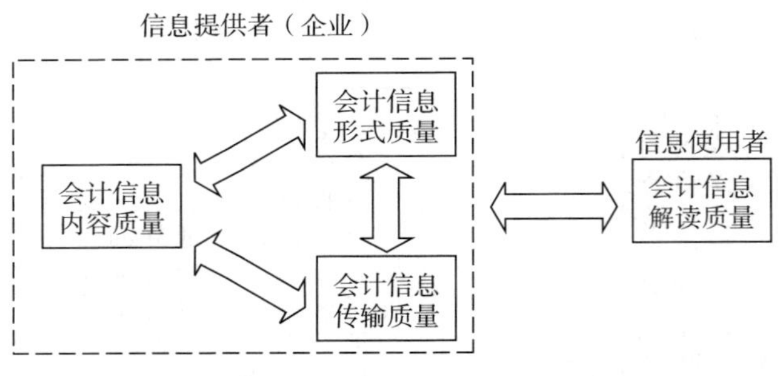

图 2　四种会计信息质量互动关系

会计信息解读质量与其他三种质量之间也存在类似的双向互动关系。一方面,无论是自主选择还是外部政策驱动,会计信息内容质量、形式质量或传输质量的提高都有助于减少信息使用者的认知负担。在此情况下,信息使用者能够较好地理解接收会计信息中的决策有用信息,表现出较高的会计信息解读质量;另一方面,如果信息使用者自身信息解读能力不足(例如中国资本市场的散户投资者),为了稳定资本市场、提高资本市场效率,监管者可能会通过改进政策或强化监管,促使企业提高会计信息的内容质量、形式质量和传输质量。

三、会计信息形式质量

如前所述,就通信视角来看,会计信息形式质量是对"形式编码"过程信息传递效率的评价。这一部分，我们聚焦于会计信息形式质量，试图通过讨论会计信息形式质量的重要性以及度量，对会计信息形式质量形成较为深刻的认知。

（一）会计信息形式质量的重要性

纵观既有研究，在界定会计信息质量时，学者们通常呈现出一种集中关注盈余数字的倾向，即采用整体性刻画公司价值的盈余数字①，以异常应计、盈余持续性、盈余平稳性、盈余稳健性等指标来定义会计信息质量。诚然，盈余数字是会计信息系统输出的最为重要的数字化会计信息，从结果视角整体描述了企业生产经营活动状况。但是，会计信息是一个多层次概念，不仅包括各财务报表中确认的数字化信息，也包括报表附注、管理层分析与讨论中披露的文本会计信息。仅用数字化会计信息并不能完美地呈现企业实际状况，部分综合性会计信息或难以用数字表述的信息还需要辅之以文字予以披露。对于这类会计信息来说，除了实质内容，编报信息所用形式在信息使用者决策过程中也具有不可忽视的影响力②（Rennekamp，2012），直接影响着会计信息提供者与信息使用者交流的有效性。为了提高信息使用者的决策质量，不仅需要会计信息内容最为完美地描述企业生产经营状况，也要求会计信息形式准确、清晰、简明地将会计信息内容传递至信息使用者。

现有研究也证实了，高质量的会计信息形式不仅可以降低信息使用者的信息识别障碍，还能够纠正信息使用者的认知偏差③，还可以传递管理层可靠或信息可靠的感知④。与此同时，在我国，有研究逐渐开始认识到会计信息形

---

① Dechow，P.，Ge，W.，& Schrand，C. Understanding Earnings Quality：A Review of the Proxies，Their Determinants and Their Consequences. *Journal of Accounting and Economics*，2010，No. 2，pp. 344-401.

② Rennekamp，K. Processing Fluency and Investors' Reactions to Disclosure Readability. *Journal of Accounting Research*，2012，No.5，pp.1319-1354.

③ Elliott，W. B.，Rennekamp，K. M.，& White，B. J. Does Concrete Language in Disclosures Increase Willingness to Invest? *Review of Accounting Studies*，2015，No.2，pp.839-865.

④ Hirst，D.，Koonce，L.，& Venkataraman，S. How Disaggregation Enhances the Credibility of Management Earnings Forecasts. *Journal of Accounting Research*，2007，No.4，pp.811-837；Rennekamp，K. Processing Fluency and Investors' Reactions to Disclosure Readability. *Journal of Accounting Research*，2012，No.5，pp.1319-1354.

式质量的重要性,如葛家澍和王亚男①指出越来越复杂的形式和内容都影响着会计信息使用者理解财务报告所传递的企业生成经营活动相关信息。但是,整体而言,我国在会计信息形式质量的理论研究、政策建设以及公司实践等方面的发展均较为滞后。一方面,中国上市公司会计信息编报并不规范,受到语言晦涩难懂、信息冗长、描述空泛等多方面的诟病;另一方面,相较于美国 RegulationS-K,RegulationS-X 和 Disclosure Effectiveness Initiative② 三维一体的编报规范架构,我国会计信息编报相关政策规定尚无实质性内容,因此研究会计信息形式质量十分必要。

(二) 会计信息形式质量的度量

鉴于会计信息形式质量是一个综合评价所有会计信息形式传递会计信息内容能力的指标,在实践中,其度量需要结合会计信息形式的具体维度及其特征予以理解。直观上,会计信息形式指的是呈现会计信息实质内容所采用的结构或表现方式。根据 SEC 的 Plain English 计划,会计信息形式具体可用文本语言学特征(Text Linguistic)和呈报特征(Formatting)来描述。其中,文本语言学特征特指文本形式会计信息所用单词、句子、段落具有的特征;呈报特征则侧重于刻画会计信息列报格式,涵盖会计信息呈报详细程度、呈报方式(即位置、图表、颜色等)等方面的特征。一般而言,文本语言学特征和呈报特征共同决定了该种会计信息形式是否能够完美地将会计信息内容传递给信息使用者。相应的,可根据会计信息形式所具备的文本语言学特征和呈报特征来推断会计信息形式质量的高低。另外,需要补充说明的是,在文本语言学特征基础上,现有研究提出了可读性(Readability),用以整体上描述文本形式会计信息客观上的阅读难度③。由此,如图 3 所示,我们将现有会计信息形式质量

---

① 葛家澍、王亚男:《论会计信息的可理解性——国际比较、影响因素与对策》,《厦门大学学报》(哲学社会科学版)2011 年第 5 期,第 26—33 页。

② 其中 RegulationS-K、RegulationS-X 类似于中国的《公开发行证券的公司信息披露内容与格式准则》系列文件,列示了会计信息的编报形式要求,而 Disclosure Effectiveness Initiative 则是对前两个规定中细节性条款的再延伸。详情请见 https://www.sec.gov/ spotlight/ disclosure-effectiveness.shtml。

③ Jones, M.J. Readability of Annual Reports: Western Versus Asian Evidence—A Comment to Contexualize. *Accounting, Audition & Accountability Journal*, No.9, pp.86-91.

的评价框架概括为以下三大部分:会计信息呈报特征、会计信息文本语言学特征以及会计信息可读性。基于这一评价框架,后续部分我们将逐一对会计信息形式质量相关研究进行回顾。

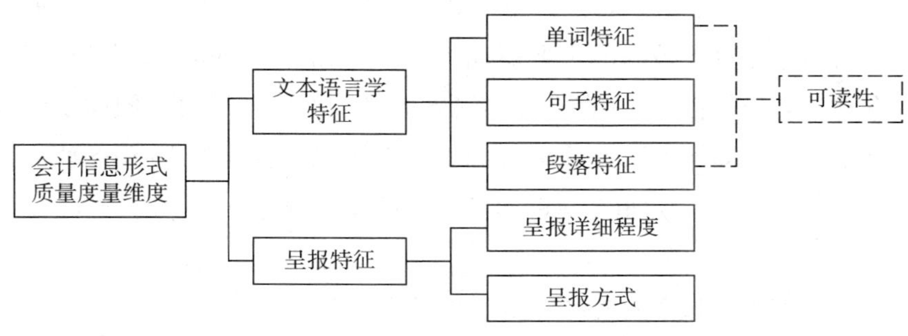

图 3　会计信息编报形式维度

四、会计信息形式质量研究回顾及未来展望

（一）会计信息呈报特征相关研究概述

会计信息呈报特征特指会计信息列报格式方面的特征,包括会计信息呈报详细程度和呈报方式(即位置、图表、颜色等)两方面的内容。

1. 会计信息呈报详细程度的经济后果与影响因素研究

会计信息呈报详细程度属于结果变量,学者们主要以其决定因素——会计信息的分项披露状况(Disaggregation)——作为切入点,进行研究。就其经济后果而言,研究发现,分项披露的会计信息不仅会影响投资者的决策方式、依据和结果①,也有助于分析师预测②。究其原因,可归结于以下三点:首先,

① Hirst, D., Koonce, L., & Venkataraman, S. How Disaggregation Enhances the Credibility of Management Earnings Forecasts. *Journal of Accounting Research*, 2007, No.4, pp.811-837; Elliott, W.B., Hobson, J.L., & Jackson, K.E. Disaggregating Management Forecasts to Reduce Investors' Susceptibility to Earnings Fixation. *The Accounting Review*, 2011, No.1, pp.185-208.

② Lansford, B., Lev, B., & Tucker, J.W. Causes and Consequences of Disaggregating Earnings Guidance. *Journal of Business Finance and Accounting*, 2013, No.1-2, pp.26-54.

分项披露提供了更多的细节信息，增加了会计信息供给①；其次，分项披露增强了信息使用者对管理层的信任感，相应地提高了信息使用者对该信息的依赖度②；最后，分项披露有助于纠正信息使用者的认知偏差③。此外，就影响因素而言，存在两大主流观点：部分学者支持“信息动机”观点，认为增加信息供给是公司采用分项披露的主要驱动因素。例如，Lansford④ 等发现，当公司外部存在较多干扰信息（如存在较多媒体信息）时，管理层更加倾向于分项披露会计信息；也有学者认为分项披露会增加披露成本，如泄露公司私有信息⑤、加剧投资者的认知负荷⑥等，主张分项披露是披露成本和披露收益权衡的结果。

2. 会计信息呈报方式的经济后果与影响因素研究

会计信息呈报方式涵盖了披露位置、图表形式披露等多方面内容。就会计信息披露位置而言，现有研究主要围绕同一会计信息披露位置选择和关联信息临近披露两大主题展开。首先，就同一会计信息披露位置选择而言，部分学者比较了主表和附注披露的经济后果。研究发现，相较于附注披露，主表披露会计信息更加突出、醒目、易于获取，可以增强投资者对会计信息的可靠性感知⑦。此外，也有学者考察了其他综合收益信息不同主表披露带来的差异化决策影响效应。研究发现，当其他综合收益信息披露在独立综合收益报表中时，买方分

---

① Lansford, B., Lev, B., & Tucker, J. W. Causes and Consequences of Disaggregating Earnings Guidance. *Journal of Business Finance and Accounting*, 2013, No. 1-2, pp. 26-54.

② Hirst, D., Koonce, L., & Venkataraman, S. How Disaggregation Enhances the Credibility of Management Earnings Forecasts. *Journal of Accounting Research*, 2007, No. 4, pp. 811-837.

③ Elliott, W. B., Hobson, J. L., & Jackson, K. E. Disaggregating Management Forecasts to Reduce Investors' Susceptibility to Earnings Fixation. *The Accounting Review*, 2011, No. 1, pp. 185-208.

④ Lansford, B., Lev, B., & Tucker, J. W. Causes and Consequences of Disaggregating Earnings Guidance. *Journal of Business Finance and Accounting*, 2013, No. 1-2, pp. 26-54.

⑤ Lansford, B., Lev, B., & Tucker, J. W. Causes and Consequences of Disaggregating Earnings Guidance. *Journal of Business Finance and Accounting*, 2013, No. 1-2, pp. 26-54.

⑥ Bloomfield, R. J., Hodge, F. D., & Hopkins, P. E., et al. Does Coordinated Presentation Help Credit Analysts Identify Firm Characteristics? *Social Science Electronic Publishing*, 2015, No. 2, pp. 507-527.

⑦ Frederickson, J. R., Hodge, F. D., & Pratt, J. H. The Evolution of Stock Option Accounting: Disclosure, Voluntary Recognition, Mandated Recognitionand Management Disavowals. *The Accounting Review*, 2006, No. 5, pp. 1073-1093.

析师更可能基于此信息推断出公司盈余管理行为①。其次,就关联信息临近披露而言,研究发现,关联信息临近披露降低了信息整合的难度,不仅能够提高分析师预测准确性②,还可以帮助分析师识别出外包型公司和自生产型公司的差别,以便在未来市场环境不佳状态下对公司的未来发展做出准确的预测③。

(二) 会计信息文本语言学特征相关研究回顾

会计信息的文本语言学特征同样具有决策影响效应。截至目前,这一领域的研究还相当匮乏,仅有少数几篇文献讨论会计信息用词特征的决策影响效应。例如,Elliot④ 等发现在招股说明说中使用更加具体性用语的公司会吸引更多的投资者。究其原因,作者将其解释为:具体性语言使得公司试图传达的信息更加直观且不易受到自我解读偏差的影响,增强了投资者自信心。进一步,Ertugrul⑤ 等发现信息使用者通常将不确定或抽象性词语(Uncertain 和 Weak Modal Word)看作是公司掩盖真实信息的技巧性措辞,过多使用此类词语的公司签订的借款合同往往会更为严格。

(三) 会计信息可读性相关研究回顾

会计信息可读性是会计信息文本语言学特征的综合性概括,描述的是文本形式会计信息客观上的阅读难度。会计信息可读性越高,越有利于信息使用者理解和运用。就经济后果而言,研究发现,会计信息可读性会影响诸如投

---

① Hirst, D.E., & Hopkins, P.E. Comprehensive Income Reporting and Analysts' Valuation Judgments. *Journal of Accounting Research*, 1998, Vol.36, pp.47-75.

② Hodge, F.D., Hopkins, P.E., & Wood, D.A. The Effects of Financial Statement Information Proximity and Feedback on Cash Flow Forecasts. *Contemporary Accounting Research*, 2010, No.1, pp.101-113.

③ Bloomfield, R.J., Hodge, F.D., & Hopkins, P.E., et al. Does Coordinated Presentation Help Credit Analysts Identify Firm Characteristics? *Social Science Electronic Publishing*, 2015, No.2, pp.507-527.

④ Elliott, W.B., Rennekamp, K.M., & White, B.J. Does Concrete Language in Disclosures Increase Willingness to Invest? *Review of Accounting Studies*, No.20, pp.839-865.

⑤ Ertugrul, M., Lei, J., Qiu, J., & Wan, C. Annual Report Readability, Tone Ambiguity and the Cost of Borrowing. *Journal of Financial and Quantitative Analysis*, 2017, No.2, pp.811-836.

资者、分析师等信息使用者的决策①,进而对再融资等公司行为施加影响②。究其原因,存在两种不同的看法。主流观点认为可读性较高的会计信息对信息使用者的信息解读能力无过高要求,且无须信息使用者花费过多时间精力,对缓解公司与信息使用者之间的信息不对称有着积极意义。例如,Tan 等③发现当会计信息可读性较低时,处于信息劣势投资者的决策更容易受到信息披露语气的干扰。区别于主流观点,Rennekamp④ 强调会计信息可读性之所以能够影响投资者决策,其根本原因在于可读性较高的会计信息使得投资者的信息处理过程更加流畅。此外,就可读性的影响因素而言,现有研究将其归结于信息动机、免责动机、管理层自利动机三方面。其中,管理层自利动机是最为普遍的会计信息可读性影响因素。由于管理层在信息编报过程中具有一定的选择空间,当公司业绩状况较差时,管理层为了掩盖不利信息,会更加倾向于使用可读性较低的方式编报会计信息⑤。

(四) 会计信息形式质量研究未来展望

对比国外研究在会计信息形式质量领域的丰硕研究成果,在中国,监管层对会计信息编报的重视不足,加之研究方法更新滞后、基础理论薄弱,使得会计信息形式质量研究相当匮乏。仅有少数几篇文章关注到了会计信息形式质量⑥。

---

① Rennekamp, K. Processing Fluency and Investors' Reactions to Disclosure Readability. *Journal of Accounting Research*, 2012, No.5, pp.1319–1354; Tan, H.T., Wang, E., & Zhou, B. When the Use of Positive Language Backfires: The Joint Effect of Tone, Readability, and Investor Sophistication on Earnings Judgments. *Journal of Accounting Research*, 2014, No.1, pp.273–302.

② Loughran, T., & McDonald, B. Measuring Readability in Financial Disclosures. *The Journal of Finance*, 2014, No.4, pp.1643–1671.

③ Tan, H.T., Wang, E., & Zhou, B. When the Use of Positive Language Backfires: The Joint Effect of Tone, Readability and Investor Sophistication on Earnings Judgments. *Journal of Accounting Research*, 2014, No.1, pp.273–302.

④ Rennekamp, K. Processing Fluency and Investors' Reactions to Disclosure Readability. *Journal of Accounting Research*, 2012, No.5, pp.1319–1354.

⑤ Li, F. Annual Report Readability, Current Earnings and Earnings Persistence. *Journal of Accounting and Economics*, 2008, No.2, pp.221–247.

⑥ 阎达五、孙蔓莉:《深市 B 股发行公司年度报告可读性特征研究》,《会计研究》2002 年第 5 期,第 10—17 页;孙蔓莉:《上市公司年报的可理解性研究》,《会计研究》2004 年第 12 期,第 22—27 页、第 96 页。

为了推动中国会计信息形式质量研究,我们就其未来发展方向提出以下设想:第一,结合汉语的基本特征,利用语言学的基本理论和计算语言学工具,构建中国情境下的会计信息形式质量度量指标体系;第二,基于中国特殊的社会文化环境特征和市场结构特征,探究会计信息形式质量影响信息使用者决策的内在机理;第三,分析中国特殊制度背景和监管环境下,公司治理机制与会计信息形式质量的关系,探讨如何通过公司治理机制来改进会计信息形式质量;第四,结合实证研究和实验研究,多维度探究各种质量的动态互动机制。

五、结论与启示

本文从通信视角切入,重构了"企业生成会计信息—编报会计信息—披露会计信息—信息使用者解读会计信息"的过程,以此将会计信息质量解构为四大部分,即会计信息内容质量、会计信息形式质量、会计信息传输和会计信息解读质量,并依次对其本质、定义进行了再审视,对于拓展会计信息质量研究具有重要意义。本文探讨了会计信息形式质量的重要性和度量,简述了这一领域的相关研究,并提出了四大未来研究方向。本文的分析讨论表明:(1)会计信息形式具有与会计信息内容同等重要的地位。改进会计信息形式质量,推动会计信息"白话文"运动,对于改善中国会计信息披露环境、提升信息使用者决策质量具有极其重要的意义;(2)人工智能将带来会计行业的颠覆,致使"读报表、审报表、编报表"发生颠覆性重构。在"读报表"领域,计算语言学的技术进步会为实证研究提供新的变革动力,进而重塑这一领域的业态。

本文原载《会计研究》2018 年第 9 期,作者为杨丹、黄丹、黄莉。

从房屋装修定价困境看国有资产转让定价

单位分房，总免不了这样那样的麻烦，争议最大的当数原住户搬走以后，他所做的装修该以什么价格卖给新住户。情况往往是：原住户（卖方）为装修付出了大量的货币和非货币成本（每个搞过装修的人都会有同感），自然要求得到相应补偿（包括货币和温言善语等非货币补偿）。五万元的装修，时隔两三年，要价一万已经是格外克己的低价了；但新住户（买方）却认为一万的价格过高，理由大多是装修风格不符口味，需要重新装修，或者干脆一句"要不你搬走"，出价很低或者为零。问题出来了：装修到底应值多少价？换言之，装修资产的定价取决于什么因素？

装修是一种专用性极强的资产，经济学的一个重要常识是：同一资产对于不同的主体价值是不一样的。例如：经济学专著对于经济学者价值不菲，但对于收购旧书的商贩可能只值几毛钱。这种价值"错位"的基本原因即是资产的专用性的存在。买卖双方根据自己的效用函数或预期收益对装修资产有各自不同的价值评价，价值评价不同几乎是必然的。按这一逻辑，新住户对资产评价低于原住户，自然给价低。但是讲常理，新住户对原装修的价值评价可能高于、等于或低于原住户。如果市场是有效的，他就该分别给出高于、等于或低于原住户价值评价的出价，为什么现实中低价（相对于卖方评价）几乎成为通例？

资产专用性导致的撮取"准租金"的机会主义行为理论可以给出解释。准租金被定义为某项资产对于最佳使用者超过对于次优使用者的价值。威廉姆森①

---

① Williamson，O.E.*Market and Hierarchies*：*Analysis & Antitrust Implication*.New York：The Free Press，1975.

和克莱因①认为如果交易中包含一种关系的专用性投资，就会导致买卖双方都将专用性资产的“准租金”据为己有的机会主义行为。沿着这一思路，克莱因②指出“在契约解决中，由于专用性资产的存在，必然存在着不平等的谈判力量”。这种“不公平的谈判力量”作用于资产交易过程，就会使卖方转让专用性资产时处于不利的谈判地位，且专用性越强，买方就处于越不利的地位。即使买方的价值评价高于或等于卖方，出于撮取“准租金”的目的也有充分的激励隐瞒其偏好，压低出价。最后卖方往往被迫接受买方的价格，因为每一个搬迁的原住户事实上都在搬迁与装修损失之间选择了前者。值得注意的是，这回答了开始的问题：专用性资产价值价格决定于买方出价而非资产对于卖方的价值③。

接下来的问题是，既然买方可以利用专用性压低价格，在装修资产对自己效用为负时，是否也可以利用专用性要求卖方予以补偿？答案是否定的。因为资产专用性实际上是一种“套牢机制”，而此时被套牢的不是原住户而是新住户——新住户在现有计划分房体制下对房子几乎没有选择权，得到什么房子取决于工龄、职称、职务等既定因素。这引出了第三方：分房单位——设租者。

实际过程变为：原住户把房子退回分房单位，分房单位又把房子卖给新住户，装修随房转移。在前一个过程，原住户对房子有选择权（可以搬或不搬）但一旦决定搬家之后，装修就成为专用性资产，新住户是唯一的潜在买主，形成买方完全垄断市场，卖方即处于被“宰割”的地位；在后一个过程，分房单位是唯一的卖主（排除多头分房和自费购房），形成的是完全卖方垄断市场，即使原装修对新住户是负效用，除非他放弃分房，否则就必须同时接受房子及装修。此时买方处于被撮取“准租金”的地位。由于原住户预期装修以后还要

① Klein, B.C., & Alchian. Vertical Integration, Appropriable Rents and the Competitive Contracting Process. *Journal of Law and Economics*, 1978, No.2, pp.297-326.

② Klein, B.C. Transaction Cost Dedterminants of "Unfair" Contractual Arrangements. *The American Economic Review*, Vol.70, No.2, pp.356-362.

③ 杨丹：《国有资产转让定价行为分析——兼评国有资产流失观》，《经济研究》1999 年第 12 期，第 14—22 页。

再调新房,原装修很难以合理价格转让,为减少损失出现了装修的短期行为,表现为用较次的材料、较差的工艺(如电线直接埋入墙内)、用可移动的物品代替固定物品等,唯一的要求是装修在可预见的居住期内可以使用。由此推论,现在装修工程质量差也就不足为奇了。

根据在国外的经验,装修转让定价问题并不突出,基本原因是房产的完全货币化,装修资产随房转移,每一套房子都有若干潜在的买者,同一类房屋也有许多潜在的卖者,形成了一定的市场厚度。因此可以通过市场合理定价。反观我国情况,计划分房导致了卖方只面对一个买主(新住户),买方也只有唯一既定的选择,事实上人为地形成相互隔绝的每套房子一个的完全垄断市场。买卖双方都有被撮取“准租金”的可能。货币分房和相应的市场化转让是解决装修资产定价的最终出路。

推而广之,国有资产转让时,政府激进式改革使专用性较强的资产处于求购状态,而潜在买方较少,资产被迫低价转让。其根本出路也是建立一个预期容量较大,有一定厚度的市场使资产能够在市场合理定价,减少撮取“准租金”的机会主义行为。因此国有股减持的根本问题不是如何选择合适的定价模型的问题,而是建立一个转让市场,使得资产能够合理定价和转让。在这个意义上,建立地区性产权交易市场,促进产权流通具有重要意义。此外,由于买卖双方对国有资产的价值评价存在偏差,资产评估又是站在特定的一方对资产价值的合理评价和估计,必然存在实际成交价格和评估价值较大的差异(由于国有资产出于求购状态,因此一般会低于评估价值),但不能把这种差异简单定性为国有资产流失。因为即使是私有财产转让也有类似的情况,判断国有资产流失的标准不是看是否低于评估价值,而是看是否服合市场原则。

本文原载《哈尔滨商业大学学报》(社会科学版)2004 年第 3 期。

论财务腐败的生成机制及治理

财务腐败问题是世界各国共同关注的问题，转轨时期的中国，财务腐败现象异常严重，治理财务腐败也更是当务之急。但是很长一段时间内，对财务腐败的研究却只限于简单的描述和道义的谴责，缺少系统的经济学分析。本文拟分析中国现实经济体制下，财务腐败产生的根源，在深入分析其生成机制基础上，介绍腐败治理的一般方法，给出若干政策建议。同时针对财务腐败的特殊性，讨论财务监控的基本原理。

一、财务腐败的一般规定性

（一）财务腐败的基本内涵

财务腐败是行为主体为获得非契约利益而采取的利用所掌握的职权或专用信息直接或间接影响财务收支活动的行为。一般而言，财务腐败问题的外延较广，而财务腐败是指可影响财务收支，并相应地可用财务监控方法鉴定和治理的财务腐败行为。这是财务腐败的主要形式，因为财务腐败的基本目的和特征即是“权钱交易”，最终将反映为财务收支变化。与财务腐败并列的财务腐败形式还有人事腐败（如任人唯亲、裙带关系等）、行政腐败（如官僚主义、渎职等）、司法腐败（如借司法权力收受贿赂）。这些腐败形式大多反映为财务收支变化，从而转化为财务腐败。因此研究财务腐败的基本特征和生成机制将有助于了解各种腐败形式的统一规律，促进对腐败的研究和治理。

财务腐败包容甚广,而且其表现形式也随着经济体制的演进而不断翻新,但其基本形式包括了代理关系中的道德危机,政府官员的寻租设租行为,贪污、侵占公有财物,提供虚假的财务信息谋取私利、内幕交易、用公款挥霍浪费、行贿受贿,等等。财务腐败引起财务收支的变化,不同于工作中错误与失误引起的财务收支变化,主要区别在于:其一,目的不同,财务腐败的目的即是利用职权或专有信息获取非契约利益,为此不惜牺牲其他主体的经济利益,财务腐败主体具有明确的目的性,并千方百计地掩盖其财务腐败行为,而工作中的失误与错误是由于相关人员业务水平不高或偶然失误形成,行为发生时行为主体并没有明确的目的性,甚至不能及时察觉,行为主体在正常情况下也不存在强烈的掩盖错误和失误的动机;其二,财务腐败是一种"非法"行为(道德意义上和法律意义上),而工作中的失误和错误有时是难以避免的"正常现象",只有在造成严重后果时才能划为非法行为;其三,失误和错误造成的损失大多可以追回,而且失误主体有内在的纠错动机,而财务腐败主体则没有自我纠错动机,只有外在主体(检察机关、行政管理部门、审计部门)的强制性干预才可以制止并挽回财务腐败造成的损失(如果可以挽回的话)。

(二) 财务腐败的分类

1. 按是否应予法律制裁分为法律制裁型财务腐败和行政处罚型财务腐败

有些财务腐败行为违反了有关法律,已经进入了民事或刑事诉讼程序,财务腐败者将受到相关的法律制裁,这一类即为法律制裁型财务腐败;而有些情节较轻不足以诉诸法律,应予以行政处罚的财务腐败行为以及那些情节尚未清楚,未进入法律诉讼程序的财务腐败行为(这些行为可能在以后的调查中被认定为非法)就属于行政处罚型财务腐败。

2. 按财务腐败的手段分为滥用职权型、滥用专用信息型和混合型财务腐败

滥用职权型是指运用个人职权,越过财务监控,进行权钱交易,谋取非契约利益的财务腐败行为;而滥用专用信息型即指运用自身的信息优势,以蒙蔽方式获取非契约利益的财务腐败行为(如内幕交易);而现实经济生活中最多

的是第三种形式，即职权滥用与信息滥用相结合，谋取非契约利益，它是前两种形式的混合体。

（三）财务腐败的特征

1.“权钱交易”的特征

财务腐败和其他腐败形式一样，基本特征都是“权钱交易”，即利用职权谋取非正当经济利益，财务腐败者为此可采用的手段主要有二：一是权利，二是专有信息。其中以利用职权进行腐败最为常见，也是腐败治理的重点之一。

2. 国际化特征

不同制度、不同文化、不同种族的国家都不同程度地存在财务腐败现象，财务腐败存在于发达国家，也存在于发展中国家。在转轨时期的中国，体制不完善，财务腐败表现更盛。财务腐败现象已突破国界，成为世界性问题。据《参考消息》1997 年 9 月 7 日载，由全世界 87 个国家的代表参加的第八次国际反腐败大会在秘鲁首都利马举行，呼吁各国组织起来采取集体协调行动来反击腐败。

3. 广泛化特征

财务腐败几乎可以侵入国民经济的每一个角落，现实中财务腐败存在于政府部门、事业单位、企业部门。可能出现在党政干部身上，也有可能出现在没有职权但享有专有信息的一般工作人员身上。对国有资产的财务腐败而言，只要与国有资产直接或间接相关的利益主体，在缺少足够约束条件下都有可能产生腐败。而动态地看，则国有资产营运与管理的每一个环节都有腐败产生的可能。

4. 隐蔽化特征

在刑事案件发生后，往往能一目了然地确定是否发生了案件，但是财务腐败则往往难以觉察，即具有隐蔽性。这基于两个原因：一方面财务信息不易解读，往往专业人员才能读懂并且调查核实财务信息的真实性，这无形中降低了腐败被发现的可能性；另一方面，财务腐败者往往在腐败行为发生后，用各种手段掩盖其行为（一旦被发现则意味着腐败行为的失败）甚至不惜为此窜改财务信息隐瞒真相。

二、财务腐败产生的可能性分析

财务腐败的产生与相关主体的认识根源密切相关，也同时取决于他所处的经济制度和经济环境，在转轨时期体制不健全增大了财务腐败产生的可能性，财务腐败产生的可能性基于以下几个方面：

（一）经济原因

1. 排他性产权的形成是财务腐败产生的根本原因

排他性产权的产生使各个不同的利益主体都以谋求自身利益最大化为目标，而谋求自身利益实现就不排除主体有谋求超契约利益的动机，这种谋利活动如果被相应的规则（正式规则和非正式规则）约束在合理范围内则财务腐败缺少产生的土壤，但如果对谋取非契约利益的约束减少，利益主体进行财务腐败的预期收益大于他的预期成本，就有可能产生财务腐败行为。

2. 信息不对称的存在

财务腐败者的信息优势是促成其财务腐败行为的重要心理支柱。财务腐败者往往拥有专有信息，进而可以利用信息优势谋取非契约利益而不被察觉（被察觉就意味着财务腐败行为失败）。为此财务腐败者甚至会人为地窜改财务信息以掩盖其财务腐败行为。假设财务信息能够充分共享，则财务监控的压力、舆论的压力乃至法律制裁的威慑都会使财务腐败者望而却步。

（二）体制原因

1. 转轨时期，经济决策模式由集权转向分权

经济主体（尤其是国有企业）决策权利增大，激励增强，但与之相应的内部约束机制没有相应建立，出现了监控的“真空地带”。就国有资产管理而言，现行体制中普遍存在着所有权主体虚置，代理链条过长，信息传递失真的现象，使国家所有者行为模式扭曲，国家产权保护弱化，致使财务腐败者竞相以各种形式蚕食国有资产。

2. 经理人市场不全,不能形成对经营者的足够约束

西方发达国家那种通过经理人市场评估人力资本价值,激励和监督经理人为所有者利益服务的人才市场机制不能发挥作用。往往一个经理在某企业经营管理不善导致企业倒闭破产,而经理却可以另谋高就,照样当经理。在有些企业甚至存在法人代表和经理合二为一的情形(如厂长负责制中厂长身兼二任),所有权与经营权合一,监督者和被监督者为同一个人,完全背弃了产权约束与财务监督功能,经理人财务腐败现象不可避免。

3. 公务员与经营者聘用中的上级任免制和群众监督乏力,造成"行贿成本"低廉

以公务员为例,他被聘用时决定权在上级领导(极少数人),工作业绩考核和与自身利益相关的工资、福利、住房、升迁等也取决于上级领导,这就导致了一种现象,即他进行财务腐败活动,只要瞒过上级领导甚至向上级领导行贿即可过关(如果上级也是个财务腐败者)。与此相反,如果公务员的上述利益决定权更多地取决于纳税人(如有纳税代表参加的选举制或公开招聘制)。那么公务员进行财务腐败就受到严格监督,想用"分赃式"的行贿手段收买纳税人必须付出高昂的成本,也不具有现实性,而且为纳税人谋利也正是其工作的目的。

4. 财务法规不全,相关的财务监控方法未能实施

《企业财务通则》和《企业会计准则》的通过与实施改善了我国财务法规不全的状况,然而实施中的不规范行为不容忽视。财务信息失真已成为困扰我国股市正常发展和阻碍国企改革顺利进行的因素。继续完善财务法规,尤其是财务监督法规,将会对制止财务腐败起重要的作用。

(三) 认识原因

改革中经济利益格局剧变,许多极为有害的看法出笼,试举几例:其一,有人认为要改革必然有财务腐败行为,财务腐败产生是改革必付的代价,要保护改革中涌现出来的经营管理能人和"改革者",甚至认为财务腐败可以促进经济发展,对财务腐败问题视而不见,间接纵容了财务腐败者;其二,有人把现在进行的国有经济大规模的产权改革看作是瓜分国有资产的"最后的晚餐",甚

至说什么再不想办法侵吞国有资产，以后就再没有机会了；其三，有人认为财务腐败现象在转轨时期比较严重，但随着经济运行的进一步规范化，财务腐败行为会“自生自灭”，忽视了当前财务腐败的严重后果和反腐倡廉的紧迫性。这些有失偏颇的看法是社会风气的产物，相反地也会影响当今社会风气，是滋生财务腐败的思想温床。

三、财务腐败产生的现实性分析：选择理论的假说

上述财务腐败产生的经济原因、体制原因、认识原因都只提供了财务腐败可能性的基本解释。但笔者认为利益主体是否会选择财务腐败最终取决于他的决策函数和对决策变量的预期。财务腐败者是否选择财务腐败是基于其对财务腐败成本与效益分析为基础的。整个社会的财务腐败数量决定于财务腐败被查处的概率，及可能受到的惩罚程度及其他因素。社会是否治理财务腐败或对财务腐败容忍到什么程度也要进行相应的成本效益分析。

（一）是否选择财务腐败：个体决策的基本模式

对于潜在的财务腐败者个体而言，他从事财务腐败类似于一项“风险投资”，他注入时间、精力、金钱，冒一定风险，以谋取预期的非契约利益。财务腐败和其他可能的行为选项一样，都是其多维决策集中的一项。财务腐败者的决策过程可以简化为如下简单的成本效益分析模型：

$$Rn=R(1-pi,mi,ni)-Lr(pi,fi,mi)-Lo \qquad \text{（式一）}$$

其中：

Rn 代表财务腐败者的净收益，它等于预期财务腐败成功的收益减去风险成本 Lr，再减去财务腐败的操作成本 Lo。

pi 表示财务腐败者 i 的财务腐败行为被查处的概率。

fi 表示财务腐败者 i 的财务腐败行为被查处后所受到的惩罚，包括经济、心理、权力等的损失。

mi 表示财务腐败者 i 的财务腐败金额，一般财务腐败金额越大，被查处后

所受惩罚也大，即 Lr 越大。

R 表示财务腐败者的总收益，它决定于财务腐败得逞的概率 $l—p$，财务腐败次数 n 和财务腐败金额 m。

Lr 表示财务腐败的风险成本，即一旦被查处后，财务腐败者的总损失。它与财务腐败者被查处后的处罚程度 f，被查处的概率 p，和财务腐败金额 m，正相关。

Lo 表示财务腐败的操作成本，包括财务腐败者在财务腐败行为预谋阶段、实施阶段、行为掩盖阶段所付出的时间、精力、金钱等各种成本。

财务腐败主体决定是否采取腐败行为的标准有二：

标准一是 $Rn>0$，也就是说，他从事财务腐败行为时的预期收益必须大于预期成本。主体能够得到大于零的非契约利益，他才会选择财务腐败行为。如果某一种财务腐败方式或是由于风险成本过高或是由于操作成本过高，使财务腐败总收益小于总成本时（即 $R<0$），潜在财务腐败主体就不会采取财务腐败行为，因为那样将"得不偿失"。

标准二是预期净收益 Rn 大于机会成本。那些符合标准一的"有利可图"的财务腐败行为也有可能被潜在财务腐败主体放弃。因为作为"经济人"，他要把财务腐败收益与其机会成本进行比较，如果同样的时间、精力和金钱用于其他方面比财务腐败带来更大收益时，他就不会进行财务腐败而会选择其他的能最大化地增进其效用的途径。只有同时满足上述两条标准的财务腐败行为才会被财务腐败主体接受，从而具有现实意义。此外，值得注意的是不同的决策主体，对于 R，Lr，Lo，pi，fi 有着不同的预期值，也具有不同的风险偏好（这种风险偏好将影响他对这五个因素的预期），按对财务腐败风险的态度，财务腐败者可分为三大类：

A.风险偏好者，这类人是多次财务腐败者，利欲熏心，不能自拔，他们往往把财务腐败行为合理化，这类人倾向于低估 pi 和 fi。对他们应严加查处。

B.风险中性者，这类人有较强财务腐败动机，但由于各种原因，财务腐败次数不多，金额也不大，而且尚能自我约束，不愿意承担太大风险，他们倾向于高估 pi 和 fi，这类人应通过堵塞漏洞，完善体制加以约束。

C.风险厌恶者，这类财务腐败者多属初犯，行为谨慎，财务腐败金额也不大,财务腐败后有较强的内疚感和不安感,但如未被查处,则可能成为风险偏好者。他们倾向于高估 pi 和 f_i,可通过对 A、B 两类人的治理并加强宣传对其产生威慑作用。

(二) 财务腐败数量的决定:总体分析

基于上述个体决策模式的个体财务腐败行为的总和形成社会财务腐败总量,社会财务腐败数量的决定可用下式表达:

$$Q = Q(p, f, u) \quad \text{(式二)}$$

其中:

Q 表示社会总的财务腐败数量

p 表示财务腐败行为被查处的平均概率

f 表示财务腐败行为被查处后受到的平均惩罚。(包括经济、道德、法律的处罚)

u 表示其他影响财务腐败数量的因素。

在 p, f, u 三个变量中,潜在财务腐败者最敏感的是 p,因为一般的财务腐败者都希望能逃脱处罚,而不是希望少受处罚,因为从逃脱转化为被查处的边际成本为无穷大。而一旦被查处,所受惩罚的程度已相对无关紧要。财务腐败者当然也关心所受处罚,但现在从较轻处罚到更严厉处罚的边际成本已经减少,不再为无穷大,因此 Q 对于 p 的偏弹性大于 Q 对于 f 的偏弹性。增加反腐力度,"严打",税收财务物价大检查的推行,以及稽查特派员制度的完善会增加财务腐败者被查处的概率 p,通过 p 几乎可以任意控制财务腐败数量 Q(但不一定也不可能减少为零,下文将述及)。与之相类似,调整处罚力度 f 也可控制财务腐败数量 Q。而 u 代表其他影响财务腐败数量的因素:如财务腐败的内疚程度、社会风气、个人收入、个人品德、职业道德教育等。其中道德教育最为突出,社会可通过教育改善社会风气,减少败德行为,控制财务腐败的数量 Q。

当然,虽说上述因素 p, f, u 是社会的宏观决策变量,但它的微观决策基础在于财务腐败者个体,他们的选择模式和风险态度决定宏观政策效果。

（三）是否治理财务腐败

在社会学家和政治学家眼里，这个命题的答案显而易见而且是唯一的，但从经济学角度看，这个不大顺耳的命题有了新的讨论空间：社会对财务腐败数量控制到什么程度？治理财务腐败是否要“财务腐败必究”？如何衡量社会治理财务腐败的成本？反击财务腐败是否应考虑经济合理性？等等。这些问题进入研究视野。

财务腐败的社会成本有两部分：一部分是因财务腐败的受损额 C_1，等于财务腐败者所得与社会损失之间的差额，这是财务腐败者给社会直接带来的净损失，一般财务腐败者对社会造成的损失往往大于他自身的收益，即从整个社会来看，总福利下降了。换个角度讲，如财务腐败者的财务腐败所得为 f 的话，与其让财务腐败者为谋取 f 而对社会造成更大损失，不如直接向其支付 f 的货币以换取廉洁对整个社会更为有利。另一部分是治理财务腐败的社会成本 C_d，即防范成本。社会防范成本包括为了治理财务腐败而投入到监控体系、司法体系、教育体系和不定期检查活动中的资源成本。财务腐败行为发生后，无论是财务腐败者还是社会都不是“胜利者”，因为一方面社会不但要承担财务腐败造成的净损失 C_1，而且要为反击财务腐败而付出更多的防范成本 C_d；另一方面财务腐败者则随时面临被查处的危险。

从全社会角度讲，最佳的点应是使两种成本之和最小的状态，即 $C=Min(C_1+C_d)$，主要决策变量仍是 p、f 和 u。增加 p 会使 Q 下降，从而减少 C_1，但也会同时增加社会防范成本 C_d。反之则反是。现实中一般把 p 保持在一定程度，而加大处罚 f，对潜在财务腐败者起威慑作用，同时可节约防范成本，从而使国家在支付并不太高成本情况下，较好地抑制财务腐败，因而多数国家都采取这一政策导向。

四、腐败治理：基本方法与思路

现有的关于腐败治理的研究成果。可谓汗牛充栋，然而根据我们上文的分析结果，腐败治理的决策变量并不太多，主要有：财务腐败被查处的概率 p，处罚力度 f，其他因素 u，以及相关的社会损失成本 c，防范成本 C_d。治理财务腐败即是通过影响上述变量，改变财务腐败者个体决策模式，控制财务腐败数量 Q。

（一）完善激励约束机制，坚持“高薪养廉”与治理财务腐败相结合

正如上面已经分析的那样，财务腐败行为一旦发生就没有“胜利者”，社会将付出沉重代价。所以为防患于未然，有必要根据工作实绩实行相应的“高薪养廉”。增加潜在财务腐败者的收入，提高其财务腐败的机会成本，从而影响其决策模式，以期控制财务腐败数量。如果潜在财务腐败者收入过低，则财务腐败动机可能会相应增强，而机会成本都相应减少。这时，作为“经济人”其决策很可能倾向于财务腐败。

（二）增加投入，加强反财务腐败力度

首先，要通过大力反财务腐败增加财务腐败被查处的概率 p，以控制财务腐败数量。这需要进一步完善财务监控体系，加快司法体系建设，加强行政事业单位和企业的审计检查，完善每年进行的财政税收物价大检查，等等。

其次，要加大财务腐败的处罚力度，提高 f，对财务腐败者一查到底，严惩不贷，这样对潜在财务腐败者将起强大的威慑作用。

再次，据上文分析，影响财务腐败者决策的不只是法律、行政处分的威慑，心理因素也将对其决策发生重大影响，所以通过加强职业道德教育影响财务腐败者的决策函数，从而控制财务腐败不仅是必要的而且也是有效的。

（三）坚持成本与效益原则、突出反财务腐败重点

据上文分析，通过控制被查处的概率 p 控制财务腐败最为有效，但其成本也异常高昂，提高 p 必须调动大量社会资源进行财务腐败治理，这将使全社会福利水平下降。在我国现有经济条件下，不可能动用大量社会资源进行财务腐败治理。可行的方法是：A，从结构上提高 p，对财务腐败的大案要案，必须

大力查处,提高被查处概率,甚至提高到“全概率”,即“财务腐败必究”,突出反腐倡廉重点;B,一般情况下,采用“严打”的方法控制财务腐败,一旦查出就加以严惩,这样可起到较好的威慑作用,又不至于浪费过多社会资源。

(四) 提高信息公开程度,减少滥用专用信息型财务腐败

专有信息的存在是财务腐败产生的重要原因,在职权结构难以调整时,可以利用财务信息公开防治财务腐败。财务信息公开是指财务信息在三者以上的相关主体间共享(如会计、出纳、复核)。这样潜在财务腐败者的信息优势将大大削弱,想利用专有信息进行财务腐败的决策约束增加,将有利于滥用专有信息型财务腐败的治理,对其他形式的财务腐败治理也有相当作用。

本文原载《经济问题探索》2000 年第 2 期。

财务管理案例教学方法研究

案例教学法是一种与传统的教学方式完全不同的教学方法，而今风靡全球，已成为工商管理教育的基本方式，刚开始引入我国 MBA 教育和管理人员在职培训，就引起了强烈反响。本文主要介绍案例教学与传统方式的区别，案例教学的优缺点，学生应该如何准备案例分析，如何参与讨论，教师应在讨论中扮演何种角色。

一、案例教学法与传统方法

（一）传统教学方式的限制

所有的教学方法目的都是让学生学到知识，传统教学方式的讲课方法一般是通过演绎推理来传授知识，其逻辑起点是较正式地阐明概念结构和理论，然后用例子和问题来论证，教师授课辅之以阅读、音像、练习和习题等有效方法传递具体事实、原则、系统技术。

在财务管理学教学中，授课的意义受到极大的限制。因为对于资历较浅，尚处于成长期的经理和执行经理来说，事实、原则和技术只是他们应该掌握的知识的一个次要部分。许多商界人士在复杂多变的环境中工作，经常必须在不具备可靠的完备信息的前提下，作出判断并采取行动。如果只会查阅有关原则、理论和事实的有关记录而不能作出判断，就不能出色地完成工作，需要培养工作技能，工作信条和工作方法。事实上，经理人知道些什么很大程度上并不能决定成败，决定成败的是到底怎样思考、怎样判断和怎样行动。在提升思维能力方面，更积极的教学法，尤其是案例教学比以老师为中心、学生被动接受的授课型教学法更加有效。

（二）案例教学方式对传统方式的突破

案例教学通过对具体事件的分析来促进学习，最突出的优点是学生在学习过程中扮演了更为积极主动的角色。这种方式从归纳的角度而不是从演绎的角度展开某一专题的学习，学习过程中让学生高度投入事先安排好的一系列精巧设计的案例讨论之中，从而达到教学效果。

案例一般描述的是现实的管理经验或某种假想的情形，是案例学习的基本要素。财务管理案例表现为多种形式，大多数都用归纳方法进行教学，[①]或是情况诊断，或是决策研究，或是二者结合。诊断的案例又叫评价案例，描述了经理的成功与失败，学生可以了解系统特征与决策结果之间的因果联系。描写管理成功的案例，可称作“解剖学”式案例；描述失败的案例可看作是“病理学”案例，把一系列案例组织起来教学，能帮助学生理解什么时候特定的管理抉择和管理风格是有效的。

另外一种通行的管理案例是决策案例。能使学生身临其境地像管理决策者一样进行思考，这类案例经常提的问题是：应该做什么？与现实决策相似的是，这些案例提供的决策相关信息也不完备和不完全可靠，因而不能单单通过系统规范的分析技术来得到答案。许多案例把诊断和决策联系起来，要求学生不但要分析情况，还要给出行动方案。

案例教学的另一基本要素是要采用苏格拉底式的循循善诱的教学风格，给学生分析问题的机会和分析案例的责任感并对其观点进行评论。案例教学中，导师的角色是促进讨论而不是写正确答案，即使学生有正确答案，也不应轻易表态。

---

① 有些教师把用来证明某些观点或理论的例子（如某一特定公司折旧的计算或具体的回归分析）标榜为“案例”。但这是一个概念错误，因为它的推理过程仍然是演绎式的而非归纳性的。

二、财务管理案例教学的优缺点

管理教育家越来越清楚地意识到积极的教育方式必定成为管理教育方式发展的主潮流，1990 年美国会计教育变革委员会（Accounting Education Change Comission）在第一份公告中说：学生在学习过程中必须成为主动的参与者而非被动的信息接收者，应该界定和解决那些需要利用多种信息来源的非结构性问题。许多会计学教师把这一公告视为是更多使用案例教学方法的一种号召和呼吁。①

案例教学有以下优点：

1. 培养有效的思维方式。案例教学方法是基于这样一种信仰：即管理绝不仅仅是对现有分析技术的吸收和简单应用。案例教学导师深信教育应当能使学生迅速适应新的环境，培养学生的适应能力，认为"重要的不是你受到了多少训练，学到了多少知识，重要的是你怎样接受训练，也就是你思维、行动训练的方式和过程"。

2. 个性化学习。案例要求学生对其所面临的现实给出个人的解释并给出可行的解决方案，学生在个人知识背景和个人观点基础上进行学习。案例教学对成人教育特别有价值，而且在管理人员培训中占有支配性的市场份额，因为在职人员培训时，学员都有丰富的工作经历，能够在这基础上形成自己独到的见解。

3. 记忆深刻。案例教学是基于经验和现实世界而展开的，因而较易为学生接受，并且一旦学懂之后，将比来自讲课和阅读得到的知识更加牢固。

4. 增强充分利用时间和处理模糊性的能力。案例教学教会学生怎样管理自己的时间，怎样处理模糊性，不得不在很紧张的时间内，在缺少完备信息的前提下作出判断并形成可信赖的行动方案。

---

① 如果这种呼吁对于高度概念化、结构化的会计学教学改革也是正确适用的话，那么它对其他管理领域的教改仍应该是正确适用的，至少是多数如此。

5. 锻炼沟通的能力。案例讨论有助于锻炼口头表达能力，以及劝说、聆听等与人打交道的技巧。

6. 开阔视野。通过案例教学，学生接触到不同行业、不同厂商的千变万化的真实情况，这种接触能增强学生在面试和工作初期的自信心。

7. 较高的参与积极性。许多学生发觉准备案例比起准备抽象的阅读材料更加有趣，案例课堂讨论也比参加讲座更为有趣。寓教于乐，教学效果必然更好。

但案例教学并非万灵药，也有许多限制：

1. 相对于有些形式的学习是低效率的。有许多知识通过讲授可以更高效率地学习，有些学生对案例讨论的最初反应是："为什么你不直接告诉我们应该知道什么，只要你告诉我们答案，我们就可以做下笔记并学习到这些知识点。"有些知识是能够很好地整理编写的，任何课程教学都不能单单采用案例教学就可完成，有时老师讲解某些材料并布置相关的阅读资料，能够有效地传授具体的理论和技术知识。

2. 当所要学的东西是一种个性化的，不能明确表达的知识的时候，案例教学也可能失效。这时，老师不能告诉学生"正确"答案，①学生不得不独自与自身的洞察力的限制作斗争，并尝试从自身的经验中找出有意义的东西。

3. 案例教学通常要求导师和学生付出更大的努力，只有双方的投入才能够达到学习的效果。没有投入就不可能学到知识，学生常常会发现自己的想法在与别人讨论时发生改变，这种改变正是学习过程的标志。

4. 案例教学法有时会使一些学生望而生畏，很难思考并参与全班讨论，因而更喜欢恢复到传统的被动的课堂教学方式。

但是案例教学的优点是十分突出的，案例教学法在美国纽约 Baruch 商学院已得到广泛的应用。

---

① 案例讨论是一个过程，没有真正的"正确"答案，这里指的是教师不能有效地传达相关的观念和思想。

三、财务管理案例讨论中学生的角色:准备与参与

案例教学的宗旨是让学生处在商界人士的位置,模拟其处境,面对复杂多变的不确定环境,学会采取某一种立场,学会决断,作出决定。这种决定一般有三类:决定做什么,不做决定即认可现状,决定不做什么。

案例教学中学生的主要职责是准备和参与,案例准备各个不同,准备案例是一个个性化的过程,每个人都完全不一样,但从一般过程看,又带有许多共同的特点:

1. 阅读案例。为避免只见树木不见森林的阅读,学生应先粗读案例,获得基本信息和对问题的基本概念,了解相关图表里给出的信息;再进行精读,彻底了解案例中提供的数据、信息和事实。可能的话,还应进一步阅读和查找导师推荐的相关资料或根据自己的判断查找相关的信息来支持自己的分析。

2. 进入决策者的角色。在掌握案例的各种细节与数据之后,应把这些数据加以组织整理,过程中必须实现角色换位,即以决策者身份考虑问题,以便联系各个细节,也有利于深入分析。通常应考虑以下问题:

案例的主人公是谁?谁必须来解决问题作出决策?他的优势何在?面临怎样的压力?成功或失败会带来什么结果?

公司从事何种业务?产品性质如何?需求状况如何?突出优势是什么?竞争对手是谁?公司的治理结构如何?是相对弱小还是相对强大?什么方面弱小?什么方面强大?

公司的目标是什么?追求目标的战略是什么?公司的营销、生产、财务政策分别是什么?财务报表表明的财务政策和财务状况如何?

公司在追求既定目标方面做得如何?存在什么优势及不足?这些可以从杜邦分析体系得出判断。

3. 定义问题。管理人员最普遍的陷阱是认为手上的事情是最重要的,而忽略其他更重大的问题。举例来说:一种产品出现现金短缺,经理可能看重的是怎样融资,但问题的关键却可能是产品已进入衰退期。所以定义问题时要

注意容易被忽略的想当然的假设条件,抓住最关键的问题,切忌只见树木不见森林。

4. 分析案例:抓住问题的关键。案例分析最主要的是判断,而非在一系列既定的假设基础上进行计算,计算只有用来说明观点时才有用。计算是相对次要的,重要的是必须站在决策者角度,在不完全信息和不确定前提下对一些假设条件作出判断。判断是深入分析的基础。分析时应注意抓住主要问题,避免过分拘泥于细节,案例分析的类型有以下几种:

综合分析(Comprehensive Analysis)指出关键问题,作出判断并推荐备选方案,同时用定量定性分析来支撑结论。

专题分析(Specialized Analysis)不对案例作全面分析,而集中于案例的某一个方面或某一问题、某一备选方案作深入分析。

引导性分析(Leadoff Analysis)事先预计讨论中会遇到什么样的问题,做好准备,适时提出这些问题,把讨论引向深入。

结合性分析(Integrating Analysis)用案例之外的统计资料、数据、事实、个人经历甚至一个小幽默来证明自己观点,丰富主体分析的内容与方式。

5. 采取立场。深入的分析是为了得出对决策有用的信息,在此基础上,应形成自己对问题的看法,推荐自己认为可行的方案,并用分析来支持观点与方案。

6. 课堂讨论。学生在案例讨论中只是聆听他人的观点,并接受别人的观点,案例讨论就注定要失败。学生基于以下原因应该积极参加讨论:A.学生有责任与其他人共享观点,观点的交换是案例讨论的基本内容。B.让自己的观点经受挑战,基于不同知识结构、不同认识水平和个人偏好得出的结论,也许会显得苍白无力,讨论可以使认识更加全面,更加深刻。C.锻炼从业能力。在现实工作环境中,工作能力大致取决于个人三方面能力:分析能力、沟通能力、说服他人的能力,案例讨论将使你的能力得到全面锻炼。

为了有效地参与讨论,建议学生一方面尽可能把大量的笔记留在课后完成,以便能集中精力参与讨论;另一方面,对每一次案例讨论都积极争取发言。

7. 分析报告。学生在充分讨论后,应根据自己的观点写出案例分析报告,对以前的分析与讨论作一总结,加深理解。分析报告不是讨论记录,也不是自问答式的思想总结。一般在报告中应首先提出自己的观点或者是备选方案，再围绕结论展开分析并用大量的数据和事实支持自己的观点。

四、财务管理案例讨论中的教师角色定位

案例讨论中教师的主要角色是创造一个有利于学习的氛围，负责引导、记录、组织学生的讨论，也可以在课堂上参与讨论。例如，重新把讨论集中到某些尚未深入讨论就被忽略的关键问题上，或指出某些更加敏感的事件，或鼓励大家认识某个学生分析的前提假设，或在大家都不以为然的时候赞同某个人的意见引起讨论。有时，教师总结一下案例讨论的结果，甚至针对与案例有关的资料作一个简短的演讲，所讲的内容与经验结合起来，使在课堂上枯燥无味的讲授重新具有活力。

教师应该做的主要工作是：1.了解案例的数据、事实细节，并熟悉相关的材料；2.事先进行周密的教学准备并有一系列问题用来引导讨论；3.讨论时认真听取学生的发言；4.有效地鼓励学生参与讨论；5.控制课堂讨论。使每一个学生都有机会参加讨论，保证讨论范围不偏离主题，让针锋相对的观点能够表达出来。同时，使学生的讨论激烈但又富有理性，比如要制止学生在下面窃窃私语，要求讨论时既要热烈、尖锐又要真诚、相互尊重，等等。

教师应该注意以下两点，否则可能导致讨论失败：

1. 避免成为讨论的中心。教师的评论应该通常是简短的，不进行判断，没有导向性，而且通常是以提问的方式表达出来以便使讨论继续。投影等方式应该尽量少用，因为这样会使讨论集中到投影的内容而忽略了更重要、更有意义的其他因素。

2. 除了只有一个唯一正确的答案或全班都不能得出答案的情况之外，要避免给出肯定的观点或答案。因为如果老师提出自己的观点和解决方法，学生往往会不加分析地接受老师的观点，而放弃自己的想法，而这些想法也许本来也同样正确甚至在他们的假定和个人观点基础上会更加有说服力。

五、结论:案例教学是过程而非结果

学生应该把案例教学看作是自身所掌握知识和商业判断能力的一系列测试。科学问题和工程学问题具有唯一正确的答案,但财务管理案例与现实经济生活一样,实际上很难说有“正确”的答案。问题关键是要从讨论中获得一种今后在工作中能够用来处理不同情况的能力。对案例教学而言,学习的过程就是学习的内容,教师教学的过程就是教学的内容。

本文原载《四川会计》2001 年第 1 期。

试论财务指标设计基本原理

财务管理的基本工具是财务指标，通过财务指标可以快捷、准确地了解企业的综合财务状况，及时作出财务决策。但就现状而言，除了财政部1995年的十指标体系和《企业财务通则》的八指标体系之外，仍缺少系统的分析和控制指标，尤其是财务控制指标还处于萌芽阶段。而设计财务指标就必须研究指标设计的基本原理。本文就此提出一些管见，以期抛砖引玉，引出相关的研究。

一、财务指标概念与作用

（一）财务指标是反映企业财务状况及经营成果的数字化指标

由于财务本质是本金的投入与产出活动及其所形成的经济关系，从财务的环节来看投入是筹资、投资和耗资的过程，产出是收入形成及分配的过程。所以财务指标就是对这五个环节的管理活动进行事前目标设定、事中执行控制、事后考核评价的表现为一系列货币化、数字化的管理标准。企业通过财务指标的设计、使用可以加强内部各单位的财务管理，进行成本费用控制，促进增收节支，也可以让企业的利益相关者通过财务指标便利的了解企业财务管理状况，因而是重要的管理工具。财务指标具有以下几个特征：

其一是数量性。指标都表示为一个数值或是若干个数值的某种运算组合，并且规定了明确的计算范围、口径和计算方法。数量化特点使指标含义清楚，增进了不同企业和同一企业的不同时期之间的指标的可比性，便于进行指标之间相互推导计算。从而使企业的预测、决策、考核、评价都有了一个量化的基础，管理可以进一步精细化。

其二是综合性。指标实质是用高度浓缩的数据把复杂的财务信息进行加工，反映企业财务信息的主要趋势，它省去了大量的非相关信息，使指标使用者快捷便利地得到所需信息，故具有信息综合性。与此同时，指标的制定、控制、考核也将对企业财务管理产生综合性的影响。比如对销售利润率控制考核的结果很可能会使相关人员既要减少销售费用又要增加销售收入。而这两方面的指标控制又产生一系列的配合效果。

其三是具体性。指标的设计不是脱离企业实际情况的凭空想象，必须来源于实际的数据和现象。一般都是根据统一的报表项目加工而成。或反映企业财务管理的基本规律，或反映具体企业的财务管理需要。

（二）财务指标的分类

财务指标可以按不同的标准分类，不同的分类体现了对财务指标的不同需要。

财务指标一般按其反映的内容来分，分为偿债能力指标、营运能力指标和盈利能力指标，具体包括资产负债率、流动比率、速动比率、应收账款周转率、存货周转率、资本金利润率、销售利税率、成本费用利润率等。其中资产负债率、流动比率、速动比率三个指标是反映企业负债的安全性和短期负债的偿还能力；应收账款周转率、存货周转率反映企业销售能力和货款回收能力；资本金利润率、销售利税率、成本费用利润率反映企业收益水平和获利指标。

财务指标按其经济用途分为控制指标和评价分析指标。前者通过事前目标的设定，事中的控制，纠正实际数与目标数之间的差别来增加收入减少成本，从而提高效益。代表性的指标体系是杜邦分析体系，主要供内部管理者使用；后者则是对实际财务状况和经营效益的概括和总结，供企业的利益相关者使用（以企业外部的债权人、潜在的投资者、政府部门和其他使用者为主），代表性的体系是财务报表分析。二者紧密相关，共同形成企业财务评价分析和调控的完整体系。

财务指标按其使用者范围（企业内外）分为对内指标和对外指标，对内指标由企业管理者掌握使用，多数是一些根据企业目标和具体情况制定的控制指标。对外指标主要为外部的使用者利用，是一些评价分析指标。财务指标按其表现形式有绝对数指标，如利润额、资产、负债、所有者权益等；相对数指标，如资产负债率、资本收益率等。

二、财务指标设计的程序和要求

财务指标设计根据设计时财务人员素质、知识水平情况，可采取自行设计、委托设计、联合设计等方式。顾名思义，自行设计是由财务指标的使用者组织和独立进行的设计；委托设计是指标的使用者委托社会上的财务咨询机构或有关专家进行的设计；联合设计是指标使用者和财务咨询机构联合组织设计的方式。无论采取什么方式设计都要经过以下几个程序：

1. 了解需求。这一阶段设计人员必须在深谙财务理论，了解财务实务，熟悉有关法规的基础上对企业的具体业务有较深的了解。深刻理解指标使用者的设计意图和动机，把他的需要按不同的次序列表，作为设计的目标和以后设计工作评判的标准。

2. 初步设计。在了解需要的基础上，安排设计的工作进度，编制工作日程表。根据指标设计要求确定调查对象，主要调查与设计项目有关的业务活动，搜集相关资料，使设计人员做到心中有数。在此基础上分析各种要素之间的数量关系，确定相关的责任人及其指标考核范围和奖惩措施。应保证指标对责任人是可控的，而且易于度量。进入初步设计时应界定指标的适用范围、内容和形式，按设计分工，落实具体的设计人员和完成时间，按计划进行具体的起草工作。

3. 试用反馈。财务指标初步完成以后，要广泛征求指标使用者、指标的负责单位的意见，并在此基础上进行一段时间的试用，在实践中检验其操作性和实用性，对不符合实际情况的条款进行修改和完善。

4. 确定实施。首先是指标经过一定时期的试用修订以后，达到预定的设计要求，付诸实施，其次是用已定的指标体系考核评价企业财务状况，或者把指标分解落实到各个责任单位，实施内部控制。

一般而言，财务指标设计应满足以下要求：

首先，财务指标设计要体现财务本质的要求，能够评价和控制财务活动，调节相关利益者的财务关系，反映财务的基本规律，只有这样，财务指标才能发挥其应有的功能。

其次，不同财务指标之间要相互衔接、有机统一，形成一个完整的体系，对财务活动的各个方面进行综合评价和控制，同时，要注意财务指标和其他经济指标（比如统计指标、技术指标、定额指标等）之间的相互联系，并在指标的使用过程中体现出不同指标之间的依存关系。

再次，财务指标设计要满足企业内部管理的需要，不管是适用于外部使用者的评价分析，还是适用于内部使用者的控制考核指标，虽然指标的具体要求有所差别，但最终都要有利于企业改进内部财务管理，提高效率。

最后，财务指标应该同时兼顾宏观财务和微观财务管理的需要，一般而言，所设计的指标不止要对微观财务管理发生作用，而且指标要具有宏观意义，服务于宏观财务调控。

三、财务指标设计的内容

财务指标设计按经济用途的不同，主要有财务控制指标和财务分析评价指标。前者直接用指标来对财务活动加以调控，后者主要是对财务活动进行综合评价。

杜邦体系是由该公司的经理们在长期的管理实践中形成的完整的财务控制指标体系，其科学性使得它至今仍是最流行的控制体系。它不是把某些财务指标简单地堆积在一起而是将企业的流动性比率、杠杆比率、经营性比率、资本金获利性比率等各项指标有机地联系起来，进行全面的剖析，并用于财务控制。下图是经作者修改以后的杜邦体系分析图：

根据这一体系，公司的财务目标可以简化为提高资本利润率，为此目的，

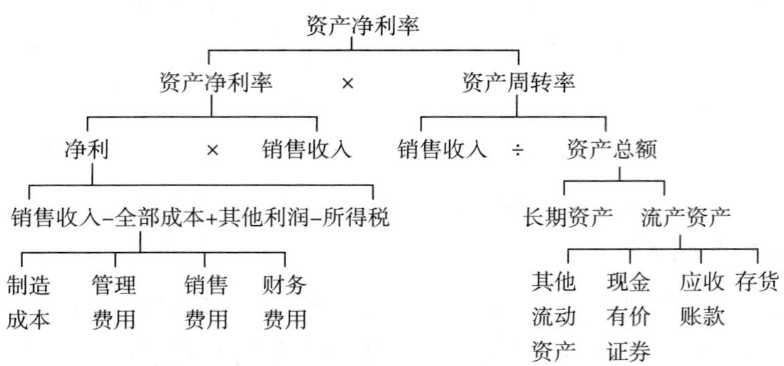

必须尽量增加利润总额(分子)减少资产占用水平(分母)。

1. 增加利润总额,必须提高销售利润率,途径是在一定销售收入的前提下,减少成本与费用。由此引出必须控制直接材料、直接人工和制造费用,以及三种期间费用。而这些成本与费用可以通过对相应部门的考核加以控制。

2. 减少资产占用水平应通过控制投资,优化资产结构,充分利用资产,防止闲置浪费等途径去实现。减少资产占用着重于对长期资产和流动资产的控制,而长期资产中主要是固定资产的占用,应通过减少设备闲置来实现。流动资产则主要应控制存货占用和加速应收账款回收,合理利用货币资产来实现。

3. 具体使用过程中,事前确定目标资本利润率,并分解到各个部门,各部门指标作为计划目标。目标执行中,按月对各部门进行监控,年末进行考核奖惩。

即时准确地了解公司财务状况,如销售状况、支付状况、成本状况、利润状况等,对于相关利益者作出及时准确的决策至关重要。根据使用者不同的需要,财务评价指标主要有营运能力指标、盈利能力指标、偿债能力指标、社会贡献能力指标以及财务状况趋势指标和综合财务指标等。

本文原载《财经科学》2002 年第 S1 期。

IPO 的理论观点及实证研究综述

IPO 是指新股首次公开发行。这一过程涉及发行公司、承销商、投资者及管理层等利益相关者。在 IPO 过程中,他们之间信息不对称产生的道德风险和逆向选择问题必然要由市场来解决,这使得 IPO 市场定价行为的研究成为理论热点。相关的研究主要集中在以下四个方面。

一、IPO 的利润操作

有关公司 IPO 前后的收益管理,国外已有多项成果。Loughran 和 Ritter(1997),Aharony、Lee 和 Wong(1997)都发现公司收益往往以 IPO 当年为分界线呈倒 V 形。对此,Friedlan(1994)通过分析会计信息在 IPO 定价中的作用,借助修正后的 DeAngelo 模型,证明了在公开发行之前发行公司旨在增加报表收益的应计方法。Firth(1998)的研究表明,发行公司可以通过招股说明书和其他手段向投资者揭示公司价值。而招股说明书中的利润预测远高于企业以往年度利润,这是导致股票上市收盘价较高的因素之一。对中国 IPO 过程的盈利管理,林舒、魏明海(2000)以总资产收益率指标考察了 1992—1995 年间 IPO 的 A 股发行公司在 IPO 前后的收益表现。从样本整体来看,在整个考察期内,A 股发行公司的报表收益在 IPO 前两年或前一年处于最高水平,IPO 当年显著下降而非继续上升或略微下降,也不呈倒 V 形。通过实证研究,他们还发现工业类公司总体上在 IPO 前运用盈利管理手段大幅度"美化"报告收益,这是导致募股后报告收益相对募股前大幅度下降的主要原因。

二、IPO 短期低估现象

IPO 短期低估表现为较高的首日平均收益率,首日收益率是指股票价格从发行价到公开交易后短时期内(本文取一天的时间跨度)收市价格之间的变化百分比。它表示的是一个投资者以发行价买入股票并在当天收盘时卖出所获得的收益。平均首日收益是各股首日收益的算术平均。在有效市场状态下,这一收益应该与以后的交易日的收益没有系统差别。但是发行过程中,IPO 反常的首日高收益几乎为各国市场检验所证实。

为解释 IPO 抑价现象,财务经济学界形成了不同的理论。这些理论的共同基点是信息不对称所产生的道德风险和逆向选择,不过,在对投资者、发行公司和承销商的关系进行剖析时,由于侧重点不同,因而结论也有所不同。

Rock(1986)给出了至今最具权威性的解释,他的理论被称为"胜利者的咒语"。Rock 把投资者分为两类:完全信息者和完全无信息者。在他的模型中,完全信息者只有在股票低估时才会购买。完全无信息者则与此相反,他们只能买到低估股票的一部分,却通过市场分到所有的高估和不受欢迎的股票。在 IPO 过程中完全无信息者处于绝对劣势,完全信息者则处于优势,前者似乎由后者操纵,Rock 形象地把他的模型称为"胜利者的咒语"。

Baron(1982)的解释着眼于发行公司与投资银行的信息不对称。他假定投资银行利用它们对市场的专门知识低估发行的股票,以便使它们在 IPO 时花费较少的营销努力或者求得客户的青睐。毫无疑问,这一解释有相当的说服力,尤其对发行经验较少的发行公司而言更有现实可能性。

Benveniste 和 Spindt(1989)认为竞价购买股票时,投资银行可能利用 IPO 抑价来吸引经常的投资者在预售阶段揭示相关信息,这些信息随之用于股票正式定价。一方面,投资银行用低估作为投资者暴露自身估价的回报;另一方面,为了保证对特定 IPO 的真实揭示,投资银行必须更多地低估利好信息已披露的股票(以后可能有坏消息),较少地低估坏信息已披露的股票(以后可能有好消息),才能吸引投资者。这就导致了以下预测结果:最终公告书中的发行价要在初始发行价基础上进行调整,但发行价向上调整的股票比发行价向下调整的股票抑价更多。Sternberg 和 Hanley(1991)用实证数据支持了上述结论。IPO 的抑价现象也可能是由于监管者要求所致。在日本,股票发行价必须根据三个可比公司的多个指标(如市盈率、市场价格和账面价值之比)来确定。从原理上讲,这一要求并不必然产生低估,但实际上日本政府要求发行者选择指标值较小的公司作为可比公司,低估就是不可避免的了。

我国 IPO 抑价也十分明显,俄亥俄州立大学的 Su 和 Fleisher(1997)记录了 1996 年 1 月以前上市的 308 家发行 A 股公司的短期表现,发现抑价十分惊人,首日收益率竟高达 1948.59%,换言之,首日收盘价平均而言几乎是发行价的 11 倍。

三、IPO 长期高估现象

与 IPO 相联系的另一个反常现象是股价的长期不良表现,表现为上市后较长时期内平均日收益率低于非 IPO 的可比公司收益率或指数收益率。即长期来看,IPO 似乎有高估的倾向。以下两种理论可用来解释 IPO 公司长期的表现不佳。

Miller(1977)认为对 IPO 最乐观的投资者将成为新股发行的买者。如果 IPO 股票的价值具有不确定性的话,乐观的投资者将比悲观的投资者的评价高出许多。随着时间推移,越来越多的消息公之于众,乐观者与悲观者的分歧将减少,结果是股票市场价格将下降。这样,由于投资者结构的改变导致市场整体预期下降,IPO 的股票在长期来看将表现为收益率的走低。许多实证研究表明,投资者有周期性的对年轻的成长型公司过分乐观的倾向,这支持了上述假说。

Shiller①(1990)提出了一个"乐队经理"假说,认为投资银行为了鼓动对 IPO 的过度需求,把每次发行都作为一个"事件"来包装,就像摇滚乐队把每一次演出都作为重大事件大肆宣传一样。支持其结论的是 Shiller 提供的 IPO

① Shiller, R.J. Speculative Prices and Popular Models. *Journal of Economic Perspectives*, 1990, No.2, pp.55-65.

投资者的一个调查数据，在他的样本中只有26%的回应者作过发行价格和公司价值的基本分析，绝大多数只是接收信息并作出决定。

四、IPO周期性

IPO的研究热点最近集中于首日发行收益和发行量的周期性考察。有越来越多的证据表明了新股发行市场的“冷”“热”交替现象。“热”市中平均首日收益有时可以达到难以置信的程度。例如，在1980年1月开始的15个月内，美国新股发行抑价高达48%。而且这段时期的市场的发行量也呈递增之势。在这段“热”市之后，有一段时期是较高的发行量与相当低的发行抑价（我们称为“冷”市，首日收益率较低）相伴随。“重市”随后频繁地让位于“轻市”（我们把发行量大的市场称为“重市”，发行量小的市场称为“轻市”），首日表现也下降。

Ibbotson、Sindelar和Ritter（1998）发现IPO抑价的周期性，使投资者能够在现有月份平均首日收益率的基础上精确地预测下一个月的平均首日收益率。与此同时，各月份的发行量也有很高相关性，高发行量的月份几乎都跟随着另一高发行量的月份。他们对首日收益率与发行家数之间关系的研究表明，用同时期的数据得到的相关系数是0.12。而用本年首日收益率和下一年发行家数得到的回归系数是0.49。这一现象被解释为发行收益引导发行量。进一步的研究表明，平均首日收益率引导发行量6到12个月。很显然，当许多企业看到其他企业发行顺利就会决定进行IPO。但是从决定发行到完成至少需要几个月时间，因而有时间上的引导关系。

关于周期性的解释，许多财务经济学家从供给角度认为企业可以选择IPO的时机，使发行期间具有较多可用资金，因而能够争取较好的交易条件。同时也避免在“热市”发售，因为那样意味着较大的抑价。从需求角度看，投资者容易周期性地低估或高估股票价值（如科技股、网络股），这也是IPO周期性的重要原因。

本文原载《财会月刊》2003年第16期。

Information Exchange in Virtual Communities under Extreme Disaster Conditions

1. Introduction

Recent advances in Internet and communication technologies have led to the rapid growth of social networking sites. Popular forms of these virtual social networks include Twitter, MySpace, Facebook, wikis, blog sites, and discussion forums. Participants utilize these social networks to connect to people with similar social, economic and political interests, forming various virtual communities in cyberspace. There were more than 250 million active users of Facebook① and 100 million users in MySpace②.

Virtual communities (VCs) are self-organizing, voluntary, and open participation systems that are created and sustained through computer-mediated communications③. VCs are grassroots media for daily communication and entertainment. The availability of social network tools in the hand of ordinary people makes information exchange potent and dynamic. However, when it comes to disaster management and communication, the role of VCs is unclear and not well-studied. Few

---

① Facebook Statistics, in, (Facebook, 2009).

② Owyang, J. A Collection of Social Network Stats for 2009, 2009.

③ Wasko, M.M., Teigland, R., & Faraj, S. The provision of online public goods: Examining social structure in an electronic network of practice. *Decision Support Systems*, 2009, No.3, pp.254-265.

studies examine people's online behavior and communication pattern in the aftermath of disasters①.

To improve existing research methods and to create new insights on the dynamic properties of virtual communities, this research captures communication data from an online discussion forum and empirically investigates the relations between social capital and information exchange after a major earthquake.

A massive 8.0-magnitude earthquake struck Wenchuan, Sichuan province in China on May 12, 2008. This catastrophic disaster killed nearly 70 000 people and displaced up to 10 million. People tried to reach their families and friends via many communication tools. Many individuals also sought support and exchanged information through online communities, such as mailing lists, chat rooms, and discussion forums. They shared their personal experiences, uploaded on-site pictures and videos, and updated rescue progress. Online communities and discussion forums constituted a useful proxy for the underlying communication networks after the earthquake.

The empathy and shared reflection that brought people together via online virtual communities across barriers of time, distance, and culture, was revitalizing during this disaster②. Communication and a spirit of compassion can help strengthen any community, online and offline. The glue that holds communities and other social networks together is called social capital③. Social capital is a resource that helps sustain a community④. Putnam⑤ asserts that social capital encourages collaboration and cooperation between members of groups for their mutual benefits.

---

① Day, J. M., Junglas, I., & Silva, L. Information Flow Impediments in Disaster Relief Supply Chains. *Journal of the Association for Information Systems*, 2009, No.8, pp.637-660.

② Zhou, X. Wenchuan Earthquake as Reflected in the Chinese Internet, in, (China. org. cn, 2008).

③ Preece, J. Supporting Community and Building Social Capital. *Communications of the ACM*, 2002, No.4, pp.37-39.

④ Nahapiet, J., & Ghoshal, S. Social Capital, Intellectual Capital, and the Crganizational Advantage. *The Academy of Management Review*, 1998, No.2, pp.242-266.

⑤ Putnam, R.D. *Bowling Alone: The Collapse and Revival of American Community*. New York: Simon and Schuster, 2000.

There are several theories to examine community response and information coordination in disaster environments, such as complex adaptive systems theory①, sense – making theory②, and organizational learning theory③. However, these theories do not fully cover the social network functions for information exchange during a disaster. Social capital theory can capture the essential content of social support and collaboration in the context of a disaster. Therefore, we employ the theory of social capital to examine the mechanism by which social capital contributes to information exchange in VCs. Specifically, this research examines the following two sets of relationships: (1) How the three dimensions of social capital interplay among themselves; and (2) How each dimension of social capital influences information exchange in a VC.

Such inquiry makes two important contributions. First, this research empirically examines the mechanism of which social capital impacts information exchange in extreme disaster conditions. We reveal the communication characteristics and impediments of online social networks for disaster communication, and then propose socio-technical design strategies to address the communication challenges under uncertain emergency. Second, few studies examine the internal mechanism of social capital. This study implements a hierarchical model to investigate the interplay relationships among three dimensions of social capital.

This article is organized as follows. First, the concepts of social capital, VCs, and information exchange are reviewed. Then, a model is developed to examine how social capital influences information exchange in a VC. This model is tested using survey and Web forum data. The article concludes by discussing how the empirical findings of this study contribute to theory development and improve system design for new social networking sites.

---

① Comfort, L. *Shared Risk: Complex Systems in Seismic Response*. New York: Pergamon Press, 1999.

② Weick, K.E. *Sensemaking in Organizations*. Sage, Thousand Oaks, CA, 1995.

③ Cohen, M.D., & Sproull, L.S. *Organizational Learning*, Sage, Thousand Oaks, CA, 1996.

2. Theoretical background

2.1.Social capital

Social capital is defined as "resources embedded in a social structure that are accessed and/or mobilized in purposive action"①.The essence of social capital is quality social relations, which affects the capacity of people to come together to collectively resolve problems they face in common and achieve outcomes of mutual benefit②.Thus, social capital can be understood as a resource for collective action, which may lead to a broad range of individual and group outcomes.For individuals, social capital includes access to the reciprocal, trusting social connections that contribute to the processes of getting by or getting ahead. For communities, social capital reflects the ability of community members to participate, cooperate, organize, and interact③.

2.2.Virtual communities

Virtual communities are online social networks in which people interact to share information and knowledge, and engage in social interactions. Fernback and Thompson④ define VCs as a set of social relationships forged in cyberspace through repeated connections within a specified boundary.It is the nature of social interac-

① Lin, N. *Social Capital: A Theory of Social Structure and Action*. Cambridge: Cambridge University Press, 2001, p.29.

② Lochner, K., Kawachi, I., & Kennedy, B.Social Capital: A Guide to Its Measurement.*Health & Place*, 2000, No.4, pp.259-270.

③ Cavaye, J. Social Capital: A Commentary on Issues, Understanding and Measurement. Observatory PASCAL-Place Management, Social Capital and Learning Regions, Australia, 2004.

④ Fernback, J., & Thompson, B.Computer-mediated Communication and the American Collectivity: The dimensions of community within cyberspace.*Annual Convention of the International Communication Association*(Albuquerque, New Mexico), 1995.

tions and the resources embedded within the network that sustains VCs①.

Preece② suggests that a VC has four components: people, a shared purpose, policies, and computer systems. Balasubramanian and Mahajan③ list the following five characteristics for a VC: an aggregation of people, rational members, interaction in cyberspace without physical collocation, a process of social exchange, and an objective, identity, or interest shared by members. Several scholars have studied VCs through the lens of social capital. Wasko and Faraj④ investigate how individual motivations and social capital influence knowledge contribution in an electronic network of practice. Chiu et al.⑤ examine the motivations underlying individual's knowledge sharing in a professional VC. Robert et al.⑥examine the impact of social capital on knowledge integration and performance in digitally enabled teams. Wang and Chiang⑦ investigate how interactions among participants contribute to the creation and advancement of social capital in an online auction site.

Prior studies primarily examined individual motivations behind knowledge sharing in VCs, and attempted to address the question why people share knowledge and information online. Few studies empirically examined the internal mechanism of social capital. However, when it comes to disaster management, the role of social

---

① Chiu, C.M., Hsu, M.H., & Wang, E.T.G. Understanding Knowledge Sharing in Virtual Communities: An Integration of Social Capital and Social Cognitive Theories. *Decision Support Systems*, 2006, No. 3, pp.1872-1888.

② Preece, J. *Online Communities: Designing usability, Supporting Sociability*. New York: Wiley, 2001.

③ Balasubramanian, S., & Mahajan, V. The Economic Leverage of the Virtual Community. *International Journal of Electronic Commerce*, 2001, No.3, pp.103-138.

④ Wasko, M.M., & Faraj, S. Why should I Share: Examining Social Capital and Knowledge Contribution in Electronic Networks of Practice. *MIS Quarterly*, 2005, No.1, pp.35-37.

⑤ Chiu, C.M., Hsu, M.H., & Wang, E.T.G. Understanding Knowledge Sharing in Virtual Communities: An Integration of Social Capital and Social Cognitive Theories. *Decision Support Systems*, 2006, No. 3, pp.1872-1888.

⑥ Robert, L. P., Dennis, A. R., & Ahuja, M. K. Social Capital and Knowledge Integration in Digitally Enabled Teams. *Information Systems Research*, 2008, No.3, pp.314-334.

⑦ Wang, J.C., & Chiang, M.J. Social Interaction and Continuance Intention in Online Auctions: A Social Capital Perspective. *Decision Support System*, 2009.

capital is unclear and not well-studied. Very few studies investigate information exchange for online social networks under extreme disaster conditions.

2.3. Attributes of information exchange

This study focuses on one specific type of VCs, web discussion forums, where individuals discuss interesting topics and build social ties into networks of relationships. Individuals may choose to act as silent viewers or active contributors to these discussions. In a discussion forum, individuals are able to engage in knowledge sharing, information inquiry, and learning through posting and responding to messages.

We chose to study the discussion forums immediately after a natural disaster because the need for information and information exchange is intensified. One important observation about disaster emergencies is that they increase need for information and also affect communication pattern①. Sharing quality information during emergencies is both vital and challenging. When there is a sudden change of situation or reality in a human community, like a disaster, both the individuals and communities need new and accurate information to orient their actions and responses. Social networks can serve as one of the primary channels whereby individuals and social units can acquire reliable, relevant information for planning their actions and responses, as well as sharing the information to the rest of the community.

Furthermore, valid and timely information exchange is critical in emergency response operations. In the aftermath of any extreme event or disaster, the required rate of information sharing dramatically increases and the quality of the information becomes even more critical. Base on prior studies, information exchange can be measured by information quality and information quantity②.

---

① Erikson, K.T. *A New Species of Trouble: The Human Experience of Modern Disasters*. New York: W.W.Norton and Co., 1994.

② Chiu, C.M., Hsu, M.H., & Wang, E.T.G. Understanding knowledge Sharing in Virtual Communities: An integration of Social Capital and Social Cognitive Theories. *Decision Support Systems*, 2006, No.3, pp.1872-1888; Wasko, M.M., & Faraj, S. Why should I Share: Examining Social Capital and Knowledge Contribution in Electronic Networks of Practice. *MIS Quarterly*, 2005, No.1, pp.35-37.

Information quality refers to the quality of content of information exchanged in a VC. McKinney et al.① identify five dimensions for information quality: relevance, timeliness, reliability, scope, and perceived usefulness. Chiu et al.② measure information quality by six items: relevance, ease of understanding, accuracy, completeness, reliability, and timeliness. In this study, we measures information quality by focusing on four dimensions: reliability, accuracy, timeliness, and relevance. These four dimensions are most important aspects for information quality in a virtual community.

Information quantity represents the total amount of information exchanged in one VC. It may also be represented by the messages sent and messages replied to by an individual in a Web forum over a specific time period③. In this study, we use two types of message numbers to represent information quantity: total number of messages initiated by an individual (seed messages) and total number of messages replied by an individual (response messages) during the study's period. These two numbers reflect the quantity of information exchange activities for an individual in the VC.

3. Research model and hypotheses development

To understand how VCs support emergency and disaster communication, we will examine each of the three dimensions of social capital that influences the qual-

---

① McKinney, V., Yoon, K., & Zahedi, F. M. The Measurement of Web-customer Satisfaction: An Expectation and Disconfirmation Approach. *Information Systems Research*, 2002, No.3, pp.296-315.

② Chiu, C. M., Hsu, M. H., & Wang, E. T. G. Understanding Knowledge Sharing in Virtual Communities: An Integration of Social Capital and Social Cognitive Theories. *Decision Support Systems*, 2006, No. 3, pp.1872-1888.

③ Chiu, C. M., Hsu, M. H., & Wang, E. T. G. Understanding Knowledge Sharing in Virtual Communities: An Integration of Social Capital and Social Cognitive Theories. *Decision Support Systems*, 2006, No. 3, pp.1872-1888; Wasko, M. M., & Faraj, S. Why should I Share: Examining Social Capital and Knowledge Contribution in Electronic Networks of Practice. *MIS Quarterly*, 2005, No.1, pp.35-37.

ity and quantity of information exchange. Based on the literature review, we develop a research model and propose hypotheses (Fig. 1). We implement a hierarchical model for this research according to Wetzels et al.① As shown in Fig. 1, structural capital is a second-order construct including one first-order construct: social interaction ties. Relational capital is a second-order construct including two first-order constructs: trust and reciprocity. Cognitive capital is a second order construct including two first-order constructs: shared language and shared vision.

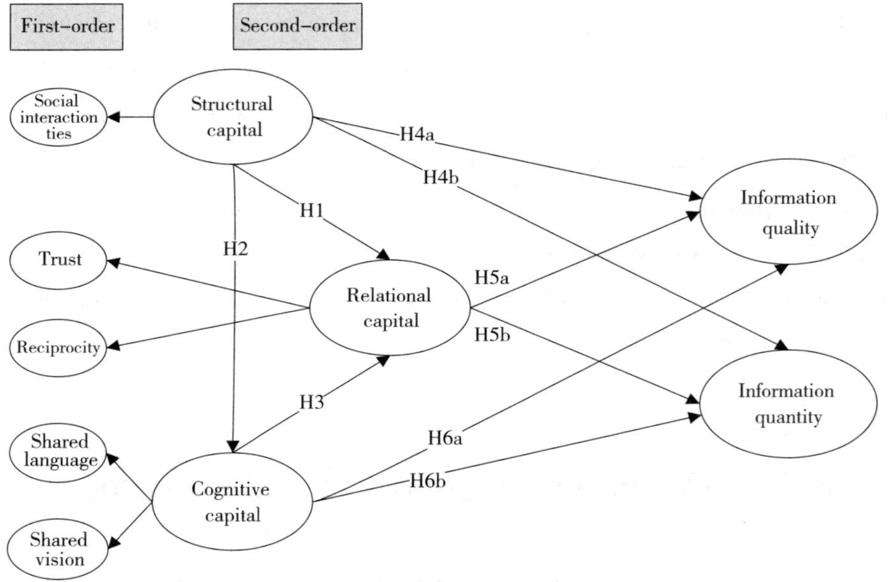

Fig. 1. Research model

3.1. Associations among the three dimensions of social capital

Social capital is a multi-dimensional concept comprising structural capital,

① Wetzels, M., Odekerken-Schröder, G., & Oppen, C. van. Using PLS Path Modeling for Assessing Hierarchical Construct Models: Guidelines and Empirical Illustration. *MIS Quarterly*, 2009, No. 1, pp. 177-195.

relational capital, and cognitive capital①. Previous studies have suggested the existence of close interrelationships among these three dimensions②.

Structural capital reflects the overall pattern of interactions among individuals③. It is characterized by the centrality, connectivity, and hierarchy of relationships among individuals④. The location of an actor's contacts in a social network provides certain advantages for the actor. People can use their social contacts to get jobs, to obtain information, or to access specific resources⑤.

Prior research suggests that one way to measure structural capital is to determine the number of social interaction ties an individual has with others in the network⑥ Tsai and Ghoshal⑦ consider social interaction ties as channels for information and resource flows. A member may gain access to another's resources through their social interactions.

The relational dimension of social capital is conceptualized as the nature and quality of the relationships among individuals and how those relationships affect

① Nahapiet, J., & Ghoshal, S. Social Capital, Intellectual Capital, and the Organizational Advantage. *The Academy of Management Review*, 1998, No.2, pp.242-266.

② Nahapiet, J., & Ghoshal, S. Social Capital, Intellectual Capital, and the Organizational Advantage. *The Academy of Management Review*, 1998, No. 2, pp. 242 - 266; Tsai, W., & Ghoshal, S. Social Capital and Value Creation: The Role of Intra-firm Networks. *Academy of Management Journal*, 1998, No.4, pp.464-478.

③ Nahapiet, J., & Ghoshal, S. Social Capital, Intellectual Capital, and the Organizational Advantage. *The Academy of Management Review*, 1998, No.2, pp.242-266; Tsai, W.P. Social Structure of "Coopetition" within a Multiunit Organization: Coordination, Competition, and Intraorganizational Knowledge Sharing. *Organization Science*, 2002, No.2, pp.179-190.

④ Coleman, J.S. Social Capital in the Creation of Human Capital. *American Journal of Sociology*, 1988, Vol.94, pp.95-120.

⑤ Burt, R.S. The Network Structure of Social Capital. *Research in Organizational Behavior*, 2000, Vol.22, p.345.

⑥ Ahuja, M.K., Galletta, D.F., & Carley, K.M. Individual Centrality and Performance in Virtual R&D Groups: An Empirical Study. *Management Science*, 2003, No.1, p.21.

⑦ Ghoshal, S., & Tsai, W. Social Capital and Value Creation: The Role of Intrafirm Networks. *Academy of Management Journal*, 1998, No.4, pp.464-476.

their behaviors①. Relational capital involves social actors trusting other actors within the group and being willing to reciprocate favors or other social resources in the community. Trust is a set of specific beliefs related to benevolence, integrity, and reliability with respect to another party②. Reciprocity refers to the expectation of participants that their information contributed will lead to their future requests for information being met③.

Cognitive capital comprises values attitudes, beliefs, and perceptions of support, which enables shared interpretations and meanings within a group④. Cognitive capital is embodied in attributes like a shared language or a shared vision that facilitates a common understanding of collective goals and proper ways of acting in a social system. Shared language goes beyond the language itself. It also addresses "the acronyms, subtleties, and underlying assumptions that are the staples of day-to-day interactions" (p.836)⑤. Shared vision embodies the collective goals of an organization and is regarded as "a bonding mechanism that helps different parts of an organization to integrate or to combine resources" (p.467)⑥.

3.1.1. Linking structural capital and relational capital

The structural dimension of social capital, manifesting as social interaction ties, may stimulate trust and reciprocity, which represent the relational dimension of social capital.

---

① Nahapiet, J., & Ghoshal, S. Social Capital, Intellectual Capital, and the Organizational Advantage. *The Academy of Management Review*, 1998, No.2, pp.242-266.

② Nahapiet, J., & Ghoshal, S. Social Capital, Intellectual Capital, and the Organizational Advantage. *The Academy of Management Review*, 1998, No.2, pp.242-266.

③ Kankanhalli, A., Tan, B. C. Y., & Wei, K. K. Contributing Knowledge to Electronic Knowledge Repositories: An Empirical Investigation. *MIS Quarterly*, 2005, No.1, pp.113-143.

④ Nahapiet, J., & Ghoshal, S. Social Capital, Intellectual Capital, and the Organizational Advantage. *The Academy of Management Review*, 1998, No.2, pp.242-266.

⑤ Lesser, E. L., & Storck, J. Communities of Practice and Organizational Performance. *IBM Systems Journal*, 2001, No.4, pp.831-841.

⑥ Ghoshal, S., & Tsai, W. Social Capital and Value Creation: The Role of Intrafirm Networks. *Academy of Management Journal*, 1998, No.4, pp.464-476.

Previous studies have suggested that trust results from social interactions①. As two participants interact over time, their trusting relationship will become more concrete, and the actors are more likely to perceive each other as trustworthy. Therefore, a participant occupying a central position in a social network is likely to be perceived as trustworthy by other participants in the network.

Frequent social interaction leads to participants sharing more information with others, and therefore creating more reciprocity relationship. We expect a member with high structural capital in a VC to be likely to develop and enhance relational capital like trust and reciprocity in other members.

H1. Structural capital is positively associated with relational capital in a virtual community.

3.1.2. Linking structural capital and cognitive capital

Structural capital may also encourage and develop shared language and shared vision, which represent the cognitive dimension of social capital. The association between structural capital and cognitive capital relies on the premise that social interaction plays a critical role in sharing and shaping a common set of goals and values among an organization's members.

Previous studies on organizational socialization②have highlighted the importance of social interactions in helping individuals to learn organizational cultures and values. Through the process of social interaction, individuals realize and adopt their organization's language, codes, beliefs, and visions. Wang and Chiang③ find an existence of a positive and significant link between social interaction ties and shared vision in an online auction community. In a VC, an individual would be

---

① Granovetter, M. S. Economic Action and Social Structure: The Problem of Emeddedness. *American Journal of Sociology*, 1985, No.3, pp.481–510.

② Maanen, J.V., & Schein, E.H. Toward a Theory of Organizational Socialization, in: Staw, B.M. (Ed.), *Research in Organizational Behavior*. Greenwich: JAI Press, 1979, pp.209–264.

③ Wang, J.C., & Chiang, M.J. Social Interaction and Continuance Intention in Online Auctions: A Social Capital Perspective. *Decision Support System*, 2009.

likely to share language and vision with other members through their social interactions. Hence,

H2. Structural capital is positively associated with cognitive capital in a virtual community.

3.1.3. Linking cognitive capital and relational capital

Shared language and shared value, the major manifestations of the cognitive dimension of social capital, may also encourage the development of trusting relationships. A trusting relationship between two parties implies that "common goals and values have brought and kept them together"①. Sitkin and Roth② state that trusting relationships are rooted in "value congruence" – the compatibility of an individual's value with an organization's values. With a shared language and value, organization members are inclined to trust one another, as they can expect that they all work for common goals and will not be hurt by any other member's pursuit of selfinterest. Within a community, any member that shares the community's shared value or language is likely to be perceived as trustworthy by other members in the community.

Shared language and value may encourage the development of the reciprocity relationships. As Ouchi③ noted, "Common values and beliefs provide the harmony of interests that erase the possibility of opportunistic behavior" (p.138). Language is the way by which people discuss and exchange information. Shared language facilitates people to ask questions and conduct business together. Shared value can bind the members of a community where people are likely to return the benefits they receive from others. With shared language and value, members tend to respect each other and have more mutual reciprocity. Therefore, we expect that the following

① Barber, B. *The Logic and Limits of Trust.* New Brunswick: Rutgers University Press, 1983.

② Sitkin, S.B., & Roth, N.L. Explaining the limited effectiveness of legalistic "remedies" for trust/distrust. *Organization Science*, 1993, No.3, pp.367–392.

③ Ouchi, W.G. Markets, Bureaucracies, and Clans. *Administrative Science Quarterly*, 1980, No.1, pp.129–141.

relationship between cognitive capital and relational capital:

H3. Cognitive capital is positively associated with relational capital in a virtual community.

3.2. Social capital and information exchange

3.2.1. Structural capital and information exchange

Structural capital reflects the overall pattern of interactions among individuals. Social interaction ties are channels for information and resource flow①. A participant may gain access to another's information and resources via social interaction ties. Larson② found that the more social interactions undertaken by members, the greater intensity, frequency, and breadth of information exchange. Structural capital and network ties influence "both access to parties for combining and exchanging knowledge and anticipation of value through such exchange" (p.252)③.

The conversations that occur in VCs are similar to the social interactions in face-to-face networks. Posting and responding to messages create social ties between individuals. Social interaction ties represent the strength of the relationships, the amount of time spent, and communication frequency among members in a VC④. Previous studies have provided empirical support for the positive impact of social interaction ties on knowledge exchange⑤ and resource exchange⑥. Thus, an

---

① Nahapiet, J., & Ghoshal, S. Social capital, intellectual capital, and the organizational advantage. *The Academy of Management Review*, 1998, No.2, pp.242–266.

② Larson. Network Dyads in Entrepreneurial Settings: A study of the Governance of Exchange Relationships. *Administrative Science Quarterly*, 1992, No.1, pp.76–104.

③ Nahapiet, J., & Ghoshal, S. Social Capital, Intellectual Capital, and the Organizational Advantage. *The Academy of Management Review*, 1998, No.2, pp.242–266.

④ Chiu, C.M., Hsu, M.H., & Wang, E.T.G. Understanding Knowledge Sharing in Virtual Communities: An Integration of Social Capital and Social Cognitive Theories. *Decision Support Systems*, 2006, No.3, pp.1872–1888.

⑤ Ghoshal, S., & Tsai, W. Social Capital and Value Creation: The Role of Intrafirm Networks. *Academy of Management Journal*, 1998, No.4, pp.464–476.

⑥ Tsai, W.P. Social Structure of "Coopetition" within a Multiunit Organization: Coordination, Competition, and Intraorganizational Knowledge Sharing. *Organization Science*, 2002, No.2, pp.179–190.

individual's social interaction ties influence his or her information exchange in a VC.

H4a.Structural capital is positively related to information quality in a virtual community.

H4b.Structural capital is positively related to information quantity in a virtual community.

3.2.2. Relational capital and information exchange

Two elements of relational capital, trust and reciprocity, may influence information exchange. Trust has been viewed as a key factor that provides a context for cooperation① and effective information and knowledge exchange②. Trust influences information exchange in two ways. First, trust allows individuals to rationalize their decisions to contribute to a conversation and enables the exchange of more useful information. Second, trust enables individuals to freely exchange information. In particular, higher levels of trust improve information contribution by increasing the amount③ and types of information exchanged④.

Reciprocity has been highlighted as a benefit for individuals to engage in social exchange⑤. The social exchange theory suggests that participants expect mutual reciprocity and that, in turn, justifies their expense in terms of time and effort in sharing their knowledge⑥. Therefore, relational capital impacts the quality and

① Ghoshal, S., & Tsai, W. Social Capital and Value Creation: The Role of Intrafirm Networks. *Academy of Management Journal*, 1998, No.4, pp.464-476.

② Adler, P. S., & Kwon, S. W. Social Capital: Prospects for a New Concept. *Academy of Management Review*, 2002, No. 1, pp. 17-40; Huang, Q., Davison, R., Liu, H., & Gu, J. The Impact of Leadership Style on Knowledge-sharing Intentions in China. *Journal of Global Information Management*, 2008, No.4.

③ Dirks, K.T., & Ferrin, D.L. Trust in Leadership: Meta-analytic Findings and Implications for Research and Practice. *Journal of Applied Psychology*, 2002, No.4, pp.611-628.

④ Andrews, K., & Delahaye, B. L. Influences on Knowledge Processes in Organizational Learning: The Psychosocial Filter. *Journal of Management Studies*, 2000, No.6, pp.797-810.

⑤ Blau, P.M. *Exchange and Power in Social Life*. New York: Wiley, 1964.

⑥ Thibaut, J.W., & Kelly, H.H. *The Social Psychology of Groups*. New York: John Wiley & Sons, 1959.

quantity of information exchange in a VC. Thus:

H5a. Relational capital is positively related to information quality in a virtual community.

H5b. Relational capital is positively related to information quantity in a virtual community.

3.2.3. Cognitive capital and information exchange

Engaging in a meaningful information exchange requires some degree of shared understanding among members, such as shared language and shared vision①.

Shared language is essential to information exchange in a community. It provides an avenue in which individual members understand each other and build a common vocabulary in their domains. Therefore, shared language will help motivate the participants to be actively involved in information exchange activities and enhance the quality of information.

Shared values and goals bind the members of a community, make cooperative action possible, and eventually benefit the organization②. As a result, members who have a common vision will be more likely to become partners to exchange their information and knowledge. The common value and vision that members share will increase the quality and quantity of their exchanged information. Therefore:

H6a. Cognitive capital is positively related to information quality in a virtual community.

H6b. Cognitive capital is positively related to information quantity in a virtual community.

① Nahapiet, J., & Ghoshal, S. Social Capital, Intellectual Capital, and the Organizational Advantage. *The Academy of Management Review*, 1998, No.2, pp.242–266.

② Cohen, D., & Prusak, L. *In Good Company: How Social Capital Makes Organizations Work*. Boston: Harvard Business School Press, 2001.

4. Research method and data collection

4.1. Operationalization of constructs

A survey instrument was developed by identifying appropriate measurements from a comprehensive literature review. Measurement items were adapted from prior articles wherever possible. Some minor modifications were made to the existing scales to make those more suitable to this research context. All of the items were measured on a seven-point Likert scale, ranging from "strongly disagree" to "strongly agree". Appendix A summarizes the constructs used in this study and their operationalization.

Three items for measuring social interaction ties focus on close relationships, time interaction, and frequent communication, similar to those applied by Chiu et al.① Trust was adapted from prior studies②, with three items to measure an individual's beliefs in other member's truthfulness and online behaviors. Reciprocity was also adapted from prior studies③, with three items to measure the fairness of knowledge, helpfulness, and sharing. Shared language was measured with a two-

---

① Chiu, C.M., Hsu, M.H., & Wang, E.T.G. Understanding Knowledge Sharing in Virtual Communities: An Integration of Social Capital and Social Cognitive Theories. *Decision Support Systems*, 2006, No. 3, pp. 1872-1888.

② Chiu, C.M., Hsu, M.H., & Wang, E.T.G. Understanding Knowledge Sharing in Virtual Communities: An Integration of Social Capital and Social Cognitive Theories. *Decision Support Systems*, 2006, No. 3, pp. 1872-1888; Kankanhalli, A., Tan, B. C. Y, & Wei, K. K. Contributing Knowledge to Electronic Knowledge Repositories: An Empirical Investigation. *MIS Quarterly*, 2005, No. 1, pp. 113-143.

③ Chiu, C.M, Hsu, M.H., & Wang, E.T.G. Understanding Knowledge Sharing in Virtual Communities: An Integration of Social Capital and Social Cognitive Theories. *Decision Support Systems*, 2006, No. 3, pp. 1872-1888; Kankanhalli, Tan, B. C. Y, & Wei, K. K. Contributing Knowledge to Electronic Knowledge Repositories: An Empirical Investigation. *MIS Quarterly*, 2005, No. 1, pp. 113-143.

item scale adapted from Chiu et al.① It focuses on message understandability and meaningful communication pattern. Shared vision was assessed with a three-item scale adapted from Chiu et al.② It refers to same goal and value of information contribution among members. Information quality was assessed with items adapted from Lin③ and McKinney et al.④ These items measured four attributes of information quality: reliability, accuracy, timeliness, and relevancy. Information quantity was measured with the numbers of seed messages and response messages for each individual.

4.2. Data collection

The context of the data collected for this study is the web forum activities in the immediate aftermath of a massive earthquake that struck Wenchuan, Sichuan province of China on May 12, 2008. Online communities and discussion forums constituted a useful proxy for the underlying communication networks after the earthquake⑤.

The research was conducted using students enrolled in a major university in Chengdu, which is the capital city of Sichuan Province and only 50 mi away from the earthquake's epicenter. Many of the students participated in the web forum have families and friends whose lives were directly impacted by the earthquake. There are

---

① Chiu, C.M., Hsu, M.H., & Wang, E.T.G. Understanding Knowledge Sharing in Virtual Communities: An Integration of Social Capital and Social Cognitive Theories. *Decision Support Systems*, 2006, No.3, pp.1872-1888.

② Chiu, C.M, Hsu, M.H., & Wang, E.T.G. Understanding Knowledge Sharing in Virtual Communities: An Integration of Social Capital and Social Cognitive Theories. *Decision Support Systems*, 2006, No.3, pp.1872-1888.

③ Lin, H.F. Determinants of Successful Virtual Communities: Contributions from System Characteristics and Social Factors. *Information and Management*, 2008, No.8, pp.522-527.

④ McKinney, V., Yoon, K., & Zahedi, F.M. The Measurement of Web-customer Satisfaction: An Expectation and Disconfirmation Approach. *Information Systems Research*, 2002, No.3, pp.296-315.

⑤ Zhou, X. Wenchuan Earthquake as Reflected in the Chinese Internet, in, (China.org.cn, 2008).

two types of data collected for this study. One type of data was collected from a web-based survey conducted for the members of this web forum community. The other type of data was collected directly from the server database of the web forum. Two types of messages were extracted for each member: total number of messages initiated by an individual (seed messages) and total number of messages replied by an individual (response messages) during the study's period.

4.2.1. Survey administration

After the survey instrument was developed, we organized a panel of researchers to examine the questionnaire and assess the content validity, such as ease of understanding, sequence of items, logical consistence, and contextual relevance. After the review, we recruited 20 students from the focal university for a pilot study to finalize the questionnaire and listened to their comments on the items. Their comments and suggestions led to several minor modifications of items wording and structure of the instrument. We reworded these items: two items for shared language (*SL*1 and *SL*2), one items for trust (*TR*2), and one items for information quality (*QUALA*4).

This survey asked students to recall their web forum experience in the first month after the earthquake. By the time this survey was concluded, 513 questionnaires were collected, of which 475 were deemed complete and valid responses for data analysis. The number of students who visit the web forums was 2500 to 3000 during the study period. Thus the estimated response ratio of the web survey is about 20%.

4.2.2. Forum data

This web forum for students at the university was chosen for this study because web forums are widely used by college students to communicate about their campus life, social issues, classes, news, and so on. Web forums are one of the important parts of their college life, and they emerged as one of the primary sources of information for students in the aftermath of the earthquake.

Communications through the web forum increased dramatically after the earthquake, and lasted for about one month (from May 12 to June 11). After June 11, the discussions about the earthquake decreased because it was near the end of the semester and students were leaving the campus. We collected the forum activity data from May 12 to June 11 (one month after the earthquake) from the server database. There were total 101,838 messages posted that month. The daily average number of messages and participants were 3285 and 1173, respectively. This means each participant sent 2.8 messages daily in the research period.

5. Results and analysis

5.1. Measurement validation

Partial least square (PLS) is used for measurement validation and testing the structural model. Unlike a covariance-based structural equation modeling method such as LIRREL and AMOS, PLS employs a component-based approach for estimation, and can handle both formative and reflective constructs①. In general, PLS is better suited for explaining complex relationships be avoiding inadmissible solutions and factor indeterminacy②. Hence, we chose PLS to accommodate the presence of a large number of variables, relation ships and moderating effects.

The measurement model comprises the research constructs and their associated indicators (measures). The quality of the constructs and indicators could be evaluated by assessing the reliabilities and the convergent and discriminant validities of

---

① Chin, W.W. The Partial Least Approach to Structural Equation Modeling, in: Marcoulides, G.A. (Ed.), *Modern Methods for Business Research*. Mahwah: Lawrence Erlbaum Associates, 1998, pp. 295-336.

② Fornell, C., & Larcker, D.F. Evaluating Structural Equation Models with Unobserved Variables and Measurement Error. *Journal of Marketing Research*, 1981, No.1, pp.39-50; Liang, H., Saraf, N., Hu, Q., & Xue, Y. Assimilation of Enterprise Systems: The Effect of Institutional Pressures and the Mediating role of Top. *MIS Quarterly*, 2007, No.1, pp.59-87.

the research constructs①.

Convergent validity tests the relationships among indicators in the same construct. It is assessed by examining the correlation (loading) between the indicator and its construct. An indicator is considered to be reliable if its loading is more than 0.70②. As shown in Table 1, the loadings for all indicators of this study are above 0.70, suggesting adequate convergent validity.

Construct reliability is calculated using composite reliability scores provided by PLS. Construct reliability is considered satisfactory if the composite reliability scores are higher than 0.80③. All of our constructs are considered having adequate reliability, as shown in Table 1.

Cronbach's Alpha is another indicator for construct reliability, often referred to as internal consistency reliability of the construct measures. A construct is considered to have adequate internal consistency reliability if the Cronbach's Alpha is greater than 0.70④. As shown in Table 1, all of our constructs demonstrate good construct reliability.

A commonly accepted rule for assessing discriminant validity requires that the square root of average variance extracted (*AVE*) is larger than the correlations between the construct and any other construct in the model⑤. As shown in Table 2, all constructs meet this requirement. Thus, all the constructs in the model display adequate discriminant validity.

---

① Cook, T.D., & Campbell, D.T. *Quasi Experimentation: Design and Analytical Issues for Field Settings*. Rand McNally, Chicago, 1979; Fornell, C., & Larcker, D.F. Evaluating Structural Equation Models with Unobserved Variables and Measurement Error. *Journal of Marketing Research*, 1981, No.1, pp.39–50.

② Chin, W.W. The Partial Least Approach to Structural Equation Modeling, in: Marcoulides, G.A. (Ed.), *Modern Methods for Business Research*. Mahwah: Lawrence Erlbaum Associates, 1998, pp. 295–336.

③ Nunnally, J.C. *Psychometric Theory*. New York: McGraw–Hill, 1978.

④ Gefen, D., Straub, D., & Boudreau, M.C. Structural Equation Modeling and Regression: Guidelines for Research Practice. *Communications of the AIS*, 2000, No.7.

⑤ Chin, W.W. The Partial Least Approach to Structural Equation Modeling, in: Marcoulides, G.A. (Ed.), *Modern Methods for Business Research*. Mahwah: Lawrence Erlbaum Associates, 1998, pp.295–336.

Table 1 Loadings of the indicator variables (*CR*) (*AVE*) (*Cronbach's Alpha*).

Construct	*Indicator*	*Loading*	*CR*	*AVE*	*Cronbach's Alpha*
Social Interaction ties (*SIT*)	*SIT*1	0. 93	0. 95	0. 85	0. 81
	*SIT*2	0. 93			
	*SIT*3	0. 91			
Trust(*TR*)	*TR*1	0. 82	0. 87	0. 70	0. 78
	*TR*2	0. 82			
	*TR*3	0. 86			
Reciprocity(*RE*)	*RE*1	0. 83	0. 88	0. 70	0. 79
	*RE*2	0. 87			
	*RE*3	0. 82			
Shared language(*SL*)	*SL*1	0. 93	0. 94	0. 88	0. 87
	*SL*2	0. 95			
Shared vision(*SV*)	*SV*1	0. 90	0. 91	0. 76	0. 84
	*SV*2	0. 87			
	*SV*3	0. 86			
Information quality (*QUAL*)	*Qual*1	0. 87	0. 87	0. 63	0. 79
	*Qual*2	0. 85			
	*Qual*3	0. 72			
	*Qual*4	0. 72			
Information quantity (*QUAN*)	*Quan*1	0. 70	0. 89	0. 81	0. 84
	*Quan*2	0. 72			

Table 2 Correlations of latent variables.
(Square roots of the *AVE* are the bolded diagonal value).

	Mean	*SD*	*SIT*	*TR*	*RE*	*SL*	*SV*	*Quality*	*Quantity*
SIT	2. 32	1. 60	**0. 92**						
TR	5. 22	1. 07	0. 15	**0. 84**					
RE	4. 41	1. 25	-0. 05	0. 35	**0. 84**				
SL	5. 18	1. 04	0. 08	0. 50	0. 37	**0. 94**			

续表

	Mean	*SD*	*SIT*	*TR*	*RE*	*SL*	*SV*	*Quality*	*Quantity*
SV	4. 76	1. 22	0. 11	0. 65	0. 52	0. 44	**0. 87**		
Quality	4. 96	1. 11	0. 13	0. 61	0. 48	0. 45	0. 65	**0. 79**	
Quantity	2. 79	2. 09	0. 44	0. 08	-0. 04	0. 08	0. 01	0. 08	**0. 90**

5.2. Common method variance

For self-reported data, there is a potential for common method biases from multiple sources such as consistency motif and social desirability①. Steps to safeguard against common method bias include the use of different types of measures across constructs and different scale types for key construct measures. We attempted to enforce a procedural remedy by collecting data from two sources: one from survey and another from online discussion forum. In addition, we performed statistical analyses to assess the common method bias.

First, a Harmon one-factor test② was conducted on the seven constructs in our theoretical model including *SIT*, *TR*, *RE*, *SL*, *SV*, *Quality*, *and Quantity*. Results from this test showed that seven factors are present and the most covariance explained by one factor is 24.31 percent, indicating that common method biases are not a likely contaminant of our results.

Second, based on Podsakoff et al.③ and Williams et al.④, we included in the

① Podsakoff, P., MacKenzie, S., Lee, J., & Podsakoff, N. Common Method Biases in Behavioral Research: A Critical Review of the Literature and Recommended Remedies. *Journal of Applied Psychology*, 2003, No.5, pp.879-903.

② Podsakoff, P., & Organ, D. Self-reports in Organizational Research: Problems and Prospects. *Journal of Management*, 1986, No.4, pp.531-544.

③ Podsakoff, P., MacKenzie, S., Lee, J., & Podsakoff, N. Common Method Biases in Behavioral Research: A Critical Review of the Literature and Recommended Remedies. *Journal of Applied Psychology*, 2003, No.5, pp.879-903.

④ Williams, L.J., Edwards, J.R., & Vandenberg, R.J. Recent Advances in Causal Modeling Methods for Organizational and Management Research. *Journal of Management*, 2003, No.6, pp.903-936.

PLS model a common method factor whose indicators included all the principal constructs' indicators and calculated each indicator's variances substantively explained by the principal construct and by the method. As shown in Appendix B, the results demonstrate that the average substantively explained variance of the indicators is.58, while the average method based variance is.011. The ratio of substantive variance to method variance is about 53 : 1. In addition, most method factor loadings are not significant. Given the small magnitude and insignificance of method variance, we contend that the method is unlikely to be a serious concern for this study.

5.3. Hypothesis testing

Fig.2 shows the results of hypotheses tests. First, we examine the internal relationships between three dimensions of social capital. Structural capital has a significant, positive effect on cognitive capital, but it has no effect on relational capital. In addition, cognitive capital shows a significant, positive effect on relational capital.

Second, we examine how each of the three dimensions of social capital influences information exchange. Structural capital has a positive and significant influence on information quantity, but it has no influence on information quality. Relational capital and cognitive capital have significant and positive impacts on information quality, but they have no significant impacts on information quantity.

In addition to the direct effects, we can also derive the indirect effects of the four first-order constructs on information exchange. According to Edwards①, the indirect effect is calculated as the product of each first-order construct load and the correspondent path coefficient. For example, the loading of trust on relational capital is 0.84 and the coefficient of relational capital on information quality is 0.38. The indirect effect between trust and information quality is 0.84 * 0.38 = 0.32. Table 3

① Edwards, J.R. Multidimensional Constructs in Organizatinal Behavior Research: An Integrative Analytical Framework. *Organizational Research Methods*, 2001, No.2, pp.144-192.

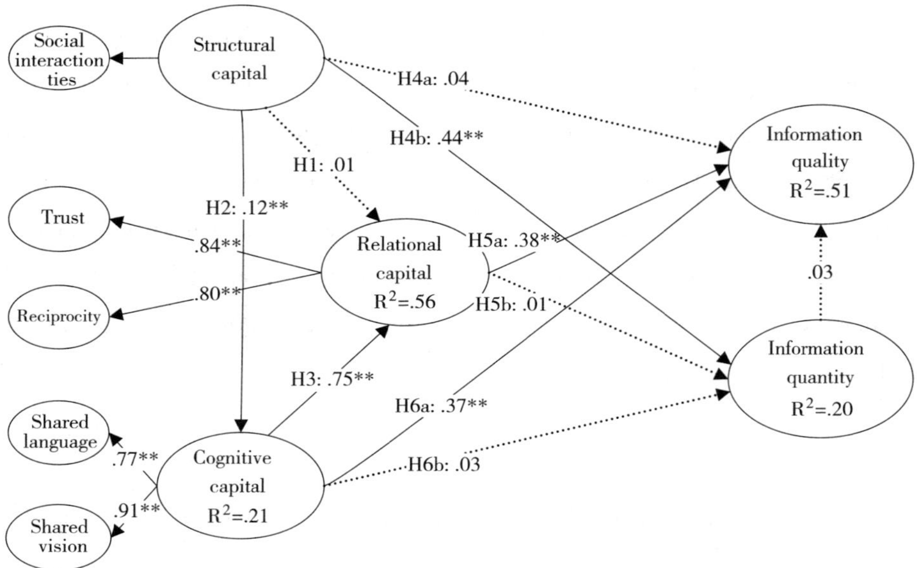

Fig.2. Analysis of results. (Solid lines indicate significant paths. Dashed lines indicate non-significant paths.) * p<0.05; ** p<0.01.

shows the indirect effects for the four first-order constructs: trust, reciprocity, shared language, and shared vision. All the four constructs have significant, positive effects on information quality, but have no effects on information quantity.

Table 3　Assessing the hierarchical model.

Hierarchical model		
Second-order model		
	Relational capital	*Cognitive capital*
TR	0. 84[0. 80, 0. 89][a]	
RE	0. 80[0. 75, 0. 85]	
SL		0. 77[0. 72, 0. 81]
SV		0. 91[0. 88, 0. 95]
Structural model		
	Information quality	*Information quantity*
TR	0. 32** [0. 30, 0. 35]	0. 01[0. 00, 0. 01]

续表

Hierarchical model		
RE	0. 30** [0. 27,0. 34]	0. 01[0. 00,0. 01]
SL	0. 28** [0. 25,0. 33]	0. 02[0. 00,0. 03]
SV	0. 34** [0. 30,0. 37]	0. 03[0. 00,0. 04]

* $p<0.05$; ** $p<0.01$.

[a] Percentile estimate of 95%confidence interval.

To make the results be more robust, we further check two indirect impacts. First, the indirect impact of structural capital on relational capital through cognitive capital is insignificant ($\beta = 0.09$, $p > 0.05$). Second, indirect effect of structural capital on information quality through relational capital and cognitive capital is insignificant($\beta = 0.08$, $p > 0.05$).

6. Discussion

6.1. Summary of results

The aim of this study is to study how VCs support information flow and communication in the context of disasters. We investigated the complex mechanism in which social capital influences information exchange in a VC. First, we found that cognitive capital has a significant, positive effect on relational capital, but structural capital has no influence on relational capital. This implies that structural capital is not a predicator of relational capital, and senses of trust and reciprocity cannot be derived directly from social interaction ties in a VC. These results suggest that achieving high trust and reciprocity requires establishing a shared vision and language to ensure alignment between individuals and community values.

Second, a surprising finding is that while structural capital has a significant and positive influence on information quantity, it has almost no influence on information quality. These results are contrary to prior studies on traditional interpersonal communications, where it is shown that individuals who are connected to a large number of others are more likely to sustain contributions and provide high quality information①. One possible explanation is that VCs have unique characteristics, such as open environment and anonymous membership. VCs are voluntary and open participation systems②. Participants are typically strangers and they usually do not have established personal relationships. Therefore, VCs create weak electronic links between participants. This characteristic of open participation between strangers in VCs is different from interpersonal communities.

Additional analysis was performed to link information quantity to information quality. Information quantity has no impact on information quality (β=.03). The result indicates that an individual who, while sending out many messages in a VC, does not necessarily provide high quality of information. We submit these results to information overload in online communities. The chief challenge for the emergency response organization is not the scarcity of information, but the information overload: too many resources and too much information strains the capacity of the management system as well as the communication system③. Due to their open and anonymous nature, online social networking could also be the sources of intentional or unintentional misinformation, which, especially in the aftermath of a disaster emergency, could jeopardize public safety and the recovery effort.

Third, relational capital and cognitive capital have significant and positive impacts on information quality, but have no significant impacts on information quantity. These results are contrary to prior studies in face-to-face settings, where results show positive relation ships between social capital and information quantity,

---

① Burt, R. *Structural Holes: The Social Structure of Competition.* Cambridge: Harvard University Press, 1992.

② Wasko, M. M., Teigland, R., & Faraj, S. The Provision of Online Public Goods: Examining Social Structure in an Electronic Network of Practice. *Decision Support Systems*, 2009, No.3, pp.254–265.

③ Manoj, B. S., & Baker, A. H. Communication Challenges in Emergency Response. *Communications of the ACM*, 2007, No.3, pp.51–53.

and people communicate more when they trust each other and have a shared vision. These differences can be explained by the public goods characteristics of VCs. Wasko et al.① explain that participation in VCs is a form of collective action, which is exhibited through the interactive posting and responding of messages. This interaction produces and maintains the public good of knowledge and information that is stored and is available to anyone in the community.

In traditional interpersonal communications, messages have to be sent to each individual, increasing the quantity of information. Messages posted in a VC are saved and available to all participants in the community. There is no need to repeat messages with similar topics. Therefore, relational and cognitive capital increases the quality of information but not necessarily increase the quantity of information.

6.2. Implications for research

The components and dimensions of social capital are well discussed in the literature of social sciences and IS. What is less understood is how the core elements of social capital interact with each other. Three key aspects of this study signify our contribution to the theory of social capital and VCs.

First, this study investigates the interplay relationships among the three dimensions of social capital. Prior studies focus on an individual's motivations behind information sharing in VCs, and little research examines the internal relationships of social capital. This study examines the three relationships: structural capital has a significant impact on cognitive capital, but not on relational capital; cognitive capital has a significant impact on relational capital. This study furthers our understanding of the internal attributes of social capital.

Second, this study extends the prior work on the unique characteristics of VCs.

---

① Wasko, M.M., & Faraj, S. Why should I Share: Examining Social Capital and Knowledge Contribution in Electronic Networks of Practice. *MIS Quarterly*, 2005, No.1, pp.35-37.

Chiu et al.① found that structural capital increased knowledge quantity, but not knowledge quality in a professional VC. We have the similar findings in an online discussion forum. Our study also found that relational capital and cognitive capital had impacts on information quality, but no impacts on information quantity. Wasko et al.② explained that VCs have unique characteristics, such as anonymous membership and voluntary participation. The participation in VCs is a form of collective action and has the characteristics of public goods. Considering the dramatic growth and popularity of virtual social networks, it is pressing for future research to understand what different communication patterns and relationships between VCs and traditional interpersonal communities.

6.3. Implications for practice

Valid and timely information sharing is critical in emergency response operations. Although social networking sites can improve information flow and respond quickly to dynamic communication needs during disasters③, they are subject to several impediments, such as information overload and misinformation.

Information overload is a term coined by Alvin Toffler④ that refers to the presence of bewildering amounts of Information, more than can be effectively absorbed or processed by an individual. Electronic social networks have created a new way of feeding information to people. Because of the existence of having so much information available, people either cannot assimilate it all or feels too overwhelmed⑤.

---

① Chiu, C.M., Hsu, M.H., & Wang, E.T.G. Understanding Knowledge Sharing in Virtual Communities: An Integration of Social Capital and Social Cognitive Theories. *Decision Support Systems*, 2006, No. 3, pp.1872-1888.

② Wasko, M.M., Teigland, R., & Faraj, S. The Provision of Online Public Goods: Examining Social Structure in an Electronic Network of Practice. *Decision Support Systems*, 2009, No.3, pp.254-265.

③ Palen, L., Hiltz, S.R., & Liu, S.B. Online Forums Supporting Grassroots Participation in Emergency Preparedness and Response. *Communications of the ACM*, 2007, No.3, pp.54-58.

④ Toffler. *The Third Wave*. New York: Bantam, 1980.

⑤ Carver, L., & Turoff, M. Human-Computer Interaction: The Human and Computer as a Team in Emergency Management Information Systems. *Communications of the ACM*, 2007, No.3, pp.33-38.

Moreover, in extreme disaster situations, people face the ingestion of information, almost instantaneously, without knowing the validity of the content and the risk of misinformation. In our study, there were more than three thousands messages posted on the electronic network. It is really information overload and explosion for each participant.

Therefore, this study calls for socio-technical solutions that address the challenges of interoperability, authenticity, usability, and organizational applicability of citizen generated information under uncertain emergency. The remainder of this section discusses in detail a set of strategies and design principles.

· System design to overcome information overload

This study found that one of the drawbacks of social networks is the information overload. People face with information explosion in the aftermath of the disaster and need a reliable source to confirm information and clarify facts. Strategies need to be developed to provide reliable and relevant messages. One way to accomplish this is to use moderators who play a proactive role in ensuring quality while controlling quantity. During a major event, moderators should identify valuable and reliable messages from thousands postings and list them on top in order to disseminate important information quickly.

· New systems can manage information accuracy and address misinformation

Due to their open and anonymous nature, online social networks could be the sources intentional or unintentional misinformation, which, especially in the aftermath of a natural disaster, could cause significant harm to the members and the collectives. We also need to be concerned about problematic rumors. New systems need to integrate multiple disaster databases for validation, require senders provide more details for confirmation, and ask moderators on duty to identify unreliable messages.

· System design to establish trust and reciprocity

This study suggests improving information quality through trust and reciprocity during disasters. Administrators and community leaders should develop strategies to foster trust and boost reciprocity among its members. System design should have features to help new members and encourage them respond to postings of others.

· Establish shared vision and language

Emergency response operations are also more effective when members have shared vision and language. Pre-disaster communication and interaction is a key aspect to establish shared vision and language. Design features could identify leaders for online communities and promote their influence and articulate their vision and leadership.

6.4. Limitations

Althoughthe findings are encouraging and useful, this research has several limitations that require further examination and additional research.

First, structural capital was assessed by each individual's social interaction ties in the VC. The research results show social interaction ties have a positive influence on information quantity while having no influence on information quality. Although other studies① also used social interaction ties as the indicator for structural capital, social interaction ties may not be the best indicator for structural capital in VCs. Further research could attempt to explore other indicators or multiple measures for structural capital, such as degree centrality or betweenness centrality②.

In addition, there is room to add other variables to explore how to effectively use information for disaster management. Future studies could investigate other factors which are predicted by information quality and information quantity, such as disaster rescue progress and social well-beings.

Third, this study measures information quality in terms of reliability, accuracy,

---

① Chiu, C.M., Hsu, M.H., & Wang, E.T.G. Understanding Knowledge Sharing in Virtual Communities: An Integration of Social Capital and Social Cognitive Theories. *Decision Support Systems*, 2006, No. 3, pp.1872-1888; Ghoshal, S., & Tsai, W. Social Capital and Value Creation: The Role of Intrafirm Networks. *Academy of Management Journal*, 1998, No.4, pp.464-476.

② Wasserman, S., & Faust, K. *Social Network Analysis: Methods and Applications*. Cambridge: Cambridge University Press, 1994.

timeliness, and relevance. Further research may include other dimensions for information quality, such as completeness and ease of understanding.

7. Conclusion

VCs can play an important and significant role in distributing messages, coordinating community activities, and delivering person-to-person relief during a disaster emergency. Many VCs are open social networks, which make them attractive for individuals to seek information and ask for help during an emergency period. However, our study shows that VCs also have impediments in information overload and misinformation. Therefore, we call for socio-technical design solutions to address the challenges of interoperability, authenticity, usability, reliability of citizen generated information under conditions of uncertainty.

This study has significant implications for researchers and practitioners. For researchers, this study extends the social network research by investigating the characteristics of VCs in the context of natural disaster. One promising research area is to study the communication patterns and behaviors for VCs under emergency conditions. For practitioners, Effective information systems that provide timely access to comprehensive, relevant, and reliable information are critical for disaster management. This study identifies design strategies and principles to support disaster rescue and relief, thus sheds valuable lights on how VCs could be used effectively for disaster recovery and management. Only a comprehensive approach to address three major issues-technological, sociological, and organizational-can provide a reliable communication system in extreme disaster situations.

Acknowledgement

We are grateful for financial support from the China Natural Sciences Foundation Project (70672112, 71072167) and the Leading Academic Program, 211 Project of Southwestern University of Finance and Economics.

Appendix A.Construct definition and operationalization

Independent variables	**Item**
Structural capital	
Social interaction ties(SIT)	SIT1:I maintain close social relationships with some members in the forum. SIT2:I spend a lot of time interacting with some members in the forum. SIT3:I have frequent communication with some members in the forum.
Relational capital Trust(TR)	TR1:I believe that people in the forum do not use unauthorized knowledge TR2:I believe that people in the forum use other's knowledge appropriately. TR3:Members in the forum are truthful in dealing with one another.
Reciprocity(RE)	RE1:I know that other members in the forum will help me, so it's only fair to help other members. RE2:I believe that members in the forum would help me if I need it. RE3:When I share my knowledge through the forum, I believe that my queries for knowledge will be answered in future.
Cognitive capital	
Shared language(SL)	SL1:Members in the forum use understandable communication patterns during the discussion. SL2:Members in the forum use understandable narrative forms to post messages or articles.
Shared vision(SV)	SV1:Members in the forum share the vision of helping others solve their problems. SV2:Members in the forum share the same goal of learning from each other. SV3:Members in the forum share the same value that helping others is pleasant.

续表

Dependent variables	Item
Information quality(Qual)	Qual1: The information exchanged by members in the forum is reliable. Qual2: The information exchanged by members in the forum is accurate. Qual3: The information exchanged by members in the forum is timely. Qual4: The information exchanged by members in the forum is relevant to the discussion topics.
Information quantity[1](Quan)	Quan1: Number of messages initiated by an individual Quan1: Number of messages replied by an individual

The two items for information quantity were transformed using log transformation to fit the normality assumption of *PLS* analysis. The similar method is used in the studies of Refs.①

A seven-point scale was used: 1 = less than one message; 2 = 1 to 2 messages; 3 = 3 to 5 messages; 4 = 5 to 10 messages; 5 = 10 to 20 messages; 6 = 20 to 40 messages; 7 = more than 40 messages.

Appendix B.Common method variance analysis

Construct	Indicator	Substantive factor loading(*R*1)	$R1^2$	Method factor loading(*R*2)	$R2^2$
Social interaction ties(SIT)	*SIT*1	0. 760*	0. 578	0. 130	0. 017
	*SIT*2	0. 723**	0. 523	0. 201*	0. 040
	*SIT*3	0. 712**	0. 507	−0. 015	0. 000

① Chiu, C.M., Hsu, M.H., & Wang, E.T.G. Understanding Knowledge Sharing in Virtual Communities: An Integration of Social Capital and Social Cognitive Theories. *Decision Support Systems*, 2006, No. 3, pp.1872−1888; Wasko, M.M., & Faraj, S. Why should I Share: Examining Social Capital and Knowledge Contribution in Electronic Networks of Practice. *MIS Quarterly*, 2005, No.1, pp.35−37.

续表

Construct	Indicator	Substantive factor loading(*R*1)	$R1^2$	Method factor loading(*R*2)	$R2^2$
Trust(*TR*)	*TR*1	0.851**	0.724	0.026	0.001
	*TR*2	0.908**	0.824	0.038	0.001
	*TR*3	0.822**	0.676	0.072	0.005
Reciprocity(*RE*)	*RE*1	0.703**	0.494	−0.163*	0.027
	*RE*2	0.832**	0.692	0.086	0.007
	*RE*3	0.768**	0.590	0.074	0.005
Shared language(*SL*)	*SL*1	0.711**	0.506	0.088	0.008
	*SL*2	0.682**	0.465	0.073	0.005
Shared vision(*SV*)	*SV*1	0.665**	0.442	0.097	0.009
	*SV*2	0.722**	0.521	0.150	0.023
	*SV*3	0.719**	0.520	0.012	0.000
Information quality (*Qual*)	*Qual*1	0.733**	0.537	0.053	0.003
	*Qual*2	0.831**	0.691	0.057	0.003
	*Qual*3	0.855**	0.731	−0.195*	0.038
	*Qual*4	0.716**	0.513	0.111	0.012
Information Quantity (*Quan*)	*Quan*1	0.674**	0.454	0.098	0.010
	*Quan*2	0.782**	0.612	0.060	0.004
Average		0.758	0.580	0.053	0.011

* $p<0.05$; ** $p<0.01$.

本文原载 *Decision Support Systems*, 2010, No.2, 作者为 Yong Lu, Dan Yang.

Reducing Conflict in Balanced Scorecard Evaluations

Introduction

Performance evaluation is an essential function in any organization. Consequently, it is important to understand how performance measurement systems influence such appraisals. In a seminal study on the role of accounting data in performance evaluation, Hopwood① highlighted problems with traditional accounting measures of performance. In particular, he noted the lack of comprehensiveness of the measures, the imprecision with which accounting systems measure performance, the limited focus on outcome measures, and the over-emphasis on short-term performance (pp.157-158). Hopwood② hypothesized and found that depending on the evaluation style, reliance on these accounting performance measures can result in dysfunctional consequences including disagreement and conflict between supervisors (raters) and subordinates (ratees). Subsequent studies③ have similarly provided evi-

---

① Hopwood, A.G. An Empirical Study of the Role of Accounting Data in Performance Evaluation. *Journal of Accounting Research*, 1972, Vol.10.

② Hopwood, A.G. An Empirical Study of the Role of Accounting Data in Performance Evaluation. *Journal of Accounting Research*, 1972, Vol.10.

③ Hartmann, F.G.H. The Appropriateness of RAPM: Toward the Further Development of Theory. *Accounting, Organizations and Society*, 2000, No.4-5; Otley, D.T., & Pollanen, R. Budgetary Criteria in Performance Evaluation: a Critical Appraisal Using New Evidence. *Accounting, Organizations and Society*, 2000, No.4-5.

dence suggesting that, depending on various contextual factors, negative consequences(e.g., job-related tension and distrust in supervisor) may result from the reliance on conventional accounting measures when evaluating performance.

In contrast to traditional performance measurement systems, the balanced scorecard(BSC) introduced by Kaplan and Norton① is expected to address many of the concerns raised by Hopwood②. The BSC is a multi-dimensional performance measurement system that includes financial, outcome and short-term as well as non-financial, driver and long-term measures. A key feature of the BSC is its emphasis on linking the performance measures with business unit strategy③ (pp. 374-375). Because of its comprehensive and strategy-linked measures, the BSC can be expected to reduce the likelihood of previously observed disagreement and conflict between raters and ratees by promoting a more holistic approach to performance evaluation. For example, when evaluating poor performance, the inclusion of strategy-linked outcome and driver measures in the BSC may direct raters to attend to strategy quality as an explanation, which they are unlikely to consider when using a system strictly based on outcome measures. Consequently, raters using the BSC may ascribe inferior performance less to ratees and more to strategy-related causes. This would presumably lead to more favorable performance appraisal of ratees and reduce the likelihood of disagreement and conflict between raters and ratees.

Recent studies④, however, suggest that the causal links between driver and

---

① Kaplan, R.S., & Norton, D. The Balanced Scorecard-measures that Drive Performance. *Harvard Business Review*, 1992, No.1, pp.71-79.

② Hopwood, A.G. An Empirical Study of the Role of Accounting Data in Performance Evaluation. *Journal of Accounting Research*, 1972, Vol.10.

③ Otley, D. T. Performance Management: A Framework for Management Control Systems Research. *Management Accounting Research*, 1999, No.4.

④ Ittner, C., & Larcker, D. Coming up Short on Nonfinancial Performance Measurement. *Harvard Business Review* (November), 2003, No.11, pp.99-95; Ittner, C., Larcker, D., & Randall, T. Performance Implications of Strategic Performance Measurement in Financial Services Firms. *Accounting, Organizations and Society*, 2003, No.7-8, pp.715-741.

outcome measures are often overlooked. For example, Ittner et al.'s① (p.725) study of financial services firms found that of those claiming to use a balanced scorecard, 76.9% place little or no reliance on their strategically linked causal business models. In another field study of manufacturing and service companies, Ittner and Larcker② (p.90) note more specifically that among those that create causal models, only 21% go on to validate the causal links between driver and outcome measures. They also observe "businesses often fail to establish such links partly out of laziness or thoughtlessness" (p.89). Thus, the evidence from these studies indicates that although information about strategy effectiveness is available in the BSC, it is not used as much as would have been expected presumably because of cognitive limitations.

The present study posits that the above-noted tendency to overlook the validity of the causal links between driver and outcome measures of the BSC is a potential source of conflict between top management and divisional managers. Specifically, it is proposed that discrepancies in performance ratings between raters and ratees may result from top management's failure to consider the quality of its chosen strategy when evaluating divisional managers' performance. Based on research③ that views performance appraisal primarily from a cognitive process perspective, the present study further posits that top management's failure to consider strategy effectiveness is due to its selective attention bias. Thus, it is hypothesized that increasing top management's awareness of the impact of strategy effectiveness on performance,

① Ittner, C., Larcker, D., & Randall, T. Performance Implications of Strategic Performance Measurement in Financial Services Firms. *Accounting, Organizations and Society*, 2003, No.7-8, pp.715-741.

② Ittner, C., & Larcker, D. Coming up Short on Nonfinancial Performance Measurement. *Harvard Business Review* (November), 2003, No.11, pp.99-95.

③ Feldman, J.M. On the Synergy between Theory and Application: Social Cognition and Performance Appraisal. *Handbook of Social Cognition*, 1994, Vol.2, pp.339-397; Ilgen, D., Barnes-Farrell, J., & McKellin, D. Performance Appraisal Process Research in the 1980s: What has it Contributed to Appraisal in Use? *Organizational Behavior and Human Decision Processes*, 1993, No.3, pp.321-368; Landy, F.J. & Farr, J. Performance Rating. *Psycholo gical Bulletin*, 1980, No.1, pp.72-107.

may reduce conflict resulting from differences in evaluation between top management and divisional managers.

The purpose of this research is to test the foregoing propositions. To establish the existence of a bias, the present research first assesses the extent to which, when using the BSC, divisional performance evaluation differs between individuals who adopt the perspective of top management (the rater) and those who assume the role of divisional managers (the ratees). The study then examines the effectiveness of a mechanism for reducing top management's bias, and thus, the disagreement in performance appraisal between the two perspectives. The specific procedure involves increasing the rater's awareness of the quality of top management's strategy in influencing divisional performance. This is achieved by requiring an explicit assessment of the role of strategy quality in determining divisional performance prior to performance evaluation.

Examining potential conflict and disagreement that may result from top management's bias in performance evaluation within the context of the BSC is significant for at least three reasons. First, the study is important given that, as noted earlier, features specific to the BSC are expected to lessen the likelihood of bias and thus, conflict and disagreement in performance evaluation. However, contrary to expectations, recent field studies① document disagreement and conflict between top management and divisional managers when using the BSC to evaluate the latter's performance. In order to obtain the intended benefits of the BSC, it is important to understand the nature of biases that may result in conflict, and investigate ways in which the biases can be mitigated.

Second, the present study in the specific context of the BSC is important because top management's biases may also influence the effectiveness of the BSC as a

---

① Ittner, C., Larcker, D., & Meyer, M. Subjectivity and the Weighting of Performance Measures: Evidence from a Balanced Scorecard. *The Accounting Review*, 2003, No. 3, pp. 725-758; Malina, M., & Selto, F. Communicating and Controlling Strategy: an Empirical Study of the Effectiveness of the Balanced Scorecard. *Journal of Management Accounting Research*, 2001, No. 1, pp. 47-90.

strategic management system. Kaplan and Norton[1] specifically note how the BSC provides companies with the capacity for strategic learning, enabling them to modify strategies when necessary. In evaluating performance, the exclusive focus on divisional managers' ability and effort to execute the company's strategy, and the failure to consider the effectiveness of the strategy, may impede strategic learning. Specifically, because of the failure to see potential problems with the strategy, it may not be adjusted when it is beneficial and justified to do so.

Third, Keeping and Levy[2] and Cardy and Dobbins[3] argue that one criterion to use in evaluating performance appraisal systems is the reaction of ratees (i.e., divisional managers, in the present context). Although the present study is conducted in the context of the BSC, the results may have implications for reducing conflict and tension between raters and ratees in any performance measurement system.

The remainder of this paper is organized as follows. The next section provides the theoretical background, which leads to the development of the hypotheses. The research method is then described followed by the results, and a discussion of the implications as well as the limitations of the study.

Theoretical background

The balanced scorecard

The BSC provides management with a comprehensive framework that translates

① Kaplan, R.S., & Norton, D. Using the Balanced Scorecard as a Strategic Management System. *Harvard Business Review* (January/February), 1996, No. 2, pp. 75-85; Kaplan, R.S., & Norton, D. *The Strategy Focused Organization: How Balanced Scorecard Companies Thrive in the New Business Environment.* Boston, MA: Harvard Business School Press, 2001.

② Keeping, L.M., & Levy, P.E. Performance Appraisal Reactions: Measurement, Modeling, and Method Bias. *Journal of Applied Psychology*, 2000, No.5, pp.708-723.

③ Cardy, R.L., & Dobbins, G.H. *Performance Appraisal: Alternative Perspectives.* Cincinnati, OH: South-Western Publishing. 1994.

a company's strategy into a coherent set of performance measures①. It supplements traditional financial measures with measures from three additional perspectives: those of customers, internal business processes, and learning and growth. The BSC has several potential benefits. First, compared with traditional measurement systems that include only financial measures, the BSC is designed to improve managers' decision making by guiding their attention to a broader vision of the company's operations②. Second, as a holistic performance measurement system, the BSC provides causal links connecting the multiple classes of non-financial measures ("drivers of the performance") and the financial measures ("final outcome")③. As such, it clearly shows the links by which specific improvements in the drivers are expected to lead to desired outcomes according to the strategy. Third, the BSC can be used as a strategic management system④. In particular, the pattern of results on the causally linked driver and outcome measures may provide clues about the effectiveness of the strategy. This then provides companies with the capacity for strategic learning thereby enabling them to modify strategies when necessary.

The unique features of the BSC noted above, suggest that its use can be expected to reduce the likelihood of disagreement and conflict between raters and ratees in performance evaluation. For example, the causal linkages between the driver and outcome measures are expected to lead raters to consider the effectiveness of the

---

① Kaplan, R.S., & Norton, D. Putting the Balanced Scorecard to Work. *Harvard Business Review* (September/October), 1993, No.5, pp.134-142.

② Kaplan, R.S., & Norton D. The Balanced Scorecard-measures that Drive Performance. *Harvard Business Review*, 1992, No.1, pp.71-79.

③ Campbell, D., Datar, S., Kulp, S., & Narayanan, V. Using the Balanced Scorecard as a Control System for Monitoring and Revising Corporate Strategy. Working Paper, Harvard NOM Research, 2002; Ittner, C., Larcker, D., & Randall, T. Performance Implications of Strategic Performance Measurement in Financial Services Firms. *Accounting, Organizations and Society*, 2003, No.7-8, pp.715-741.

④ Kaplan, R.S., & Norton, D. Using the Balanced Scorecard as a Strategic Management System. *Harvard Business Review* (January/February), 1996, No.2, pp.75-85; Kaplan, R.S., & Norton, D.P. *The Strategy Focused Organization: How Balanced Scorecard Companies Thrive in the New Business Environment.* Boston, MA: Harvard Business School Press, 2001.

strategy in appraising performance. According to Kaplan and Norton[①], "If the unit's employees and managers have delivered on the performance drivers (retraining of employees, availability of information systems, and new financial products and services, for instance), then their failure to achieve the expected outcomes (higher sales to targeted customers, for example) signals that the theory underlying the strategy may not be valid." Thus, the pattern of results in a BSC should enable one to infer the effectiveness of a given strategy. Consequently, a given poor performance would not presumably be ascribed, at least not entirely, to the ratee if weak linkages between the driver and outcome measures suggest an ineffective strategy. Such a possibility does not exist in performance measurement systems that only report outcome measures. Thus, relative to less comprehensive performance measurement systems, the BSC would be expected to lead to lower rater bias in performance appraisal.

Conflict in BSC evaluations

Contrary to the foregoing expectations, two recent field studies[②] (Ittner et al., 2003a; Malina & Selto, 2001) provide evidence of bias and conflict in performance evaluation among firms that have adopted the BSC. Malina and Selto[③] studied divisional managers of a large international manufacturing company that adopted a BSC. They observed significant conflict and tension between top and middle management regarding performance evaluation of the latter. The study also documented the inaccuracy or subjectivity of the BSC measures, top-down instead of participative communication about the BSC, and the use of inappropriate benchmarks for

---

① Kaplan, R.S., & Norton, D. Using the Balanced Scorecard as a Strategic Management System. *Harvard Business Review* (January/February), 1996, No.2, pp.75-85.

② Ittner, C., Larcker, D., & Meyer, M. Subjectivity and the Weighting of Performance Measures: Evidence from a Balanced Scorecard. *The Accounting Review*, 2003, No.3, pp.725-758; Malina, M., & Selto, F. Communicating and Controlling Strategy: An Empirical Study of the Effectiveness of the Balanced Scorecard. *Journal of Management Accounting Research*, 2001, No.1, pp.47-90.

③ Malina, M., & Selto, F. Communicating and Controlling Strategy: An Empirical Study of the Effectiveness of the Balanced Scorecard. *Journal of Management Accounting Research*, 2001, No. 1, pp. 47-90.

evaluation.

In a study of branch managers at a major financial services firm that adopted a BSC-based reward system, Ittner et al.① likewise, documented complaints about favoritism in bonus awards and the uncertainty in the criteria used to determine rewards. In particular, the results of the study indicate that, "the subjectivity in the balanced scorecard plan allowed area directors to incorporate factors other than the scorecard measures in performance evaluations, to change evaluation criteria from quarter to quarter, to ignore measures that were predictive of future financial performance, and to weight measures that were not predictive of desired results," (p. 749). Qualitative analyses of data gathered from two internal surveys of branch managers provide further evidence of dissatisfaction with the BSC. For example, 48% of the respondents disagreed with the statement that the scorecard process fairly assessed job performance. The authors conclude based on their qualitative analyses, that the BSC did not achieve its objectives.

The above findings provide evidence of disagreements in BSC evaluations that are similar to those that have been observed in performance appraisal in other contexts②. More importantly, the findings of the field studies③ suggest that the unique features of the BSC, such as its comprehensive and strategically linked measures, may not be sufficient to overcome performance evaluation bias that can result in

① Ittner, C., Larcker, D., & Meyer, M. Subjectivity and the Weighting of Performance Measures: Evidence from a Balanced Scorecard. *The Accounting Review*, 2003, No.3, pp.725-758.

② Atwater, L.E., Ostroff, C., Yammarino, F.J., & Fleenor, J.W. Self-other Agreement: Does it really Matter? *Personnel Psychology*, 1998, No.3, pp.577-598; Atwater, L.E., & Yammarino, F.Y. Self-other Rating Agreement: A Review and Model. *Research in Personnel and Human Resources Management*, 1997, Vol.15, pp.121-174; Harris, M.M., & Schaubroeck, J. A Meta-analysis of Self-supervisor, Self-peer, and Peer-supervisor Ratings. *Personnel Psychology*, 1988, Vol.41, pp.43-62; Viswesvaran, C., Ones, D.S., & Schmidt, F.L. Comparative Analysis of the Reliability of Job Performance Ratings. *Journal of Applied Psychology*, 1996, No.5, pp.557-574.

③ Ittner, C., Larcker, D., & Meyer, M. Subjectivity and the Weighting of Performance Measures: Evidence from a Balanced Scorecard. *The Accounting Review*, 2003, No.3, pp.725-758; Malina, M, & Selto, F. Communicating and Controlling Strategy: An Empirical Study of the Effectiveness of the Balanced Scorecard. *Journal of Management Accounting Research*, 2001, No.1, pp.47-90.

disagreement and conflict between raters and ratees. Consistent with earlier studies[①], the present research explores how raters' (i.e., top management's) cognitive limitations may bias their performance evaluations, and consequently, result in conflict between them and ratees. Specifically, the current study posits that one source of disagreement between top management and divisional managers, is top management's bias in BSC performance evaluation.

Bias in BSC evaluation

Research by Lipe and Salterio[②] suggests that the benefits of the BSC may not be obtained because of raters' cognitive biases and limitations. For example, Lipe and Salterio found that supervisors' evaluation of divisional managers' performance using BSC was based only on common measures across different business units, and not on the measures that were unique to particular business units. To eliminate such common-measures bias, recent studies have examined various de-biasing techniques, such as providing evaluators with strategy map[③], disaggregating the BSC measures[④], and invoking process accountability and improving the perceived quality of BSC measures[⑤].

---

① Lipe, M.G., & Salterio, S. The Balanced Scorecard: Judgmental Effects of Common and Unique Performance Measures. *The Accounting Review*, 2000, No.3, pp.283-298; Lipe, M.G., & Salterio, S. A Note on the Judgmental Effects of the Balanced Scorecard's Information Organization. *Accounting, Organizations, and Society*, 2002, No.6, pp.531-540.

② Lipe, M.G., & Salterio, S. The Balanced Scorecard: Judgmental Effects of Common and Unique Performance Measures. *The Accounting Review*, 2000, No.3, pp.283-298; Lipe, M.G., & Salterio, S. A Note on the Judgmental Effects of the Balanced Scorecard's Information Organization. *Accounting, Organizations, and Society*, 2002, No.6, pp.531-540.

③ Banker, R.D., Chang, H., &Pizzini, M. The Balanced Scorecard: Judgmental Effects of Performance Measures Linked to Strategy. *The Accounting Review*, 2004, No.1, pp.1-23.

④ Roberts, M., Albright, T., &Hibbets, A. Debiasing Balanced Scorecard Evaluations. *Behavioral Research in Accounting*, 2004, No.1, pp.75-88.

⑤ Libby, T., Salterio, S.E., &Webb, A. The Balanced Scorecard: The Effects of Assurance and Process Accountability on Managerial Judgment. *The Accounting Review*, 2004, No.4, pp.1075-1094.

Following Lipe and Salterio① who suggest that managers paid insufficient attention to unique measures relative to common measures, the current study posits that raters'(top management) bias may be attributable to their inadequate attention to the quality of the strategy compared to the effort and ability of ratees(divisional managers), as a potential determinant of performance. As noted before, although the strength of the causal linkages among the BSC measures, as suggested by the pattern of results, should enable one to infer the effectiveness of a given strategy②, field studies③, suggest that the causal links between driver and outcome measures are often overlooked. Ittner and Larcker④(p.89) in particular, note that businesses often fail to establish such causal links partly out of laziness or thoughtlessness. The current study posits that one source of disagreement between top management and divisional managers, is top management's failure to consider the potential influence of strategy quality on the latter's performance. Specifically, it is proposed that this failure is due to selective attention bias among top management.

It is important to distinguish between raters' attention to the quality of the strategy and their awareness of strategically linked measures in the BSC. The study by Banker et al.⑤ found that in evaluating performance, raters attend to strategically linked measures when they are provided with a strategy map. Specifically, in such a case, raters place more weight on strategically linked measures than

---

① Lipe, M.G., &Salterio, S.The Balanced Scorecard: Judgmental Effects of Common and Unique Performance Measures. *The Accounting Review*, 2000, No.3, pp.283-298.

② Kaplan, R.S., & Norton, D.Using the Balanced Scorecard as a Strategic Management System. *Harvard Business Review*(January/February), 1996, No.2, pp.75-85.

③ Ittner, C., & Larcker, D.Coming up Short on Nonfinancial Performance Measurement. *Harvard Business Review*(November), 2003, No.11, pp.99-95; Ittner, C., Larcker, D., & Randall T.Performance Implications of Strategic Performance Measurement in Financial Services Firms. *Accounting, Organizations and Society*, 2003, No.7-8, pp.715-741.

④ Ittner, C., & Larcker, D.Coming up Short on Nonfinancial Performance Measurement. *Harvard Business Review*(November), 2003, No.11, pp.99-95.

⑤ Banker, R.D., Chang, H., & Pizzini, M.The balanced Scorecard: Judgmental Effects of Performance Measures Linked to Strategy. *The Accounting Review*, 2004, No.1, pp.1-23.

on non-linked measures. The present study conjectures that if participants cannot differentiate between linked and non-linked measures, they are unlikely to be able to assess the quality of the strategy and consider it in the evaluation of the store managers. However, although raters may be made aware of strategically linked measures, they will not necessarily assess the quality of the strategy or consider it in appraising the performance of divisional managers.

Selective attention in performance appraisal

Research① that views performance appraisal primarily from a cognitive process perspective has identified several sources of bias and inaccuracies. One such source is the rater's selective attention. The rater's ability to selectively attend to information influences rating accuracy②. The present study focuses specifically on problems of raters' selective attention. The remainder of this section examines two types of selective attention biases that are particularly relevant to the present context. These provide the basis for (1) predicting the difference in BSC performance evaluation between top management and divisional managers, and (2) proposing the mechanism for reducing top management's bias, and ultimately, the difference in BSC performance appraisal between top management and divisional managers. Below, consistent with the specific context of the present study, the relevant biases are discussed as they relate to the evaluation of poor divisional performance. Conflict may be more likely to occur in such a situation than when performance is superior.

The actor-observer bias. Jones and Nisbett③ proposed that actors tend to view

---

① Feldman, J.M. On the Synergy Between Theory and Application: Social Cognition and Performance Appraisal. *Handbook of Social Cognition*, 1994, Vol.2, pp.339-397; Ilgen, D., Barnes-Farrell, J., & McKellin, D. Performance Appraisal Process Research in the 1980s: What Has it Contributed to Appraisal in Use? *Organizational Behavior and Human Decision Processes*, 1993, No.3, pp.321-368.

② Cardy, R.L., & Kehoe, J.F. Rater Selective Ability and Appraisal Effectiveness: the Effect of a Cognitive Style on the Accuracy of Differentiation Among Ratees. *Journal of Applied Psychology*, 1984, No.4, pp.589-594.

③ Jones, E.E., & Nisbett, RE. *The Actor and the Observer: Different Perceptions of the Causes of Behavior*. Morristown, NJ: General Leaning Press, 1971.

their behavior as determined by situational factors whereas observers tend to attribute the same behavior to the actors' dispositions(e.g., traits, character, etc.). In a review of the related literature, Watson[①] examined research evidence of the actor-observer bias and found that it is largely due to the differential tendency of actors and observers to attribute causality to the environment, rather than a differential preference for dispositional inferences. In particular, actors and observers do not differ significantly in attributing behavior to actors' dispositions. However, compared to actors, observers tend to attribute actors' behavior less to situational factors.

Based on the abovefinding, it is postulated that when evaluating performance, top management(the observer) is less likely than divisional managers(the actors) to perceive that performance of the latter is due to situational factors. In the present context, the quality(effectiveness or ineffectiveness) of the strategy represents one situational determinant of divisional performance. The comprehensive and strategically linked measures in a BSC are expected to facilitate the evaluation of the quality of the strategy[②]. Such strategy evaluation would then presumably be considered in making inferences about divisional managers and assessing their performance. However, to the extent that the actor-observer bias exists, it is expected that when divisional performance is inferior, top management is less likely than divisional managers to ascribe it to a possibly ineffective strategy. Consequently, compared to divisional managers, top management will tend to rate the managers lower on performance.

The correspondence bias. One of the most robust findings in social psychology is the correspondence bias. The correspondence bias is the tendency to draw inferences about a person's unique and enduring dispositions from behaviors that can be en-

① Watson, D. The Actor and the Observer: How are Their Perceptions of Causality Different? *Psychological Bulletin*, 1982, No.3, pp.682-700.

② Kaplan, R.S., & Norton, D. Using the Balanced Scorecard as a Strategic Management System. *Harvard Business Review* (January/February), 1996, No.2, pp.75-85; Kaplan, R.S., & Norton, D. *The Strategy Focused Organization: How Balanced Scorecard Companies Thrive in the New Business Environment*. Boston, MA: Harvard Business School Press, 2001.

tirely explained by the situations in which they occur①. As in the case of the actor-observer bias, the tendency is to ignore situational factors that can clearly explain the observed behavior. In the present context, examining the comprehensive and the causally linked measures of the BSC presumably can highlight potential problems with the strategy②. However, if top management is susceptible to the correspondence bias, it will ignore the role of its possibly ineffective strategy in contributing to divisional managers' inferior performance. Instead, it will hold divisional managers entirely responsible for the poor performance. As a result, top management will rate divisional managers lower than if the bad performance had been, at least partly, ascribed to a poorly formulated strategy.

Reducing bias and conflict

The preceding discussion describes biases, which explain why top management may assign lower performance ratings than divisional managers who are evaluated using the BSC. To overcome this apparent predisposition, it is necessary to first understand the reasons for the biases.

Both the actor-observer bias and the correspondence bias have been explained from the cognitive information processing perspective. For example, the evidence reviewed by Watson③ demonstrates the importance of the salience of situational factors in determining the extent of the actor-observer bias. Specifically, an observer who is made more aware of situational factors by increasing their salience typically makes more situational attributions.

Similarly, Gilbert and Malone④ suggest that one possible reason for the corre-

① Gilbert, D.T., & Malone, P.S. The Correspondence Bias. *Psychological Bulletin*, 1995, No.1, pp. 21-38.

② Kaplan, R.S., & Norton, D. Using the Balanced Scorecard as a Strategic Management System. *Harvard Business Review* (January/February), 1996, No.2, pp.75-85.

③ Watson, D. The Actor and the Observer: How are Their Perceptions of Causality Different? *Psychological Bulletin*, 1982, No.3, pp.682-700.

④ Gilbert, D.T., & Malone, P.S. The Correspondence Bias. *Psychological Bulletin*, 1995, No.1, pp. 21-38.

spondence bias is the lack of awareness of situational forces. They note (p.25), "To avoid the correspondence bias, an observer must realize that a situation is playing a causal role in an actor's behavior." They add, "one can implicate situational forces as causes only when one is aware that such forces exist in the First place." In a recent study, Choi and Nisbett① found that increasing the salience of situational constraints reduced correspondence bias among Korean participants. Thus, it appears that both the actor-observer bias and the correspondence bias can be reduced by making the observer more aware of the relevance of situational factors in influencing behavior. Research② suggests that once observers attend to situational factors, they may correct their initial inference. In the present context, if raters become aware of strategy quality (situational factor) as a determinant of performance, they may revise their inferences about the store managers. These inferences then presumably influence their performance evaluation.

Based on the foregoing, the present research proposes and tests the effectiveness of a mechanism for reducing the difference in BSC performance evaluation between top management and divisional managers. The current research examines the effectiveness of a de-biasing mechanism for increasing raters' awareness of the quality of strategy as a potential determinant of divisional performance. Specifically, it involves a step that requires top management to explicitly assess the significance of its strategy quality in influencing divisional performance prior to the evaluation of the divisional managers. This procedure is expected to increase the salience of strategy ineffectiveness as a possible cause for observed poor divisional performance. Top management should then discount the responsibility of divisional

---

① Choi, I., & Nisbett, R.E. Situational Salience and Cultural Differences in the Correspondence Bias and Actor-observer Bias. *Personality and Social Psychology Bulletin*, 1998, No.9.

② Gilbert, D.T., &Malone, P.S. The Correspondence Bias. *Psychological Bulletin*, 1995, No.1, pp. 21-38; Lieberman, M. D., Gaunt, R., Gilbert, D. T., &Trope, Y. Reflexion and Reflection: a Social Cognitive Neuroscience Approach to Attributional Inference. Advances in Experimental Social Psychology, 2002, Vol.34, pp.199-249; Reeder, G.D. Trait-behavior Relations and Dispositional Inference. *Personality and Social Psychology Bulletin*, 1993, No.5, pp.586-593.

managers for the inferior divisional performance, and thus, rate them more favorably. As a result, the performance evaluations of top management and divisional managers should be less divergent.

Hypotheses

Based on the discussion in the preceding section, two hypotheses are formulated. Because it is expected that when using the BSC, top management is less likely than divisional managers to consider a potentially ineffective strategy as a reason for poor divisional performance, the first hypothesis predicts that when using the BSC, performance evaluations will diverge between top management and divisional managers. Specifically, in the absence of any mechanism to reduce top management's bias, and in the context of inferior divisional performance, top management will rate the performance of divisional managers lower than the latter. Thus, the first hypothesis is:

H1: In the context of poor divisional performance, individuals who assume the role of top management will rate divisional managers significantly lower than those who assume the role of a divisional manager.

The second hypothesis predicts that when using the BSC, the difference in performance evaluations between top management and divisional managers will be reduced as a result of increasing top management's awareness of the importance of its strategy in determining divisional performance. More specifically, it is expected that requiring an explicit assessment of the significance of strategy effectiveness in contributing to divisional performance will result in top management's discounting of divisional managers as a cause of inferior divisional performance. Consequently, top management's perceptions about divisional managers will be more favorable and it will rate them higher than when the ineffectiveness of the strategy is not considered as a possible cause of poor divisional performance. Because divisional managers presumably ascribe the inferior performance to strategy without the de-biasing mechanism, the same effect is not expected to be significant among them. Thus, the following is postulated:

H2: In the context of poor divisional performance, the difference in performance ratings between individuals who assume the role of top management and those who assume the role of divisional managers will be significantly smaller when they are first required to assess the importance of strategy in determining divisional performance than when they are not required to do so.

Method

Overview

Participants read a case, which described a new strategic business unit (SBU) recently acquired by a clothing company. The SBU consisted of two stores (Store A and Store B) each managed by a newly hired store manager. The case also stated that top management adopted for the new SBU, a new sales growth strategy recommended by a well-known independent consultant. Participants were then asked to assume either the role of top management (top management condition) or a store manager (store manager condition). After examining the BSC, half of the participants (assessment condition) were required to assess the extent to which they believed the new SBU's performance was due to the quality of the adopted sales growth strategy and due to the divisional managers' ability and effort in executing the strategy. The other half of the participants (no assessment condition) made no such assessment. All participants were subsequently instructed to provide a preliminary performance evaluation of each store manager.

Participants

A total of 68 evening MBA students at a Chinese university completed the survey during class time. Sixty-six percent were male, and the average age was 29 years. The participants had an average of 6.5 years of full-time work experience, and 67% held management positions.

Design

This study employed a 2(Role)×2(Assessment)×2(Store) design. The First two factors were between-subjects factors and allowed the study's hypotheses to be tested. Store was a within-subjects factor. This manipulation had two purposes. First, it was designed to provide participants with BSC results that imply a potential problem with the strategy. This was achieved by presenting across the two stores, a consistent pattern of performance suggesting weak linkages between driver and outcome measures. This was necessary in order to examine whether as suggested by Kaplan and Norton①, raters recognize the possibility of an ineffective strategy in the absence (H1) and in the presence (H2) of a de-biasing procedure.

Second, based on the findings of Banker et al.②, another purpose of the store manipulation was to verify whether participants distinguished between the strategically linked and non-linked measures. As posited earlier, if participants cannot differentiate between linked and non-linked measures, they are unlikely to be able to assess the quality of the strategy and consider it in the evaluation of the store managers. In the present study, the BSC of the two stores were designed such that Store A performed better than Store B on the non-linked measures whereas Store B performed better than Store A on the strategically linked measures. If consistent with Banker et al.'s③ findings, participants are able to distinguish between linked and non-linked measures (by assigning a higher evaluation to the manager of Store B

① Kaplan, R.S., & Norton, D. Using the Balanced Scorecard as a Strategic Management System. *Harvard Business Review* (January/February), 1996, No.2, pp.75-85.

② Banker, R.D., Chang, H., & Pizzini, M. The Balanced Scorecard: Judgmental Effects of Performance Measures Linked to Strategy. *The Accounting Review*, 2004, No.1, pp.1-23.

③ Banker, R.D., Chang, H., & Pizzini, M. The Balanced Scorecard: Judgmental Effects of Performance Measures Linked to Strategy. *The Accounting Review*, 2004, No.1, pp.1-23.

than the manager of Store A), it would suggest that any observed performance evaluation bias should not be attributed to participants' inattention to the *strategy-linked measures*, but instead to other factors such as the failure to consider the *quality of the strategy*. In contrast, if participants do not differentiate between linked and non-linked measures (i.e., the manager of Store B is not evaluated higher than the manager of Store A), it is possible that subsequent performance evaluation bias may simply be due to participants' inattention specifically to the strategy-linked measures.

The three manipulated factors are described in the independent variables section. Each participant was randomly assigned to one of the four combinations of role and assessment. The same two stores and their BSC results were used in all four conditions.

Case material

The case used in the current study was adapted from Lipe and Salterio① and Banker et al.②.③ It described a SBU recently acquired by a clothing company. Following Banker et al.④, the case also described the sales growth strategy (see Fig.1) recommended by an independent consultant, and adopted by top management for implementation at the two stores of the new SBU. Participants were told that both

① Lipe, M.G., & Salterio, S. The Balanced Scorecard: Judgmental Effects of Common and Unique Performance Measures. *The Accounting Review*, 2000, No.3, pp.283-298.

② Banker, R.D., Chang, H., & Pizzini, M. The Balanced Scorecard: Judgmental Effects of Performance Measures Linked to Strategy. *The Accounting Review*, 2004, No.1, pp.1-23.

③ The case used in the present study differs from those used by Lipe and Salterio (2000) and Banker et al. (2004) as follows. Because the focus of these studies was on judgmental effects of common and unique measures, they compared two SBUs with different strategies, measures and targets. The current study, however, compared two stores within one SBU. A main purpose of the store manipulation was to convey to participants the possibility of an ineffective SBU strategy through the consistent pattern of BSC results across both stores. Thus, in the present study, the two stores had the same strategy, measures and targets.

④ Banker, R.D., Chang, H., & Pizzini, M. The Balanced Scorecard: Judgmental Effects of Performance Measures Linked to Strategy. *The Accounting Review*, 2004, No.1, pp.1-23.

store managers were recently hired to execute the new strategy. They were then instructed to assume either the role of a member of top management or one of the store managers of the new SBU. A description of the BSC measurement system recommended by the independent consultant was subsequently presented. The performance results were then presented in a BSC as shown in Table 1.

Table 1 Balanced scorecard for ASL's new SBU

Measure	Target for both stores	Store A		Store B	
		Actual	%better (or worse) than target	Actual	%better (or worse) than target
Financial perspective					
1. *Sales margins*	60.00%	58.0%	−3.33	54.0%	−10
2. *Sales growth*	10%	5.4%	−46	6.0%	−40
3. *Assets turnover*	6	5.8	−3.33	5.8	−3.33
4. *Return on expenses*	40%	38.0%	−5	38.3%	−4.25
Customer perspective					
1. *Repeat sales%*	40.00%	35.4%	−11.5	37.8%	−5.5
2. *Customer satisfaction rating*	85	75	−11.76	81	−4.71
3. *Sales per square foot of retail space*	$30,000	$28,500	−5	$26,700	−11
4. *Customer returns as a % of sales*	3.50%	3.7%	−4.29	3.9%	−11.43
Internal process perspective					
1. *Store appearance rating*	85	87	2.35	95	11.76
2. *Number of stock-outs*	<3 *times*	2.65	11.67	2.93	2.67
3. *"Mystery shopper" rating on "perfect shopping experience"*	80	82	2.5	89	11.25
4. *Times to process returns*	<4 *min*	3.55	11.25	3.92	2

续表

Measure	Target for both stores	Store A		Store B	
		Actual	%better(or worse) than target	Actual	%better(or worse) than target
Learning and growth perspective					
1. *Employee satisfaction*	80	82	2.5	90.5	13.13
2. *Employee suggestions per year*	>3 *times*	3.4	13.33	3.1	3.3
3. *Store computerization*	60.00%	66.5%	10.83	61.0%	1.67
4. *Hours of employee training*	>70 *h*	72	2.86	78	11.43

[a] The strategically linked measures are italicized. However, in the actual instrument, they were not.

At this point, participants in the assessment condition were asked to indicate separately the extent to which they believed the new SBU's performance was due to: (1) the quality of the adopted sales growth strategy, and (2) the divisional managers' ability and effort in executing the strategy. The order of these two questions was alternated. All participants were then asked to rate each of the two store managers. The last part of the instrument requested participants to answer a question to verify the effectiveness of the role manipulation, and to provide demographic information.

The instrument was originally written in English. After translating it into Chinese, it was back translated into English following Brislin①. There were no significant problems in either the translation or back translation.

ASL, Incorporated, owns and operates a chain of clothing stores. The company recently acquired two stores to form a new strategic business unit (SBU). The new SBU will specifically cater to fashion-conscious professional women with the goal of becoming a chain of stores in which women can shop for all of their wardrobe

① Brislin, R.W. Back-translation for Cross-cultural Research. *Journal of Cross-Cultural Psychology*, 1970, No.3, pp.185-216.

needs, from clothing to accessories to shoes, in one convenient location. To assist the company in planning its strategy for the new SBU, a well-known independent consultant was hired. Following the advice of the consultant, ASL chose the following sales growth strategy for its new SBU:

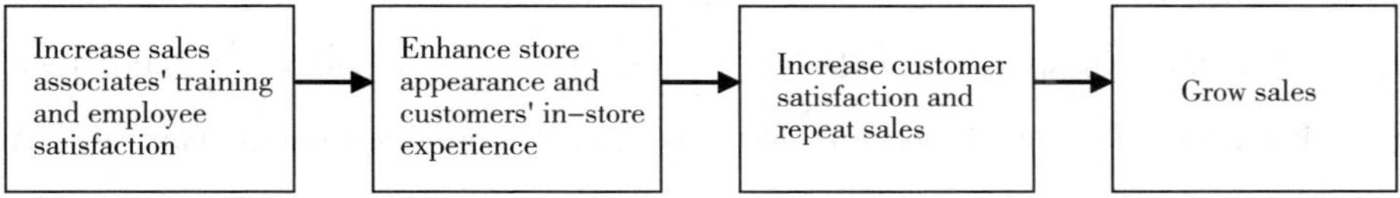

Fig 1. Sales growth strategy for ASL's new SBU.

According to the sales growth strategy, ASL's new stores will focus on the training of its sales associates, and improve employee satisfaction. Better-trained and more satisfied employees will enhance store appearance, and enable the creation of a "perfect in-store shopping experience." This will in turn, increase customer satisfaction and repeat sales, and result in sales growth at ASL's new SBU.

Independent variables

The two between-subjects independent variables were role and assessment. Role was manipulated by instructing the participant to imagine that he/she was a member of the top management or one of the store managers of the new SBU. The written instruction appeared in the case before the BSC and performance evaluation questions. Participants were also reminded of their role by one of the experimenters at the beginning of the survey.

The assessment treatment consisted of requiring half of the participants to indicate on separate 11-point scales (0: not at all; 10: to a great extent), the extent to which they believed that the new SBU's performance was due to the quality of its strategy, and due to the ability and effort of the store managers. The assessment was made before the evaluation of the store managers. Participants in the no assessment condition did not perform this step.

Store was a within-subjects factor. To present a consistent pattern of performance across two stores, the results in the BSC showed that both stores performed better than target on the internal business process and the learning and growth measures, and worse than target on financial and customer measures. Moreover, to verify participants' ability to differentiate between strategically linked and non-linked measures, the BSC of the two stores were designed such that Store A performed better than Store B on the non-linked measures whereas Store B performed better than Store A on the strategically linked measures (see Table 1). However, for each of the four categories of the BSC, the sum of the variance (difference between actual results and target) as a percentage of the target was the same for the two stores.

Dependent measure

Participants were asked to evaluate each of the two store managers on an 11-point scale (0: extremely poor; 10: excellent). The performance evaluation ratings were used to test the hypotheses.

Results

Manipulation check

The role manipulation was overall effective. Only two out of 34 participants who were assigned to the role of store manager indicated that they assumed the role of top management. Three out of 34 participants who were assigned to the role of top management responded that they assumed the store manager role. The data analyses reported below exclude the five participants who failed the manipulation check question. The results are not significantly different when the responses of those five participants are included in the data analyses.

Participants were also asked to indicate on separate 11-point scales, the perceived realism(0:not at all realistic;10:extremely realistic) and the level of difficulty(0: not at all difficult; 10: extremely difficult) of the case. In general, they thought that the case was reasonably realistic(*mean*=6.63, *sd*=1.64), and moderately difficult(*mean*=5.56, *sd*=1.92).

Hypothesis tests

To test the hypotheses, a 2(Role)×2(Assessment)×2(Store) repeated-measures analysis of variance(ANOVA) was performed on the performance evaluation ratings. As shown in Table 2, there was a significant interaction between role and assessment ($F(1,59)=4.22, p=0.04$). The test of each hypothesis is presented below.

Table 2 Assessment×role×store ANOVA on performance evaluation[a] ($n=63$)

Source of variation	***df***	***Sum of squares***	***Mean squares***	***F***	***p*-value**
Between subjects					
Assessment	1	5.32	5.32	1.80	0.184
Role	1	0.52	0.52	0.18	0.675
Assessment×role	1	12.43	12.43	4.22	0.044
Error	59	173.92	2.95		
Within subjects					
Store	1	20.57	20.57	13.87	<0.001
Assessment×store	1	0.37	0.37	0.25	0.617
Role×store	1	0.22	0.22	0.15	0.704
Assessment×role×store	1	0.43	0.43	0.29	0.594
Error	59	87.51	1.48		
Total	125	301.80			

[a] The dependent variable is the performance evaluation score of the individual store manager.

H1. The first hypothesis predicts that in the absence of any mechanism to reduce top management's bias, participants who assume the top management role will rate performance significantly lower than those who assume the divisional manager role. To test this hypothesis, a simple-effects contrast of the roles within the no assessment condition was performed[①] (pp. 860). The results show that participants who were assigned to the top management role (4.86, sd = 1.58) gave significantly (t = 1.75, p = 0.04, one-tailed) lower evaluations to the store managers on average than those who assumed the store manager role (5.62, sd = 1..6). Similar results were obtained using the evaluation of the individual stores. Participants who were assigned to the top management role gave lower ratings to store managers A (4.50, sd = 1.63) and B (5.22, sd = 1.49) than those who assumed the store manager role (A = 5.06, sd 1.71; B = 6.18, sd = 1.19). Therefore, H1 is supported.

H2. The second hypothesis predicts that the difference in performance ratings between individuals who assume the role of top management and those who assume the role of divisional managers will be significantly smaller when they are first required to assess the importance of the quality of the strategy in determining overall performance than when they are not required to do so. As shown in Table 2 and Fig. 2, there was a significant interaction between role and assessment on divisional performance evaluation ($F(1, 59) = 4.22$, p = 0.04).

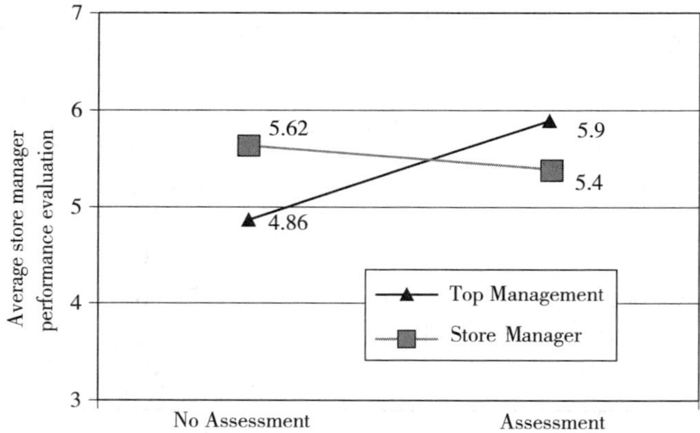

Fig.2. Role×assessment interaction effect on store manager performance evaluation.

① Neter, J., Kutner, M.H., Nachtsheim, C.J., & Wasserman, W. *Applied Linear Statistical Models*. Boston: WCB/McGraw-Hill, 1996.

To examine the specific nature of the interaction and in particular, how assessment influenced the performance evaluation among participants in the top management and the divisional manager roles, simple – effects contrasts of assessment within each role were performed. As shown in Fig.3A, among participants who assumed the role of top management, the evaluation of store managers was significantly ($t = 2.41$, $p = 0.01$, one – tailed) higher when they were required to make the assessment (5.9, $sd = 1.12$) than when they were not (4.86, $sd = 1.15$). In contrast, the effect of Assessment was not significant ($t = -0.50$, $p = 0.62$) among participants who assumed the role of store managers (see Fig.3B).

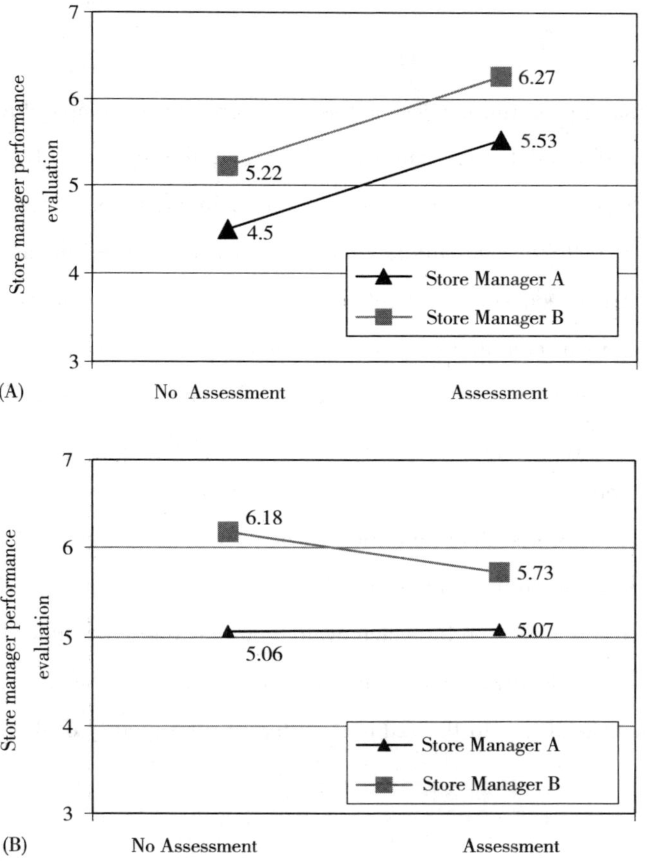

Fig.3. (A) Top management evaluation of store manager performance.
(B) Store manager evaluation of store manager performance.

The results of the test of H1 established that in the no assessment condition, individuals who assumed the role of top management rate performance significantly lower than those who assumed the role of a divisional manager. To determine whether this difference remained significant in the assessment condition, the performance ratings for the two roles were compared for that condition. The results showed that the difference in evaluation between roles was no longer significant(t= 1.16, p=0.25). The average performance ratings of the top management and store manager were 5.9(sd=1.12) and 5.4(sd=1.27) respectively. Together, the results of the preceding tests support H2.

Store main effect

Recall that the performances of the two stores were comparable except that store B(A) performed better than store A(B) on the strategically linked (non-linked) measures. Table 2 shows a significant main effect of store ($F(1, 59)$ = 13.87, p<0.01). Neither the interaction effect between store and assessment (p = 0.62) nor that between store and role (p = 0.70) was significant. Across both role and both assessment conditions, store manager B was given a higher rating (5.85, sd=1.41) than store manager A (5.03, sd=1.60). Thus, consistent with the results of Banker et al.①, participants placed more weight on the strategically linked measures than on the non-linked measures. This finding suggests that participants in both role and both assessment conditions were able to distinguish between strategically linked and non-linked measures. This evidence is consistent with the current study's conjecture that the performance evaluation bias observed under the no assessment condition is not attributable to the lack of awareness of the strategically linked measures, but instead due to the failure to attend to the quality of the strategy.

① Banker, R.D., Chang, H., & Pizzini, M. The Balanced Scorecard: Judgmental Effects of Performance Measures Linked to Strategy. *The Accounting Review*, 2004, No.1, pp.1-23.

Discussion

Summary of results

Following research① that examines biases in BSC evaluations, the present study explored the role of rater's selective attention in contributing to conflict between raters and ratees. Specifically, based on research on biases and performance appraisal, the present study investigated (1) the extent to which performance evaluation using the BSC diverges between individuals who assume the role of top management (rater) and those who adopt the role of a store manager (ratee), and (2) the degree to which the difference in BSC performance evaluation is reduced as a result of requiring participants to assess the significance of strategy effectiveness in influencing performance, prior to rating divisional performance.

As hypothesized, individuals who assumed the role of top management rated divisional performance lower than those who assumed the role of store managers. This is consistent with the evidence of disagreement in BSC evaluations between top management and divisional managers, gathered from field studies②. While this finding is not unlike those observed in other performance evaluation contexts③, it is

---

① Lipe, M.G., & Salterio, S. The Balanced Scorecard: Judgmental Effects of Common and Unique Performance Measures. *The Accounting Review*, 2000, No.3, pp.283 – 298; Lipe, M.G., & Salterio, S. A Note on the Judgmental Effects of the Balanced Scorecard's Information Organization. *Accounting, Organizations, and Society*, 2002, No.6, pp.531–540.

② Ittner, C., Larcker, D., & Meyer, M. Subjectivity and the Weighting of Performance Measures: Evidence from a Balanced Scorecard. *The Accounting Review*, 2003, No.3, pp.725 – 758; Malina, M., & Selto, F. Communicating and Controlling Strategy: An Empirical Study of the Effectiveness of the Balanced Scorecard. *Journal of Management Accounting Research*, 2001, No.1, pp.47–90.

③ Atwater, L.E., Ostroff, C., Yammarino, F.J., & Fleenor, J.W. Self–other Agreement: Does it Really Matter? *Personnel Psychology*, 1998, No.3, pp.577 – 598; Atwater, L.E., & Yammarino, F.Y. Self–other Rating Agreement: A Review and model. *Research in Personnel and Human Resources Management*, 1997, Vol.15, pp. 121 – 174; Harris, M.M., & Schaubroeck, J. A Meta – analysis of Self – supervisor, Self–peer, and Peer – supervisor Ratings. *Personnel Psychology*, 1988, Vol.41, pp.43 – 62; Viswesvaran, C., Ones, D.S., & Schmidt, F.L. Comparative Analysis of the Reliability of Job Performance Ratings. *Journal of Applied Psychology*, 1996, No.5, pp.557–574.

particularly important in the present situation since the comprehensive and strategically linked measures of the BSC are expected to lead to lower rater bias than traditional performance measurement systems that include only financial and outcome measures. Thus, the finding suggests that contrary to expectations, the unique features of the BSC do not significantly reduce selective attention bias that presumably leads to conflict between top management and divisional managers.

The predicted effect of increasing top management's awareness of the importance of strategy effectiveness was also obtained. Specifically, as postulated, individuals who were assigned to the role of top management rated store managers significantly better when they were required to assess the role of strategy quality in determining divisional performance than when they were not. Apparently, without explicit prompting, participants assigned to the role of top management do not automatically consider the strategy. In contrast, among participants who assumed the role of store managers, there was no significant difference in performance ratings between those prompted to assess the role of strategy effectiveness and those who were not. It appears that participants in the store manager role consider the strategy even when they are not explicitly required to do so.

As a result of the required assessment, the difference in performance evaluation between participants in the top management and the store manager roles was no longer significant. This pattern of results is consistent with the present study's conjecture that the observed performance evaluation bias may be due to top management's failure to attend to the quality of the strategy when appraising divisional managers' performance.

Consistent with the findings of Banker et al.①, the Store main effect observed in the current study implies that participants were able to distinguish between strategically linked and nonlinked measures, and assigned more weight to the former.

① Banker, R.D., Chang, H., & Pizzini, M. The Balanced Scorecard: Judgmental Effects of Performance Measures Linked to Strategy. *The Accounting Review*, 2004, No.1, pp.1-23.

Since performance bias is observed in the no assessment condition when participants are able to differentiate between strategically linked and non-linked measures, this evidence suggests that participants' attention to strategically linked measures is not sufficient to reduce selective attention bias that presumably leads to conflict between top management and divisional managers.

Implications

Together, the above results are important in attempting to understand possible reasons for conflict and tension similar to those observed in field studies① between evaluators and those being evaluated using the BSC. Specifically, the findings of the present study suggest that one source of the disagreement in performance ratings appears to be top management's (the rater's) insufficient attention to the quality (effectiveness or ineffectiveness) of its strategy in evaluating divisional manager performance. Such bias may reduce the likelihood of achieving the benefits of the BSC. For example, divisional managers (ratees) may ignore the BSC if they perceive it to be completely subjective, unfair or irrelevant to their performance evaluation.

The results also indicate that in the context of poor divisional performance, it may be possible to reduce top management's bias by requiring an assessment of the influence of strategy quality on divisional performance. Moreover, the apparent effectiveness of the assessment procedure suggests that top management's bias observed in the current study may be cognitive and not motivational or self-serving. These findings have potential implications to the extent that they suggest a means to mitigate the observed bias and possibly, the conflict and tension between top management and divisional managers. This is necessary if the benefits of the BSC are to be achieved.

---

① Ittner, C., Larcker, D., & Meyer, M. Subjectivity and the Weighting of Performance Measures: Evidence from a Balanced Scorecard. *The Accounting Review*, 2003, No. 3, pp. 725–758; Malina, M., & Selto, F. Communicating and Controlling Strategy: An Empirical Study of the Effectiveness of the Balanced Scorecard. *Journal of Management Accounting Research*, 2001, No. 1, pp. 47–90.

Reducing top management's bias may in addition increase the effectiveness of the BSC as a strategic management system. In evaluating divisional performance, emphasizing the effectiveness of the strategy may facilitate the identification of its limitations, and consequently, highlight the need for its revision. This is consistent with the strategic management system function of the BSC①.

It is also important to note the implications of the present findings for other performance measurement systems. First, if as observed in the present study, the comprehensiveness of the BSC is not sufficient enough to reduce selective attention bias in performance evaluation, it can be expected that conflict would be even more likely in other performance measurement systems that do not include strategy linked outcome and driver measures. In other words, performance raters are less likely to evaluate strategy if they receive performance reports that are less clearly strategy-based. Second, reminding raters of other situational causes of ratees' performance may have similar de-biasing effects in other performance evaluation systems. Nonetheless, the specific de-biasing procedure (assessment of the role of strategy quality) used in the present study for reducing potential conflict may not be as effective when using other performance measurement systems that are strictly based on outcome measures as when using the BSC. This is because those performance measurement systems may not enable the quality of the strategy to be inferred.

The foregoing implications of the current study must nevertheless be qualified in light of the experimental research method employed. Because the present study was conducted in a controlled environment, it omitted many contextual factors that would be present in the natural setting. Thus, the results of the current research do not imply that top management's selective attention bias can only be reduced by the proposed assessment mechanism. Several factors that are present in the natural busi-

① Kaplan, R.S., &Norton, D. Using the Balanced Scorecard as a Strategic Management System. *Harvard Business Review* (January/February), 1996, No. 2, pp. 75-85; Kaplan, R. S., &Norton, D. *The Strategy Focused Organization: How Balanced Scorecard Companies Thrive in the New Business Environment*. Boston, MA: Harvard Business School Press, 2001.

ness environment may similarly reduce the likelihood of such a bias. For example, communications through participative decision making between top management and divisional managers may highlight the former's tendency to be susceptible to selective attention in performance evaluation. Moreover, according to Balser and Stern①(p.1033), evaluative and corrective processes not only take place within formal appraisal systems but may happen informally as well. Hence, formal and informal information exchanges between raters and ratees may reduce the extent of top management's selective attention bias as effectively as the mechanism proposed in the current study.

Limitations and future studies

The foregoing results should be interpreted in light of the study's limitations. First, this study's focus was limited to sources of bias due to top management's (the rater's) selective attention in evaluating poor performance. Sources of bias other than those identified by Lipe and Salterio② and in this study, are likely to exist in BSC evaluations. Although the results of the present study suggest that the observed bias among top management may be cognitive, motivational or self-serving biases may still be present in the natural environment. For example, Moers③ examined archival data of a firm and found evidence suggesting that when using subjective and multiple performance measures, superiors may be motivated to compress and give more lenient performance ratings. The present study was also limited to rater bias in BSC evaluation of poor divisional performance only. Both rater and ratee biases may be

① Balser, D.B., & Stern, R.N. Resistance and Cooperation: A Response to Conflict over Job Performance. *Human Relations*, 1999, No.8, pp.1029-1053.

② Lipe, M.G., & Salterio, S. The Balanced Scorecard: Judgmental Effects of Common and Unique Performance Measures. *The Accounting Review*, 2000, No.3, pp.283-298; Lipe, M.G., & Salterio, S. A Note on the Judgmental Effects of the Balanced Scorecard's Information Organization. *Accounting, Organizations, and Society*, 2002, No.6, pp.531-540.

③ Moers, F. Discretion and Bias in Performance Evaluation: The Impact of Differsity and Subjectivity. *Accounting, Organizations and Society*, 2005, No.1, pp.67-80.

present when using the BSC to evaluate both good and bad performance. For example, ratees may be motivated to take credit for good performance, whereas raters may tend to attribute it to their choice of an effective strategy. This is likely to result in conflict between raters and ratees. The nature of other rater and ratee biases, as well as ways to mitigate them can be examined in future studies.

Second, participants were not asked to assume the role of a specific store manager. Instead, they were asked to assume the role of one of the store managers. Thus, the "role" manipulation was not as strong as it would have been if participants had been assigned to the role of a specific store manager. It is possible that the difference in performance evaluation between roles under the no assessment condition may have been even more significant had participants been asked to assume the role of a specific store manager.

Third, the current study does not provide direct evidence of the process by which the assessment procedure reduces performance evaluation bias. Specifically, it cannot be demonstrated that, as posited in the present study, the effect of the de-biasing mechanism on performance evaluations is mediated by inferences about management since the latter was not measured. Future research can examine whether inferences about ratees mediate the effect of strategy assessment on performance evaluation.

本文原载 *Accounting, Organizations and Society*, 2006, No.4, 作者为 Bernard Wong-On-Wing, Lan Guo, Wei Li, Dan Yang。

区域发展研究

西部大开发战略对收入差距的影响研究

——基于1996—2006年省级面板数据的实证分析

一、引言

区域经济不平衡是各国经济发展过程中普遍面临的问题，为此很多国家都出台了一系列地区性财税政策来均衡区域经济发展。例如，美国从20世纪30年代就实施了针对落后地区开发的区域经济政策。我国改革开放40年来，通过一系列区域优先发展政策，东部地区发挥其自然和历史优势，经济发展已经实现了质的飞跃，但经济发展进入新的阶段，西部地区较为缓慢的发展速度成为制约我国经济发展的瓶颈。为了实现共同富裕的发展目标，促进西部地区经济高速发展，1999年中央政府提出实施西部大开发战略，2000年西部大开发战略正式启动。西部大开发战略作为推动区域协调发展的重要战略，实施至今已经19年，西部大开发战略对于缩小中西部差距起到了重要作用，但是西部大开发是否同样有助于缩小西部收入差距仍然值得深入探讨。收入作为关乎每个人切身利益的指标，评估西部大开发战略的初期效果对西部大开发战略的深入推进和制定区域发展政策具有重要作用。

二、文献综述

学术界对于区域经济发展的研究由来已久。苟兴朝、杨继瑞[①]（2018）从

---

① 苟兴朝、杨继瑞：《从“区域均衡”到“区域协同”：马克思主义区域经济发展思想的传承与创新》，《西昌学院学报》（社会科学版）2018年第3期，第25—30页。

区域经济发展思想角度讨论了马克思主义经济思想与中国实际相结合的中国区域经济理论的发展。刘勇①(2019)针对中国在当前宏微观经济发展突破艰难的情境,对我国区域经济协调发展从理论角度提出了四个趋势。除了理论分析外,国内对于区域经济发展的实证研究也取得了很多成果,西部大开发战略作为我国重要的区域发展政策之一,很多学者进行区域经济实证研究也都是基于这一战略。例如:刘生龙、王亚华和胡鞍钢②(2009)基于省级面板数据使用系统 GMM 方法研究得出,西部大开发战略的实施使得西部地区年均经济增长率提高且促进区域经济从趋异转向收敛。王新红等③(2010)通过建立西部各省经济综合指标体系对西部大开发战略实施前后西部地区经济进行衡量,得出西部大开发战略为西部地区发展构建了良好的政策环境,对西部地区经济发展具有促进作用。李国平等④(2011)从经济增长质量宏观、中观、微观角度出发,研究西部大开发战略对西部地区生产效率的影响,研究表明,西部大开发战略有利于提高经济增长效率。朱成亮、岳宏志和李婷⑤(2009)也是基于全要素生产率对西部大开发战略实施成效进行了研究,研究结果显示,西部大开发战略实施后全要素生产率的增长率反超全国平均水平及东、中部生产率的增长率,实施绩效显著。虽然西部大开发战略实施成效显著,但也有研究发现西部大开发战略的实施仍任重道远。刘瑞明、赵仁杰⑥(2015)通过 PSM-DID 研究得出,西部大开发战略并未有效推动西部地区经济发展,存在政策陷阱。陆张维等⑦(2013)研究发现,西部大开发战略通过一系列财政和

---

① 刘勇:《2019 年中国区域经济协调发展有四大趋势》,《中国经济时报》2019 年 3 月 1 日。

② 刘生龙、王亚华、胡鞍钢:《西部大开发成效与中国区域经济收敛》,《经济研究》2009 年第 9 期,第 94—105 页。

③ 王新红、邓敏、冯鑫、仲伟周:《西部 12 省市经济发展的综合评价——“西部大开发战略”实施 10 年前后的对比研究》,《人文地理》2010 年第 4 期,第 97—100 页。

④ 李国平、彭思奇、曾先峰、杨洋:《中国西部大开发战略经济效应评价——基于经济增长质量的视角》,《当代经济科学》2011 年第 4 期,第 1—10 页。

⑤ 朱承亮、岳宏志、李婷:《基于 TFP 视角的西部大开发战略实施绩效评价》,《科学学研究》2009 年第 11 期,第 1662—1667 页。

⑥ 刘瑞明、赵仁杰:《西部大开发:增长驱动还是政策陷阱——基于 PSM-DID 方法的研究》,《中国工业经济》2015 年第 6 期,第 34—43 页。

⑦ 陆张维、徐丽华、吴次芳、岳文泽:《西部大开发战略对于中国区域均衡发展的绩效评价》,《自然资源学报》2013 第 3 期,第 361—371 页。

税收政策促进了西部经济环境和实力的改变，但与东部相比人民生活水平差距仍然较大，且西部大开发战略导致东部高污染企业向西部转移，加剧了环境污染。淦未宇、徐细雄和易娟①(2011)从工业、生态以及人民生活水平角度分析发现，虽然西部大开发战略对整体经济的提升有积极作用，但因为东西部联动效应较低，因此并未改变东西部发展不均衡的地区格局。林建华和任保平②(2009)利用西部地区国内生产总值、工业、基础设施建设和城乡居民收入数据研究发现，西部地区各个方面都有极大的改善，但从横向比较东西部差距仍在扩大。除了西部大开发经济效应的分析以外，西部大开发战略也是很多人研究的关注点。韩家彬、汪存华③(2012)基于省级面板数据研究发现，西部大开发战略人力资本投资政策对促进西部经济增长的作用并没有显现出来。倪浩④(2015)通过分析西部大开发税收政策产生的政策效应得出，西部大开发战略从经济增长率角度看促进了西部地区的发展，但由于部分税收政策并不适合，区域间绝对差距并没有拉近，所以财税政策仍然需要完善。于海峰和赵丽萍⑤(2010)通过效应分析发现，西部大开发税收优惠政策虽然对西部发展有积极效果，但也存在政策滞后性以及扭曲效应。王培刚、周长城⑥(2005)研究发现，1978 年以来我国区域发展差距及城乡收入差距越来越大。岳利萍和白永秀⑦(2008)运用主成分分析法，量化分析市场政策、容量以及体制差异后发现，这些因素是影响东西部城乡居民收入差距扩大的主要原因，所以现阶

---

① 淦未宇、徐细雄、易娟:《我国西部大开发战略实施效果的阶段性评价与改进对策》,《经济地理》2011 年第 1 期,第 40—46 页。

② 林建华、任保平:《西部大开发战略 10 年绩效评价:1999—2008》,《开发研究》2009 年第 1 期,第 48—52 页。

③ 韩家彬、汪存华:《财政政策影响区域经济增长的实证研究——以西部大开发投资政策为例》,《经济与管理》2012 年第 2 期,第 76—79 页。

④ 倪浩:《西部大开发财税政策的效应分析及调整对策研究》,博士学位论文,云南大学,2015 年。

⑤ 于海峰、赵丽萍:《西部大开发税收优惠政策的效应分析及对策》,《税务研究》2010 年第 2 期,第 26—30 页。

⑥ 王培刚、周长城:《当前中国居民收入差距扩大的实证分析与动态研究——基于多元线性回归模型的阐释》,《管理世界》2005 年第 11 期,第 34—44 页。

⑦ 岳利萍、白永秀:《从东西部地区差距评价西部大开发战略实施绩效——基于主成分分析法的视角》,《科研管理》2008 年第 5 期,第 84—88 页。

段西部大开发战略更应该发挥市场的调节作用。毛其淋[①](2011)以泰尔指数为指标研究表明,西部大开发战略对缩小西部收入差距具有显著作用。但该文选择的以东部和中部作为对照组,以泰尔指数作为衡量收入差距的指标,模型回归过程中主要以外资、市场化程度和财政支出及社会保障比重为控制变量去检测西部大开发战略对收入差距的影响以及研究影响收入差距的机制。实际上,从历史、地理以及资源等角度来看,东部地区与西部地区相差较大。为了更加准确、直观地测度西部大开发战略对西部收入差距的影响,本文将以与西部发展历史、环境更为相似的中部地区作为对照组,将农村居民人均纯收入与城市居民人均可支配收入之比作为衡量城乡居民收入差距的指标,以人均地区生产总值、外贸依存度和财政支出直接数据为添加的控制变量,采用双重差分法,对政策实施前后西部城乡收入差距的变化进行研究。

三、政策简述及统计分析

(一)西部大开发战略初期财税政策

西部大开发战略初期财税政策简述如表 1 所示。

表 1 西部大开发战略初期财税政策简述

<table>
<tr><td rowspan="3">财政政策</td><td>政策目的</td><td colspan="2">通过财政支出倾斜促进西部大开发区域基础设施建设、环境开发保护等公共服务的发展,减少西部地区因公共服务差距带来的发展限制</td></tr>
<tr><td rowspan="2">主要内容</td><td>政府购买</td><td>政府购买主要包括加大对西部地区重大基础设施建设项目和公共服务建设财政投入力度,筹集专项资金支持西部重点项目,提高财政性建设资金投入西部的比例等措施</td></tr>
<tr><td>转移支付</td><td>转移支付主要包括加大对西部地区特别是民族地区一般性转移支付力度,促进专项资金和扶贫资金向西部地区倾斜,针对农业发展和环境保护给予财政补贴支持等措施</td></tr>
</table>

① 毛其淋:《西部大开发有助于缩小西部地区的收入不平等吗——基于双倍差分法的经验研究》,《财经科学》2011 年第 9 期,第 94—103 页。

续表

税收政策	政策目的	税收政策旨在通过税收优惠和减免政策扶持西部产业发展，营造良好的投资环境，吸引更多企业和外商资金投入，促进西部地区经济发展和公共服务的完善
	主要内容	2001—2010年，通过企业所得税、增值税、农业特产税、耕地占用税以及关税等税种的优惠和减免，鼓励和扶持内资企业发展，促进交通、电力、广播等服务行业的发展，推动西部地区农业改革和环境保护，吸引外商资金的投入

（二）西部大开发财税政策绩效统计分析

政策实施之后对于政策预计目标的完成度，即对政策绩效进行评估，对后续政策的完善和改进具有重要的参考价值。西部大开发战略核心政策目标主要是从纵向时间角度促进西部地区经济的发展，从经济平衡角度要平衡东西部经济差距。所以，对于西部大开发战略的宏观绩效分析也将从纵向和横向这两个方面进行。

1. 纵向分析

GDP是衡量地区经济规模的基本指标，能反映地区整体经济实力。如表2所示，1996—2006年西部各省（区、市）GDP一直处于增长状态。从整体增长率来看，2001年实施西部大开发战略之后增长速度明显加快。从1996—2006年各省（区、市）GDP增长率来看，各省（区、市）的增长速度都有较大的提升，其中内蒙古的GDP增长速度居西部各省之首。西藏的GDP增长速度仅次于内蒙古。云南省的GDP增长速度较慢。但从GDP数值来看，云南省的GDP增长率处于西部各省的前列，西藏的GDP水平却处于西部各省的最后。由此可见，西部大开发战略整体上促进了西部各省（区、市）的经济发展，促进了经济发展速度的提升，但因为基数差距大，所以落后省（区、市）较其他省（区、市）来说其经济仍然比较落后。

表2　1996—2006年东、中、西部GDP数据统计表

年份	GDP/亿元			GDP增长率			
	东部	中部	西部	东部	中部	西部	东西部增长率之差
1996年	37 384.18	17 682.8	12 295.90				
1997年	42 636.15	20 543.13	13 645.90	13%	16%	11%	1.71%

续表

年份	GDP/亿元			GDP 增长率			
	东部	中部	西部	东部	中部	西部	东西部增长率之差
1998 年	46 167. 88	21 679. 08	14 647. 38	8%	6%	7%	0. 94%
1999 年	49 610. 95	22 588. 17	15 354. 02	7%	4%	5%	2. 63%
2000 年	55 689. 58	24 865. 17	16 655. 18	12%	10%	8%	3. 78%
2001 年	63 610. 30	26 207. 84	18 735. 10	14%	5%	12%	1. 73%
2002 年	71 476. 65	28 680. 58	20 718. 38	12%	9%	11%	1. 78%
2003 年	82 967. 41	32 590. 36	23 696. 31	16%	14%	14%	1. 7%
2004 年	99 494. 72	39 488. 97	28 603. 48	20%	21%	21%	-0. 79%
2005 年	117 930. 65	46 362. 07	33 493. 31	19%	17%	17%	1. 43%
2006 年	137 844. 20	53 682. 00	39 527. 14	17%	16%	18%	-1. 13%

数据来源:1996—2006 年各年度《中国统计年鉴》。

2. 横向分析

从 GDP 角度衡量地区经济发展状况,除了纵向时间对比,横向地区对比也是衡量政策效应的一个很重要的方式。GDP 增长率反映的是地区经济规模扩张的速度,也是衡量地区经济发展的重要综合性指标。如图 1 所示,东、中、西部 GDP 增长率除了在 1997—1998 年有下降趋势外,整体上一直处于平

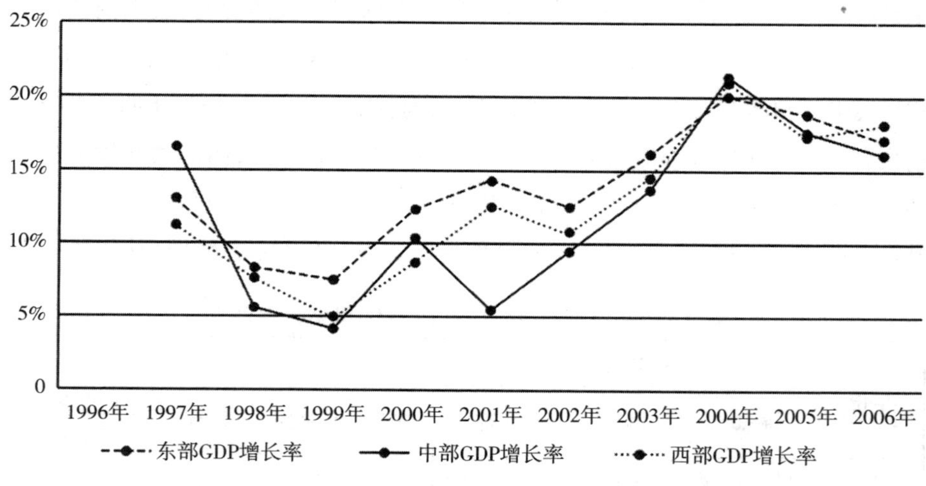

图 1　1996 年—2006 年东、中、西部 GDP 增长率曲线图

稳上升的趋势。而且从曲线可以看出，自 2001 年西部大开发战略实施之后，西部的 GDP 增长率在慢慢趋近于东部，自 2004 年之后已经逐渐与东部重合甚至反超东部。

3. 统计分析结论

从绩效统计分析来看，我们可以得到以下几个结论：①西部大开发战略对于西部经济发展是有利的，很大程度上促进了西部整体地区经济的发展，一定程度上改善了西部经济状况。②西部大开发战略一定程度上缩小了东西部经济差距，西部 GDP 增长速度有了明显的提升，对于国家经济水平整体的提升有比较大的作用。但总体上东西部差距还比较大。从 GDP 数值来看，西部地区在增长速度与东部不相上下的情况下，GDP 水平与东部相比差距仍然很大，真正缩小东西部经济差距仍然任重道远。③西部经济发展的提升或者东西部经济发展速度差距的缩小比较明显的时间都是 2003 年之后，说明政策效应并不是能够立即发生，而是需要经过三四年的政策运行期。

四、模型设定与数据说明

（一）研究设计

本文研究的重点部分是西部大开发战略的实施对于缩小西部城乡收入的影响效应。西部大开发是我国从 2000 年开始实施的一项区域性政策，通过财政和税收方面一系列的政策性倾斜，相当于在西部地区进行政策实验，目的是提高西部地区经济发展能力，缩小东西部差距，突破经济发展的瓶颈，促进我国整体经济的提升。为了评价政策实施之后是否实现了政策的效应，我们需要对政策实施前后我们所要研究的问题进行面板数据分析，本文将采用双重差分法（DID）进行分析。这种方法是，首先选择一个不受政策变化影响的时期的样本作为对照组（C）；然后将政策实施之后的样本作为处理组（T），使用差分法消除无法观测的因素；最后通过对比处理组和对照组政策前后我们研究的指标变化量反映政策对处理组的净影响，最终得到政策实施效果。

（二）模型设定与数据说明

将西部大开发覆盖的 12 个省（区、市）作为处理组（T）。因为东部与西部在地理位置上距离较远且资源、环境、历史等方面差异较大，为了研究的科学性和准确性，本文只选择在地理位置上与西部紧邻的中部 8 个省（区、市）作为对照组（C），所以我们引入地区虚拟变量 *west*，西部大开发战略覆盖的省份为处理组，赋值为 1，中部地区设为对照组，赋值为 0。同时，以 2000 年为界引入时间虚拟变量，2000—2006 年为政策实施后，*post* 赋值为 1；1996—2000 年为政策实施前，post 赋值为 0。因此，建立模型如下：

$$y_{it}=\beta_0+\beta_1 west_{it}+\beta_2 post_{it}+\beta_3 west_{it}\times post_{it}+a_i+u_i \quad (1)$$

其中，i 表示区域，t 表示年份，a_i 表示非观测效应，u_i 是残差项，β_0 是常数项，β_1 是地区虚拟变量 *west* 的系数，β_2 是时间虚拟变量 *post* 的系数，β_3 是我们最为关注的交互项的系数，反映了政策变动带来的净效应。若 $\beta_3>0$，说明西部大开发财税政策实施之后东西部居民收入差距变大，若 $\beta_3<0$，说明西部大开发财税政策对缩小东西部居民收入差距有利。

根据已有的文献研究，收入差距会受到贸易开放水平①（文荣光、颜冬，2017）、人口和城镇化率②（宋建、王静，2019）、政府财政支出和失业率③（霍炳男，2017）、财政支农和人均地区生产总值④（王小鲁、樊纲，2005）等的影响，所以在研究中需要在模型中加入一些控制变量。同时为了更好地观测收入差距的变化，对因变量 y 取对数，所以方程（1）可扩展为方程（2）。

$$\begin{aligned}\ln y_{it}=&\beta_0+\beta_1 west_{it}+\beta_2 post_{it}+\beta_3 west_{it}\times post_{it}+\beta_4 trade_{it}+\beta_5 perGDP_{it}+\\&\beta_6 population_{it}+\beta_7 fiscal_{it}+\beta_8 jobless_{it}+\beta_9 farm_{it}+\beta_{10} urbanization+\\&a_i+u_i\end{aligned} \quad (2)$$

---

① 文荣光、颜冬：《贸易开放和产业结构对城乡收入差距的影响研究》，《河海大学学报》（哲学社会科学版）2017 年第 2 期，第 33—38 页。

② 宋建、王静：《区域城乡收入差距的动态收敛性与影响因素探究》，《经济经纬》2019 年第 1 期，第 24—31 页。

③ 霍炳男：《中国城乡居民收入差距影响因素的实证检验》，《统计与决策》2017 年第 4 期，第 110—112 页。

④ 王小鲁、樊纲：《中国收入差距的走势和影响因素分析》，《经济研究》2005 年第 10 期，第 24—36 页。

其中，i 表示区域，t 表示年份，a_i 表示非观测效应，u_i 是残差项，β_0 是常数项，β_1、β_2、β_4、β_5、β_6、β_7、β_8、β_9、β_{10}分别是各项变量的系数，β_3 是我们最为关注的交互项的系数，反映了政策变动带来的净效应。

模型中所涉及变量的解释及数据说明如表 3 所示。

表 3　变量解释及数据说明

变量性质	变量名称	变量符号	变量定义
因变量	城乡收入差距	y_{it}	城市居民人均可支配收入/农村居民人均纯收入，用来衡量城乡收入差距
自变量	地区虚拟变量	$west_{it}$	西部大开发覆盖区域赋值为 1，中部地区赋值为 0，用来区分政策覆盖区域
	时间虚拟变量	$Post_{it}$	1996—2000 年赋值为 0，2000—2006 年赋值为 1，用来区分政策实施时间前后
	贸易开放水平	$trade_{it}$	一个地区进出口总额/地区生产总值，用来衡量地区经济开放水平
	人均地区生产总值	$perGDP_{it}$	将一个地区核算期内实现的国内生产总值/这个地区的常住人口，用来衡量地区人民生活水平
	人口	$population_{it}$	一个地区常住人口
	政府财政支出	$fiscal_{it}$	政府为履行其自身的职能，对其从私人部门集中起来的以货币形式表示的社会资源的支配和使用
	失业率	$jobless_{it}$	一定时期满足全部就业条件的就业人口中仍未有工作的劳动力数字
	财政支农	$farm_{it}$	财政支农资金，反映政府对农业的重视程度
	城市化率	$Urbanization_{it}$	非农业人口/总人口，反映地区城市化程度

数据说明：①本文研究中所使用的原始数据均从 1996—2006 年各年度《中国统计年鉴》、1996—2006 年各年度各省统计年鉴、国家统计局官网以及地方统计局官网获得。②因为西藏地区数据的不完整，所以本模型回归中剔除了西藏的数据。③本文所研究的西部地区包括重庆、四川、贵州、云南、西藏、陕西、甘肃、宁夏、青海、新疆、广西、内蒙古等 12 个西部大开发战略覆盖的省、自治区、直辖市；中部地区包括山西、吉林、黑龙江、安徽、江西、河南、湖北、湖南 8 个省。④为了方便统一和研究，本文模型中的变量人口、城市化率所使用的人口数据均是常住人口数据；根据国家统计年鉴解释，人均地区生产总值使用的人口数据是根据户籍人口计算的。⑤本文所采用的财政支农资金数据，1997—2002 年的财政支农为支援农村生产支出、农业综合开发支出和农林水利气象等部门的事业费支出三者之和；2003—2006 年的财政支农为农业支出林业支出和农林水利气象等部门的事业费支出三者之和。为了数据的统一和准确，本模型回归中所使用的失业率数据来自各省统计年鉴的城镇失业率。

本文共计 209 组数据,数据特征基本描述如表 4 所示。

表 4　变量描述性统计

变量名称	样本容量	均值	标准差	最小值	最大值
收入差距	209	3.068	0.638	1.727	4.759
外贸依存度	209	0.091	0.036	0.032	0.25
人均地区生产总值	209	6 873.662	3 095.366	2 048	20 047
人口	209	4 062.363	2 301.35	488	9 717
财政支出	209	379.017	259.421	29.52	1 440.088
城市化率	209	0.328	0.094	0.139	0.542
失业率	209	3.701	0.841	1.7	7.4
财政支农	209	30.358	21.628	3.02	113.148

五、实证分析结果

（一）模型回归结果分析及变量分析

1. 模型回归结果分析

将城乡收入之比作为衡量收入差距的指标,使用双重差分法(DID)对模型设定中的方程(1)、方程(2)进行回归分析,模型回归结果如表 5 所示,其中模型(1)是没有加入任何控制变量的回归结果,从结果中可以看出,交互项的系数显著小于 0,说明西部大开发战略对于缩小西部收入差距有积极的作用。同时,为了估计结果的科学性,我们在模型(2)、模型(3)、模型(4)、模型(5)、模型(6)、模型(7)、模型(8)中逐渐加入了控制变量来验证回归结果的稳健性,从回归结果中我们可以看出,随着控制变量的逐渐加入,交互项的系数符号的显著性水平并没有发生本质上的改变,说明模型评价方法和指标解释能力比较稳健。

表 5　模型回归结果

变量名称	模型(1)	模型(2)	模型(3)	模型(4)	模型(5)	模型(6)	模型(7)	模型(8)
交互项	−0. 047 4*** −0. 016 1	−0. 053 3*** −0. 016	−0. 048 7*** −0. 016	−0. 048 8*** −0. 016	−0. 059 3*** −0. 016 4	−0. 056 2*** −0. 016 5	−0. 055 2*** −0. 017 4	−0. 059 3*** −0. 018 1
贸易开放水平		−0. 618*** −0. 226	−0. 627*** −0. 224	−0. 638*** −0. 224	−0. 675*** −0. 222	−0. 827*** −0. 242	−0. 832*** −0. 244	−0. 799*** −0. 247
人均地区生产总值			9. 41e−06* −4. 83E−06	9. 46e−06* −4. 83E−06	1. 12e−05** −4. 82E−06	8. 91e−06* −5. 01E−06	8. 84e−06* −5. 04E−06	8. 80e−06* −5. 05E−06
人口				3. 75E−05 −4. 52E−05	1. 45E−05 −4. 56E−05	8. 43E−06 −4. 56E−05	8. 33E−06 −4. 57E−05	1. 71E−05 −4. 70E−05
政府财政支出					−0. 000 125** −5. 21E−05	−0. 000 107** −5. 31E−05	−0. 000 109** −5. 40E−05	−0. 000 151** −7. 49E−05
城市化率						−0. 289 −0. 184	−0. 29 −0. 185	−0. 284 −0. 186
失业率							0. 001 17 −0. 006 69	0. 000 835 −0. 006 71
财政支农资金								0. 000 653 −0. 000 806
地区效应	control	control	control	control	control	control	control	control
时间效应	control	control	control	control	control	control	control	control
常数项	0. 869***	0. 922***	0. 880***	0. 761***	0. 843***	0. 974***	0. 972***	0. 941***
	−0. 021 4	−0. 028 7	−0. 035 8	−0. 147	−0. 149	−0. 17	−0. 171	−0. 176
观测值	209	209	209	209	209	209	209	209
R−squared	0. 782 7	0. 791 5	0. 795 9	0. 796 6	0. 803 1	0. 805 8	0. 805 9	0. 806 6

注:第一,模型(1)反映了不加任何控制变量时,西部大开发战略对西部收入差距的影响;第二,模型(2)、模型(3)、模型(4)、模型(5)、模型(6)、模型(7)、模型(8)反映了逐渐加入控制变量时,西部大开发战略对西部收入差距的影响;第三,***、**、*分别表示在 1%、5%和 10%的显著性水平上显著;第四,以上模型都包含了地区和时间的固定效应。

从具体的系数数值来看,交互项系数是我们要研究关注的核心,反映了西部大开发战略的实施对于缩小西部收入差距的净效应。从表5可以看出,交互项系数始终维持在-0.0474——-0.0593之间,且均在1%的显著性水平上显著,说明2000年之后西部地区城乡居民收入差距相对于中部城乡收入差距来说更小;西部大开发战略使得西部地区城乡收入差距变化幅度与中部相比平均降低了约5.4%,说明在西部大开发初期,西部大开发战略有利于缩小西部收入差距,促进西部地区的收入平衡,实现了其政策目标。

2.控制变量分析

从模型(8)中加入的控制变量的系数我们可以看出:

第一,贸易开放水平在1%的显著性水平上对收入差距具有显著的负效应,即贸易开放水平的提升有助于缩小西部地区收入差距。因为贸易开放环境吸引了很多外部资金和外资企业,为农村剩余劳动力提供了就业机会,所以增加了居民收入,缩小了收入差距。

第二,人均地区生产总值系数在10%的显著性水平上显著为正,说明人民生活水平越高的地方收入差距会越大;人均国内生产总值越高,说明一个地区越富裕。一个地方富裕程度的提高首先带来的是城镇居民的收入增加,所以在一定程度上会带来收入差距的扩大。

第三,政府财政支出在5%的显著性水平上对收入差距有负效应,说明政府在财政支出上的倾斜有利于缩小一个地方的收入差距。因为政府财政支出主要包括政府购买和转移支付、公债利息等方面。政府购买会改善整体的经济环境、提供更多的工作和就业机会,而转移支付为低收入群体提供了社会保障。

(二)共同趋势检验与安慰剂检验

为了对比控制组和对照组的发展趋势,我们对模型进行共同趋势检验,检验结果如图2所示。其中,纵坐标代表收入差距,横坐标代表年份,middle表示中部地区,west表示西部地区。从图2中我们可以看出:1996—2006年,中、西部收入差距都在逐渐上升,2000年之前中西部地区收入差距上升呈平行趋势,2000年之后西部地区收入差距变化逐渐趋于平缓。

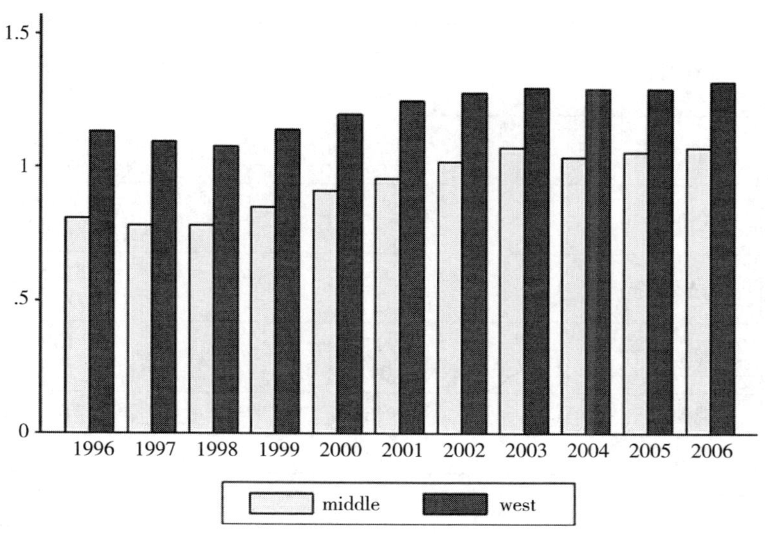

图 2　共同趋势检验图

为了进一步检验本文 DID 模型的稳健性,我们对估计作安慰剂检验。具体而言,我们假设西部大开发战略提前至 1998 年开始在西部地区实施,并将西部地区作为处理组、中部地区作为对照组,重新估计双重差分模型。表 6 显示,交叉项的系数并不显著,表明本文的估计模型具有较高的稳健性。

表 6　安慰剂检验

变量名称	**(1)**	**(2)**
	lny	**lny**
交叉项	−0.005 68 (0.019 3)	−0.011 1 (0.024 3)
外贸依存度		0.144 (0.435)
人均地区生产总值		−1.25e−05 (6.31e−05)
人口		−2.43e−05 (0.000 292)
财政支出		0.000 331 (0.000 439)

续表

变量名称	(1)	(2)
	lny	lny
城市化率		-0.563 (0.582)
失业率		-0.005 46 (0.007 93)
财政支农资金		0.002 53 (0.002 73)
常数项	0.997*** (0.041 9)	1.100 (1.110)
观测值	76	76
观测省份数	19	19

六、结论与启示

2000年西部大开发战略实施以来,西部地区的整体经济得到了很大的发展,继而使得地区生产总值增加。双重差分法得到的检测结果显示,西部地区相较于中部而言,城乡收入差距缩小。此外,贸易开放水平、人均地区生产总值以及政府财政支出对城乡收入差距具有显著作用。据此,我们可以得到以下几点启示:

第一,西部大开发战略有助于改善西部地区经济发展落后的状况,有利于促进西部地区整体经济的发展和城乡收入差距的缩小,所以西部大开发战略应该长期实行。

第二,西部地区因为历史和地理原因,贸易开放水平较低,所以为了更好地促进西部地区经济发展和收入平衡,西部大开发战略的后续实施不仅要注重财政转移支付,而且要增加政府购买比重,推进西部地区基础设施和公共服务建设,改善西部发展环境。另外,西部地区自身也要积极发挥本地的经济和资源优势,抓住"一带一路"机遇,促进对外贸易的发展,提高贸易发展水平,吸引外资的投入，提供更多的就业机会，吸引人才。

第三，政府要加大财政支出力度，推进西部地区基础设施建设和公共服务，优化投资环境，提高地区自身的资金吸引力；同时，财政补贴要向西部倾斜，完善西部社会保障体制，为低收入人群提供一定的收入保障。

本文原载《公共经济与政策研究》2019年第1期，作者为杨丹、杨进。

2050年西藏的美好愿景:建成和谐绿色开放现代化的世界第三极核心区

党的十九大报告描绘了我国建成富强民主文明和谐美丽的社会主义现代化强国的宏大愿景。21世纪中叶将迎来中华人民共和国成立100周年,也将迎来西藏和平解放100周年,两个100周年叠加昭示社会主义新西藏发展的新未来。按照习近平总书记在中央第六次西藏工作座谈会提出的“依法治藏、富民兴藏、长期建藏、凝聚人心、夯实基础”的治藏方略和“治国必治边、治边先稳藏”的重要论述,西藏不仅要着眼于当前稳定发展,也要科学勾勒未来的行动坐标。我们认为,到2050年,西藏将实现和谐、绿色、开放、现代化的世界第三极核心区宏伟愿景。

全球化变迁、“中国奇迹”延续与西藏历史演进预示未来愿景

经济全球化重塑世界经济地理,一方面,带来“世界是平的”,各国模糊其经济边界、打破行政分割,进入世界市场,形成具有规模经济和比较优势的产业生态圈;另一方面,全球化让人类发现“世界是不平的”,各国经济的差异不断扩大,经济发展日益不平衡。幸运的是,经济全球化也带来人类理念的改革,人类将突破国界、种族的界限,共同致力于建设一个更加开放、包容、普惠、平衡、共赢的命运共同体。根据伦敦政治经济学院Quah教授的研究,伴随着经济空间重塑,世界经济重心也在变迁:从罗马帝国到20世纪中叶,随着欧洲

和北美迅速的工业化进程,经济重心向西移动。此后,随着亚洲和其他地区新兴市场的崛起,经济重心开始转回东部和南部:1980年,经济重心移到大西洋中部;2008年,经济重心转移到赫尔辛基和布加勒斯特以东;2050年,全球经济重心将在印度和中国之间。这一发展历程正好契合了2050年西藏愿景。

自工业革命以来,西方发达国家用了200多年的时间实现大多数人摆脱贫困的经济发展过程。日本将这一过程需要的时间缩短到100年,亚洲新兴工业化国家和地区又将这个过程缩短到不到40年。中国人民奋斗的历史和现实雄辩地证明,贫困不是一种命运,以习近平新时代中国特色社会主义思想为指引,通过有为政府和有效市场的双重作用,能够创造举世瞩目的"中国奇迹",实现中华民族伟大复兴的中国梦。西藏作为中国不可分割的一部分,也将遵循和助推"中国奇迹"。历史与现实的观照中,西藏正在新时代释放出前所未有的发展活力,在有为中央和地方政府的作用基础上,充分统筹国内和国外两个市场,创造"西藏奇迹"是"中国奇迹"延续的必然逻辑。

回顾西藏历史,早在3800多年前的象雄文明时期,西藏已开始探寻自己的发展道路,形成牧场兴旺发达、农田肥沃、盛产黄金的部落联盟聚居区。这是西藏文明最早打破地理条件和自然环境约束,从原始的狩猎方式跨越到可持续农牧业的技术创新。1951年,西藏和平解放。西藏各族人民结束了遭受帝国主义、殖民主义侵略的历史。1959年,中国共产党领导西藏各族人民进行民主改革,开启了西藏从黑暗走向光明、从落后走向进步、从贫穷走向富裕、从专制走向民主、从封闭走向开放的光辉历程。通过制度改革,西藏打破了封建农奴主土地所有制及农奴和奴隶对封建农奴主的人身依附关系,激发了内生发展动力。1965年,西藏自治区成立,初步建立起基层人民民主政权组织和个体所有制经济制度,拉开西藏地区社会主义革命和建设事业的序幕。20世纪70年代末,西藏同全国一道进入改革开放,伴随着中央西藏工作座谈会的召开,落实了针对西藏的一系列优惠政策和民族宗教政策。西藏发展历史和人类社会发展的一般规律表明,只要打破现实约束,通过制度和技术创新,激发内生发展动力,就能实现西藏经济社会的长足发展和长治久安,实现未来愿景。

全球化变迁、"中国奇迹"延续与西藏历史演进预示了实现愿景的必然:

（1）全球化的变迁，必然需要西藏以开放的姿态来肩负未来经济增长极的重任，引领环喜马拉雅地区的增长，进而对世界第三极的和谐发展作出贡献；（2）“中国奇迹”的延续，必然需要西藏构建一个和谐、绿色的西藏，凸显作为重要的国家安全屏障、重要的生态安全屏障的战略地位，也需要构建一个现代化的西藏以“西藏奇迹”支撑“中国奇迹”；（3）西藏历史变迁，必然需要西藏寻迹历史规律，通过制度与技术创新，建成和谐、绿色、开放、现代化世界第三极核心区。

科学解构和谐、绿色、开放、现代化的世界第三极核心区宏伟愿景

与地球的南极、北极对应，青藏高原因其独特的地质地理条件和对全球气候的重要影响，被称为世界第三极。广义的世界第三极包括了东南亚、南亚、中亚、西亚的27个国家和地区，30多亿人口、2000多万平方公里的广袤地区，青藏高原正好处在世界第三极的核心区。世界第三极地区和环喜马拉雅一带自古交流交往频繁，以青藏高原为中心形成了独特的生态圈、文化圈和经贸圈。西藏未来发展需要有环喜马拉雅的格局，也需要立足世界第三极的全球视野。“和谐、绿色、开放、现代化”的西藏是当代西藏人民孜孜以求的目标，也是可以经过努力在未来可以成为现实的愿景。

展望西藏未来30多年的发展，将是一段通过驱动力的加速推进和响应的突破性变化实现最终发展状态实质变化的“驱动力—状态—响应（Driving forces-State-Responses）”发展，这段发展历程将通过不断“破”和“立”印证西藏各族人民在中央的坚强领导下，着力改变未来的发展。从经济发展理论来看，从现在到2020年，是以“李嘉图式增长”为主的阶段，即经济增长的根本是要素投入的增加，在该阶段的发展主要通过劳动力、资金和土地等要素驱动，但是受制于基础设施、人力资源、创新能力等瓶颈约束，经济发展的初级性、依赖性、粗放性特征仍然存在。2020年到2035年，是从“李嘉图式增长”为主向“斯密式增长”为主的跨越阶段。在该阶段的发展，将从数量扩展和要

素驱动的增长方式向通过结构调整和资本深化实现质量提升的增长方式跨越。在该阶段中，将更加凸显有为政府和产业政策的重要性，政府的作用将进一步激发经济增长的活力。2035年到2050年，是“熊彼特式经济增长”阶段，即通过技术创新和制度创新，实现西藏的发展。主要体现在：第一，实现由区位劣势向区位优势转变。在“一带一路”倡议不断推进的过程中，西藏将彻底转变原来的区位劣势，成为向西和向西南开放的新前沿。第二，实现资源禀赋约束向资源地区特色发展。西藏将诱导出技术的创新，自然环境条件对劳动力的约束将通过“机器换人”等方式得以解决。西藏高原的地理特征和资源禀赋约束将逐步转变成为独一无二的资源特色。第三，实现制度约束向制度创新红利转变。西藏经济发展将突破原来封闭式的制度框架，消除不同区域间的市场壁垒、贸易壁垒以及行政壁垒，更加立足全国探索制度创新。通过融入全球经济分工，重塑西藏产业经济地理，厚植建藏思想，充分释放西藏制度改革红利。

因此，未来30多年，西藏将经历这一发展历程：内生驱动力将逐步实现从要素驱动向科技创新驱动转变，最终迈向科技和制度双创新驱动；西藏也将经历从区位劣势、资源禀赋约束和制度障碍的发展初级滞后状态，向充分发挥面向西部南部开放的区位优势、民族特色文化比较优势、自然资源禀赋优势、制度改革红利充分释放的状态转变。在驱动力改变和约束突破的双重作用下，到2050年，西藏将实现和谐、绿色、开放、现代化的世界第三极核心区宏伟愿景。

“和谐”意味着西藏将实现人与人之间、区域之间的和谐发展。通过观念、制度、政策的不断创新和完善，实现经济的包容性增长，经济发展成为社会稳定、民族团结的有力支撑，人民获得感、幸福感、安全感不断增强。西藏各族人民将进一步实现文化融合和兼容并包态势，农区、牧区和城镇融合发展进一步加强。农牧区较城镇地区的不平衡不充分发展得到缓解，逐步打破城乡二元经济社会结构，基本公共服务实现均等化，农牧区贫困问题得到根本解决。

“绿色”意味着形成人与自然和谐发展现代化建设新格局。西藏本土生态观与现代生态文明理念融合发展、深入人心，将形成多样化、健康、稳定的高原生态系统，全面实现生态文明治理体系和治理能力现代化，经济、社会和生态相协调的可持续发展模式成为我国民族地区和环喜马拉雅地区示范。

“开放”意味着西藏实现全面深度开放。尽管地理环境隔绝,以青藏高原为核心的环喜马拉雅地区自古就是开放的地区。因为地域隔绝形成了分散的社会存在,但是单一地区的物产无法满足人的全面需要。因此,自古就有相互贸易和联系的需要,茶马古道、南方丝绸之路就是开放交流的明证。我们相信,伴随着“一带一路”倡议的实施,中国将进一步向西向南开放,西藏将克服地理条件、观念制度、国际关系的约束,从改革开放的末梢变成改革开放的新前沿。

“现代化”意味着西藏将和全国一道开启社会主义现代化强国建设的征程。全面贯彻创新、协调、绿色、开放、共享的发展理念,全面推进经济建设、政治建设、文化建设、社会建设、生态文明建设五位一体总体布局,走出以信息化、国际化、生态化、多元化为特征的西藏现代化发展之路。

世界第三极核心区意味着西藏社会经济发展成为环喜马拉雅地区引领者,为世界第三极地区提供示范,为世界发展贡献中国智慧和西藏经验。到2020 年,西藏将全面开启新时代西藏小康生活,社会持续稳定,初步形成绿色可持续发展模式。全面从严治党和依法治藏取得实效。初步形成面向现代的、多元的区域性人文交流中心。到 2035 年,西藏居民将共享美好生活,社会和谐稳定,形成绿色可持续发展模式。形成全面从严治党西藏经验和依法治藏模式。形成具有“中国特色、西藏特点”的人文交流中心。到 2050 年,西藏将成为绿色、和谐、现代化的环喜马拉雅地区经贸中心,以及环喜马拉雅地区人文交流中心、科技创新中心、生态文明建设和可持续发展引领者。西藏将形成“中国特色、西藏特点”的全面从严治党模式和法治建设经验,成为环喜马拉雅地区引领者。

十大分愿景构建西藏 2050 年的行动坐标

西藏未来 30 多年的发展,将以西藏 2050 年的宏伟愿景为总领,以“五位一体”建设统筹富强西藏、人文西藏、民生西藏、美丽西藏、开放西藏、和谐西藏、科技西藏、健康西藏、法治西藏和党建西藏 10 个方面的分愿景,以此构建

2050年的行动路径。

(1)富强西藏。到2035年,基础设施基本完善,经济结构调整优化,改革红利充分释放,成为中国西南经济新极点,形成高高原经济发展理论和实践体系。到2050年,西藏基础设施全面现代化,创新成为经济发展的核心动力,全面融入全球经济,建成绿色、和谐、现代化的环喜马拉雅地区经贸中心,成为高高原经济发展研究和实践的引领者。

(2)人文西藏。科学统筹教育、艺术、宗教三方面发展,到2035年,形成优质公共教育服务体系,充分实现内涵式发展,形成具有"中国特色、西藏特点"的繁荣兴盛人文交流中心,全面深入贯彻党的宗教政策,充分巩固与宗教界人士的爱国统一战线。到2050年,形成现代化西藏教育体系,成为环喜马拉雅地区重要学术交流目的地,成为环喜马拉雅地区人文交流中心,不同宗教和信仰和谐共存,中华文化影响力彰显,成为环喜马拉雅地区宗教交流中心。

(3)民生西藏。统筹推进居民生活、公共服务、公共安全和生态文明建设,到2035年,西藏中等收入群体比例明显上升,居民生活水平差距进一步缩小,人居环境基本达到现代化标准,居民共享美好和谐生活,居民文化和健康素质显著提升,形成绿色生活方式,基本建成具有"西藏特点"的现代社会治理体系。到2050年,居民人均收入达到全国平均水平,全区居民收入能够满足美好生活需要,人居环境良好,人文环境与高原特色风光和谐共生,成为环喜马拉雅地区现代生活的引领者,终生学习和绿色生活方式成为居民现代生活的组成部分,社会治理体系和治理能力全面实现现代化。

(4)美丽西藏。到2035年,西藏高原生物多样性及生态系统稳定性显著提升,本土生态观与现代生态文明理念融合发展、深入人心,形成经济、社会和生态相协调的可持续发展模式,基本实现生态文明治理体系与治理能力的现代化,为民族地区生态文明建设提供示范。到2050年,形成多样化、健康、稳定的高原生态系统,人与自然和谐共生,成为环喜马拉雅地区绿色生活引领者,全面实现生态文明治理体系和治理能力现代化,为世界第三极生态文明和可持续发展提供示范。

(5)开放西藏。到2035年,开放发展理念深入人心,现代化对外开放合作基础设施、制度体系和能力体系基本建成,成为中国对外开放合作新前沿。

到 2050 年，人类命运共同体观念成为地区共识，全面建成现代化对外开放合作的基础设施和制度体系，实现全方位高质量的对外开放合作，成为环喜马拉雅地区国际合作交流引领者。

（6）和谐西藏。到 2035 年，各族群众交往交流交融不断深入，中华民族命运共同体意识显著增强，反对民族分裂、维护社会和谐稳定取得全面胜利。到 2050 年，各族群众共同富裕的和谐社会全面建成，中华民族精神成为社会共识，民族和谐发展成为环喜马拉雅地区示范，为世界多民族国家提供中国智慧和中国方案。

（7）科技西藏。到 2035 年，科技水平及自主创新能力大幅增强，科技创新成为经济社会发展的主要驱动力，成为民族地区创新驱动发展的示范。到 2050 年，全面建成创新型社会，创新驱动发展战略取得突破，成为国内高原科技创新的重要基地和环喜马拉雅地区科技创新重镇。

（8）健康西藏。到 2035 年，现代公共卫生体系基本建成，医疗资源在合理分布的基础上进一步丰富，优质医疗初具规模，现代医学教育体系建设基本成熟，初步建成一流的高原医学研究和诊疗中心，形成完善的藏医药保护传承创新体系。到 2050 年，现代公共卫生体系健全，优质医疗资源丰富，成为环喜马拉雅地区现代医疗中心、高原医学研究诊疗中心和医学人才培养中心，藏医药和现代医学融合发展，引领环喜马拉雅地区的藏医药发展。

（9）法治西藏。到 2035 年，法治体系基本完善，公平、正义、法治的西藏社会主义现代化基本实现，法治西藏成为民族地区示范。到 2050 年，全面实现法治现代化，为西藏长治久安提供坚实保障，为环喜马拉雅地区法治建设提供示范。

（10）党建西藏。到 2035 年，党的建设显著增强，形成全面从严治党西藏经验，党的先进性和纯洁性进一步彰显，党群关系更加坚实，西藏党的工作在民族地区发挥示范引领作用。到 2050 年，党的建设全面加强，形成“中国特色、西藏特点”的全面从严治党模式，党的先进性和纯洁性充分彰显，党群关系水乳交融，西藏党的工作在全国发挥示范引领作用。

本文原载《西藏日报》2019 年 4 月 29 日，作者为杨丹、毛中根、伍骏骞。

西藏民生 2050:愿景与路径①

1951 年 5 月 23 日,《中央政府和西藏地方政府关于和平解放西藏办法的协议》在北京签订,宣告西藏实现和平解放,为长期封闭、停滞的西藏社会带来了现代文明的曙光。经过数十年的发展,西藏实现了社会制度由封建农奴制一跃到社会主义制度的跨越,实现了经济社会发展由封闭贫穷落后到开放富裕文明的跨越。但在平均海拔 4000 米的广袤雪域高原,要实现公平和正义、实现人民共享改革与发展成果,没有任何国际经验可以借鉴,因此西藏民生问题也是中国改革开放以来推进经济社会发展的重大实践课题和理论难题。本文在分析西藏民生发展所面临机遇和挑战的基础上,展望 2050 年西藏民生的发展愿景,并提出西藏民生建设的推进路径。

一、西藏民生发展面临的机遇和挑战

近年来,在中央的大力支持、兄弟省市的无私援助、西藏各族人民的共同努力下,西藏民生状况不断改善、民生满意度不断提升。放眼未来,西藏民生建设将面临诸多机遇与挑战。

① 本文是 2017 年度国家自然科学基金资助项目地区科学基金项目“西藏多维贫困、精准扶贫与可持续生计研究”(项目号:71764026),2015 年度国家社会科学基金青年项目“西藏人口转变研究”(项目号:15CRK023),2017 年度西藏自治区哲学社会科学专项资金重点项目“西藏民生保障和改善政策研究”(项目号:17AJY001)阶段性成果。

（一）民生发展的机遇

第一，中央和兄弟省市的全方位支持。1994年中央召开第三次西藏工作座谈会，会议确定了“分片负责、对口支援、定期轮换”的援藏工作方针，由中央国家机关、各省市和中央骨干企业对口支援西藏格局基本形成。中央第五次西藏工作座谈会上将对口支援西藏政策延续到2020年，并将项目及资金向农牧区、民生领域倾斜，以干部援藏为核心，经济、科技、人才与教育援藏相结合的援藏工作机制进一步完善，中央治藏方略逐步深化和完善。除中央财政补贴、各项基本建设投资以外，国务院各部委还根据西藏各项事业发展的需要，给予多种专项补助；各援藏地方和单位还将援藏任务纳入本地、本单位总体规划和工作部署当中，开展全方位、宽领域、多层次的援藏工作。在这种支持模式下，西藏应紧抓机遇，促进发展和改善民生。

第二，融入“一带一路”倡议。远在唐朝时，吐蕃与中原地区开茶马互市之端，至宋代进一步发展，明代达到繁荣。可见西藏自古以来就有对外开放、发展贸易、互惠互利的根基。2015年，中央提出“一带一路”倡议，其主旨之一是通过增加与全球经济的联系来发展中国的内陆贫困省份、缩小区域经济差距。西藏是我国辐射南亚地区的重要枢纽，地理位置决定了其在对外开放中的重要地位。建设面向南亚开放的重要通道来对接“一带一路”和“孟中印缅经济走廊”，推动“一带一路”区域经济发展，均为西藏不断扩大开放、发展开放型经济带来重要契机。

第三，相对均衡的人口发展。西藏自治区仍处人口红利期，劳动年龄人口比重相对较高，“虽未富，但不老”，未来一段时间内还无须像其他省市一样承担较重的老龄化社会压力（见图1）。因此，今后一段时间内，西藏民生发展可集中精力继续改善居民生活条件、完善社会保障体系，使现有的人口红利得到更充分的利用。

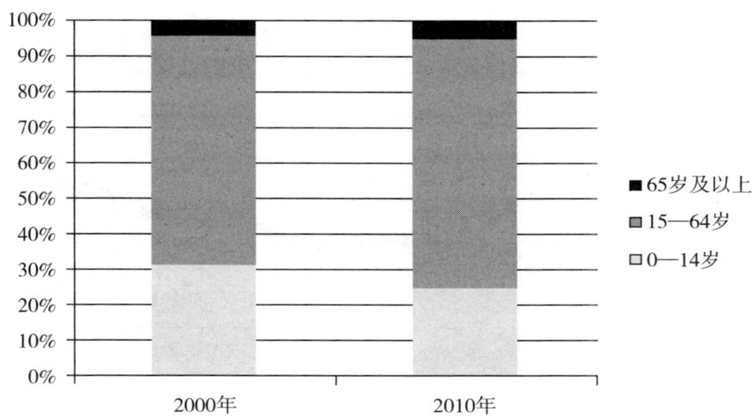

图 1　2000 年、2010 年西藏自治区人口年龄构成图

数据来源:国家统计局 2000 年第五次人口普查数据、2010 年第六次人口普查数据。

（二）民生发展面临的挑战

西藏地区、城乡间民生发展差异大,已成为民生发展的制约因素。西藏既有比较湿润的盆地,又有高寒的山区,绝大部分地区海拔在 4000 米以上,且为游牧区,生产不稳定。高原气候和地理环境造成地区间经济发展水平的沟壑,成为地区、城乡平衡发展的约束条件。改革开放以来,西藏城乡居民收入持续增长,但农牧民收入低于城镇居民,且二者差距在 1995 年后呈波段性上升(见图 2)。1985 年,西藏农村居民人均纯收入相当于城镇居民人均可支配收入的 53. 18%,到 1995 年这一比例降至仅为 18. 96%,此后两者的收入差距又在逐渐上升,至 2015 年这一比例为 32. 38%。西藏城镇居民和农牧民之间收入差距大于全国城乡居民收入差距,各地区农牧民收入也存在差距。

民族、边疆、发展问题交织增加了西藏社会管理创新的难度。西藏居民以藏族为主体,还有汉族、回族、门巴族、珞巴族、纳西族、怒族等;西藏是中国的边疆地区,中印关系变化直接影响着边疆安全;民族、边疆以及发展问题交织,使得西藏社会管理面临着反分裂斗争、维护民族团结、巩固边疆稳定、促进社会经济发展等多重要求,传统的基层治理方式不能很好地适应推动发展和维护稳定的需要,必须大力推进基层社会管理体制机制创新。

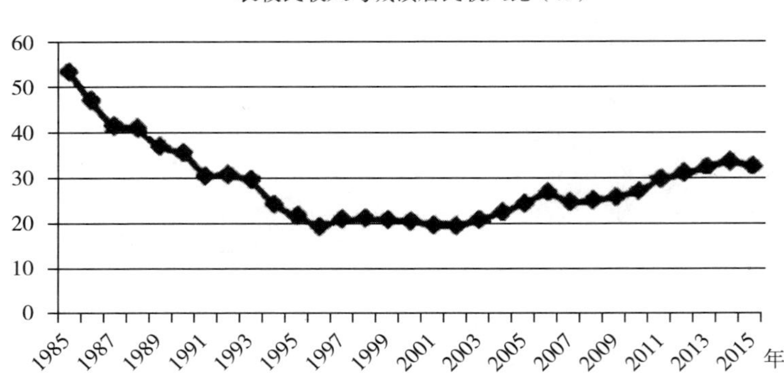

图 2　1985—2015 年部分年份西藏城乡居民收入差异情况图

数据来源：西藏历年统计年鉴。计算公式为相同年份的农牧民人均纯收入/城镇居民家庭人均可支配收入×100%。

二、西藏民生发展愿景

根据党的十九大精神，西藏民生建设须聚焦于谋民生之利和解民生之忧，聚焦于发展中补齐短板、促进社会公平正义、加强和创新社会治理、维护民族团结与社会和谐稳定，保证全区人民在共建共享发展中有更多获得感，实现人的全面发展和全体人民共同富裕。

笔者认为依据全球化格局的重塑、中国经济创造的奇迹、西藏历史的变迁，西藏民生建设应按“三步走”来安排，即到 2020 年，全面开启新时代西藏小康生活；到 2035 年，全区居民共享美好和谐生活；到 2050 年，西藏成为“一带一路”区域现代生活的引领者。

（一）2020 年，西藏全面开启新时代小康生活

2020 年是“十三五”收官之年，西藏将与全国一道全面建成小康社会，届时西藏也将开启具有“西藏特点”的新时代小康生活。西藏城乡居民人均可支配收入接近全国平均水平。在国家现行标准下消除贫困，并能严控返贫风

险。居民就业得到保障,市场体系不断完善,为城镇居民择业就业创造更佳条件,农牧民转移就业支持和保障体系逐步建立并发挥成效,大学毕业生择业观念基本转变为市场导向且就业竞争力继续提升,社会形成良好的创新创业氛围等。与此同时,西藏城乡社会保障综合服务体系基本完善,医疗保险、社会保险、社会救助、住房保障等各方面能力上新台阶,全民参保实施且能基本实现法定人员全覆盖。

居民生计的安全需要和发展需要得以保障,居民收入同步增加,城乡人居环境协同改善。居民收入同步增加是指缩小西藏城乡、地区间的收入差距并优化收入结构,缩小与其他省市之间居民收入水平的差距,让西藏共享我国全面建成小康社会的成果。西藏各地区居民生活条件较之前得到大幅提高,城乡人居环境较以前得到明显改善,居民的衣、食、住、行等各方面条件全面达到小康社会标准。并且,按急需原则在西藏部分地区实现集中供氧和加湿。特别是,到 2020 年西藏基本公共服务和公共安全主要指标达到西部地区平均水平,社会人力资本不断积累,各族群众在需要看病时能够看得起、看得好,饮水质量、社会治安等公共安全各方面得以保障。此外,到 2020 年西藏社会治理能力和社会治理体系现代化建设取得新进展,社区服务水平明显提高。

2020 年将成为新时代西藏民生发展的一个重要里程碑。届时,以就业和增收为基础的居民生计需要进一步得到满足,确保生计安全的社会保障体系基本建成且发挥有利作用,居民生活条件改善且城乡、地区间差距缩小,基本公共服务水平与全国其他省市的差距大幅缩小,社会治理现代化程度明显提升。总之,2020 年的西藏百姓安居乐业,具有“西藏特点”的小康生活成为西藏居民的标配。

(二) 2035 年,西藏全区居民共享美好和谐生活

随着新时代西藏小康生活的开启,包括民生在内的西藏各领域继续进步与发展,2035 年中国将基本实现社会主义现代化,西藏实现共同富裕,全区居民共建和谐社会,共享美好生活。

到 2035 年,西藏中等收入群体比例较 2020 年明显上升,居民人均可支配收入达到全国平均水平,城乡、地区间发展差距和居民生活水平差距进一步缩

小。西藏共同富裕为中等收入者的增加奠定了基础,居民收入、教育、就业三者良性互动关系格局基本形成,居民生计发展步入可持续轨道。社会保障体系完全实现城乡统筹、水平适度、多层次与可持续,全民参保计划有序执行,养老和医疗保险、社会救助与住房保障等各领域保障水平与全国同步提升。

2035 年西藏实现农牧区与城镇人居环境各具特色、协同发展。西藏发挥“后发优势”,探索具有“西藏特点”的城镇化道路,城乡协同发展、人类与自然和谐共生的城乡格局基本形成,西藏居民生活条件和人居环境基本实现现代化。交通、邮电、供水供电、商业服务、科研与技术服务、园林绿化、环境保护、文化教育、卫生事业等在内的各项设施齐备且空间布局合理,供氧和加湿举措实现西藏城镇居民全覆盖。西藏农牧区与城镇、不同海拔地区、不同民族居民差异化的美好生活需要得到满足,基本公共服务及公共安全主要指标达到全国平均水平,社会人力资本水平显著提升,居民积极倡导现代生活方式。

2035 年西藏社会治理实现全民参与、共建共享。“维稳”不再需要政府主导,和谐、稳定这种社会发展的内在需要和居民安居乐业的根本要求得到充分保证,全体居民共同倡导和参与、共同建设和分享。届时,西藏社会治理能力显著提升,基本建成具有“中国特色、西藏特点”的现代社会治理体系。

总之,2035 年的西藏,“幼有所育、学有所教、劳有所得、病有所医、老有所养、住有所居、弱有所扶”得到全面实现,各区域、各领域民生发展的充分性、平衡性并重,全区居民共建和谐社会、共享美好生活。

(三) 2050 年,西藏成为“一带一路”区域现代生活引领者

2050 年中国建设成为社会主义现代化强国,西藏成为“一带一路”的核心区域,其现代生活方式成为“一带一路”区域的示范和引领者。

到 2050 年,社会主义现代化的中国人均收入处于世界前列,西藏居民人均收入水平达到全国中高水平。届时,完善的就业综合服务体系保障了城乡居民就业的基本权利,合适的就业成为个人的主动需要;中等收入群体成为西藏居民的主体,城镇与农牧区居民的收入均充分满足美好生活的需要。西藏与全国一样,完善的社会保障体系充分发挥着居民生计安全屏障的作用,保障能力、保障水平和社会福利体系处于世界一流水平。

2050 年的西藏人居环境全面实现现代化,成为“一带一路”区域现代生活的引领者。现代化的城镇体系与高原农牧区风光和谐共生成为西藏现代生活的重要载体。建成包容、安全、有风险抵御能力且符合可持续发展要求的城乡格局。包括拉萨、日喀则都市圈以及各区域中心城市、中小城市和小城镇协同发展的城镇体系建成,大都市和核心城市在各种商业、文化、科学、生产力、社会发展进程中的枢纽作用得到充分体现。西藏各类公共资源合理布局和分配,供氧和加湿设施实现西藏居民全覆盖,公共服务供给完全满足城乡、不同地区、各族群众的多样化需求。西藏城乡公共服务体系高度健全,基本公共服务及公共安全主要指标达到全国中高水平,终身学习成为城乡居民现代生活的组成部分。

2050 年,西藏社会治理能力和治理体系全面实现现代化。高水平、高标准的社区服务极大丰富了居民日常生活,多元主体参与的社会治理以向全区各族居民提供平等的各类机会为主要内容,社会风险防控机制高度成熟,社会风险完全得到控制和化解。

总之,2050 年的西藏,高度现代化的生活设施条件使高原居民的美好生活需要完全得到满足,“现代”成为西藏生活方式的关键词,西藏成为“一带一路”区域现代生活的引领者。

三、西藏民生发展的路径

民生愿景是民生建设的最终目标,民生路径是实现民生愿景的道路。西藏民生发展关注居民美好生活的需要及实现过程,关注居民美好生活实现的社会载体,关注区域间民生平衡发展和充分发展,因此西藏民生愿景的实现路径也应聚焦于这些方面。要如期实现西藏民生三阶段愿景,必须构建教育、就业与收入良性互动的可持续发展的居民生计系统;必须构建完善的、高水平的、可持续的社会保障体系;必须立足需求不断提升公共服务供给水平,构建现代化的公共服务体系;必须改善民生和增进居民获得感,夯实社会治理微观基础;必须走“西藏特点”的城镇化道路,带动区域城乡平衡发展。对于西藏居民的美好生活需要的不断满足而言,可持续的生计发展系统是基本前提,完善的社会保障体系是根本保障,夯实社会治理微观基础是内在要求,提升公共服务供给水平是核心举措,区域城乡平衡发展是持久动力。五条路径各有侧重、相互融合、互为补充,共同支撑西藏民生愿景的顺利实现。

(一) 构建教育、就业与收入良性互动的居民生计发展系统

新时代,居民获得收入仅用于满足温饱是不够的,个体有不断改善生存条件的需求。因此,从宏观层面来看,现代社会的居民生计系统应是动态的、不断发展的。基于西藏民生发展愿景,西藏民生建设的首要任务是构建适用于农牧区和城镇全体居民的生计发展系统,从根本上确保居民能够通过适当的方式获得相应收入以满足当前生活需要,并随着生活需要的增加相应提升获取收入的能力。

目前西藏居民生计情况具有几个特点:一是分化明显,农牧区和城镇居民生计方式和生活水平有很大差异;二是脱贫任务艰巨,返贫风险较大;三是就业压力大,商品市场和劳动力市场发育相对滞后,观念因素对就业有消极影响;四是居民收入渠道窄,社会收入分配格局仍需优化;五是生计持续性弱,如牧区居民生计严重依赖自然且受城镇化冲击,生计持续性无法保障。可见,能力是影响西藏居民生计及其发展的最主要因素,既包括满足当前生活需要的能力,也包括满足未来可能增加的生活需要的能力。教育是提升居民生计能力最重要也是最直接的方式,无论是职业教育还是学历教育都是提升居民人力资本的有效途径,在现代化、城镇化、市场化的大背景下,人力资本对于居民参与社会生产、获得收入、满足生活需要具有决定性意义。

因此,构建西藏居民生计发展系统须紧抓教育、就业和收入三要素。教育是基础,就业是动力,收入是纽带。具体而言:首先,教育是西藏居民提升人力资本、适应现代经济体系的有效手段。在西藏居民生计发展系统中,教育处在最基础的位置,扮演最核心的角色。教育不仅直接关系到系统功能能否有效发挥,还在初期承担着系统运转推手的责任。其次,就业是西藏居民参与社会生产从而获得收入的途径,就业问题的解决也就意味着生计问题的解决。因此,就业是西藏居民生计发展系统持续运转并发挥功能的重要动力。此外,居

民通过就业获得相应收入,一方面用于满足生活需要,另一方面用于教育,即用于生计能力的提升。从这个意义上说,收入扮演着连接系统内其他元素的纽带角色,宏观层面收入如何分配以及微观层面收入如何使用,都关系到系统能否持续运转。以上三要素之间需形成良性互动:一是教育通过提升人力资本促进就业,居民获得基础生计能力;二是就业通过生产和分配成为居民收入来源,用来满足居民生活需要;三是在教育事业发展、市场作用下,部分居民将收入继续投入教育,进一步提升居民的生计能力以响应其可能增长的生活需要。总之,只有基于西藏发展实际推动教育、就业、收入良性互动,才能确保西藏居民的生计发展需要得到满足。

第一,优先发展教育。一是培养群众重视教育和终身学习的理念。西藏应形成多元的参与主体,政府、社区、学校、家庭等坚决承担教育责任和义务,把教育理念融入各级各类学校课程和日常行为规范,传输正确的世界观、价值观,强调榜样的正能量,强调人力资本将带来的价值回报。积极创新载体方式,深入主题教育实践活动,采用更有效的劝学方式。二是构建学历教育、职业教育、继续教育等多种教育形式协同发展机制。加强职业教育与普通教育沟通,优化高中阶段普职比结构,打破职业学校和本科学校之间的壁垒,为"跨界"求学提供相应的政策通道。加强继续教育和学历教育的并举机制,建立职前、职后贯通的继续教育体系,鼓励高校、科研院所、企业等开展继续教育,建立有利于全社会劳动者都有机会接受职业教育及相关培训的更为灵活的学习制度。三是提高高等教育人才培养质量。以西藏产业构成为导向,开办符合产业发展需求的高等职业教育,强化校企融合和教产融合。进一步调整区内高校布局结构,提高整体师资力量,加强一流学科建设,突出西藏特点。注重创新性人才的培养,推进科技探索,加强科技基础平台建设,实施科技创新创业人才计划,切实提高人才培养质量。

第二,提高就业质量。促进劳动力市场发育和完善,形成劳动者自主择业、市场调节就业、政府促进就业的完备劳动保障机制和灵活高效的劳动力市场。能够适应劳动者多层次就业需求并提供全方位的公共就业服务,统筹高校毕业生就业、农牧民转移人口和困难人群的多渠道创业就业。同时,劳动力配置还应兼顾短期劳动力的利用与长期人力资本的储备。

第三，优化收入分配。坚持按劳分配原则，完善按要素分配的体制机制，促进收入分配更合理、更有序。拓宽劳动收入渠道，大力推进劳动制度的改革创新和劳动力市场的完善，让劳动力在流动中创造更多的价值，让人力资本更多的劳动者获得更多收入。

（二）构建全覆盖、高水平、可持续的社会保障体系

有力的社会保障是确保居民生计安全的一道屏障。党的十九大报告指出，要“全面建成覆盖全民、城乡统筹、权责清晰、保障适度、可持续的多层次社会保障体系”。西藏的医疗保障制度、社会保险制度、社会救助体系等仍需进一步改革优化，社会保障尚未完全实现全覆盖，住房保障水平也有待继续提升。基于民生发展的目标指向，西藏民生建设还需构建和完善能够全面覆盖农牧区和城镇，高水平、可持续运转的社会保障体系，从而满足西藏居民的生计需要。具体而言：

一是覆盖西藏农牧区和城镇全部人口。虽然西藏人口总规模不大，但人口的城乡和区域分布极不均衡，加大了社会保障体系实现人群全覆盖的难度；西藏城镇化进程起步较晚，未来人口迁移流动更为频发，区内和跨区人口流动具有较强的单向性和季节性，均会增加西藏社会保障体系实现全民覆盖的复杂性。西藏民生愿景要求社会保障体系不仅要做到制度全覆盖，还要做到人群全覆盖，要能够实现农牧民、城镇居民人人有保障，一项都不少。

二是保障水平能够满足居民的基本生活需要。受限于经济规模和财政状况，西藏目前的保障水平并不高，这与城镇较高的物价水平不相适应。西藏城镇居民、农牧民除基本生活需求外，生活方式、医疗、养老、住房等方面的需求又具有差异性。受多种因素的综合影响，医疗等公共资源的供给和配置亦存在不充分、不均衡的情况。高水平的社会保障体系最基本的要求是能够满足居民生活的各项基本需要，西藏民生发展要求居民医疗、养老、失业、低保等保障一个都不少。

三是社会保障体系要可持续运转。社会保障体系持续运转至少有两方面条件，分别是制度完善和资金充足。结合西藏发展实际，西藏社会保障体系各方面制度改革仍在进行，全国层面的机制建设也未达到完善的标准。企业和

个人缴纳的社会保险金与政府财政的补充构成社会保障资金最主要的来源,西藏市场经济发展相对滞后,政府财政"造血能力"尚未完全形成,成为西藏社会保障体系实现持续运转的制约因素。

西藏民生发展构建和完善全覆盖、高水平、可持续的社会保障体系,可从两方面着手:第一,完善社会保障体系。以养老保险、医疗保险为主要保障内容,加快实现对城镇居民、农牧民、僧侣等群体实施全覆盖的参保计划,确保区内所有人参与;深化改革扩大保险范围,养老、工伤、生育、失业保险都应涉及,企事业机关单位在职员工和退休员工都应纳入综合社保名单之内,探索农牧民转移人口、新型就业岗位从业者的参保政策;提升群众的自我保障意识,广泛进行激励引导,提供非基础、更高水平的保障服务,完善城乡居民养老、医疗保险多缴多得、长缴长享等激励机制。第二,确保社会保障资金稳定的来源。可从"节流"和"开源"两个角度出发,"节流"意味着稳步提高社保待遇水平,不做超出社会承受能力、不可持续的承诺,引导社会形成合理预期的社保支出;明确社会保障资金来源既是政府的责任,也需要个人和企业来共同承担。"开源"意味着政府要具备可持续的"造血能力",通过发展经济,强化地方财政能力,拓宽筹资渠道,增强养老保险的整体调剂能力;充分发挥政府的资金引导作用,将社会资本引入社会保障体系内,鼓励商业保险作为社会保险的补充,鼓励民间资本参与到公益性项目的市场化运作中。

(三)立足需求不断提升公共服务供给水平

西藏居民对美好生活的需要日益增长,对公共服务的数量和质量需求亦不断提升,但公共服务供给与需求存在失衡现象。西藏民生建设应在保障基本公共服务充足、均等供给的前提下,强化需求导向,充分发挥市场配置资源的作用,目标是为居民不同的生活需求提供充分的、高质量、多层次、多样化的公共服务,来支撑城乡居民的美好生活需要。

由于自然地理条件的差异,西藏城镇与农牧区居民生活状况存在明显差异。环境差异造成不同区域公共服务的供给差异,如空间距离因素导致医疗资源可及程度、生活用水、能源等城乡供给差异明显。生活习惯差异造成不同区域、不同民族居民的公共服务需求不同,如有的居民对宗教活动有较强的现实需要等。生活方式不同对美好生活的理解就不同,对公共服务的需求就各异。因此,只有明确居民需求,并针对性地提供公共服务供给,才能提升公共服务效率和能力,形成居民日益增长的美好生活需要支撑。

在政府的合理、适度调控下,市场成为配置资源最有效率的工具,实现公共服务的供需均衡。根据不同的自然禀赋和生活情况提供不同的公共服务。通过大数据分析、问卷调查、走访入户等方式获取居民需求,根据追踪调研结果了解需求动态变化,调整基本公共服务供给的内容、标准、方式。拓展基本公共服务供给主体与渠道,建设公众诉求表达、监督、反馈机制,保障居民对公共服务相关情况的知情权和选择权。

(四)增进居民获得感,夯实社会治理的微观基础

"增进民生福祉是发展的根本目的",创新社会治理是促进社会和谐的重要手段。居民生活条件不断改善、获得感不断增进,社会治理才有坚实的微观基础,才能实现全民共建共享和谐社会、共同富裕和人的全面发展。

创新社会治理应该从理念层面开始,推动社会治理从"维稳"向"自稳"状态转变。始终把保障和改善民生作为一切工作的出发点和落脚点,坚持为群众办实事,提供完善的社会保障体系和有效的公共服务供给。将寺庙纳入社会公共服务范围,保障僧尼与其他公民的同等待遇。通过更多的惠民工程提升各民族群众、不同信众的满足感,增进居民获得感,激发全体群众维稳的内生动力,促使全体居民珍惜稳定局面、自发构建和谐社会的风险防控体系。

在社会治理过程中,坚持依法治理、主动治理、综合治理、源头治理相结合。西藏已初步形成党政军警民联防联控的多元、互动的治理格局,网格化管理模式将从城镇拓展到社区、村民组、寺庙。特别是,西藏信教的人数较多,可大胆创新,从源头治理,把社会治理理念引进寺庙教育管理服务中,坚持明确寺庙是基本的社会细胞和社会单元,注重发挥寺庙在社会治理中的作用。

社会治理创新还应建立科学合理的绩效评估体系。一是要进行考核制度和指标探索,以民生项目为重点,把民生项目落实、区内群众的满意度作为重要指标。二是使用绩效评估结果推动政府改善管理,通过全面的评估发现问题和掌握群众的真实需求,分析原因并加强沟通反馈,最终进行改进达到预期

目标,形成前期规划、中期监控管理、后期考核三位一体的系统。

(五) 走西藏特点的城镇化道路,带动区域城乡平衡发展

平衡发展是我国居民不断增长的美好生活需要得到满足的要求之一,在各项因素的综合作用下,西藏区域、城乡之间在人口、经济、民生等多个方面都表现出较大的发展差异。西藏民生建设应推进区域、城乡之间的平衡发展,走具有西藏特点的城镇化道路。

西藏特点的城镇化包括:城镇化目标和速度应确保适度,并与西藏的禀赋条件和发展需要相适应;城镇化发展应及时干预和控制人口向少数城市过分集中、城镇过度过快扩张、农田草场退化等现象,提升城镇化进程的有序性和稳健性,既可避免"一城独大",保障生态不被破坏,又能最大限度收获城镇化带来的各项红利,从而实现均衡发展;在有条件的地区助力城镇化发展,随着交通、供氧等支撑要素逐步发展、完备甚至成为标配,使高原各地区分享发展成果。

西藏正处于城镇化即将迈入快速发展阶段的关键时期(2016 年西藏城镇化率达到 26%),准确把握城镇化发展基础和态势,稳妥推进城镇化和农牧民转移人口市民化。坚持通过稳妥推进城镇化促进西藏城乡和区域平衡发展,转变城镇化发展思路,把握西藏独特的禀赋特点和发展需要,走平衡发展、错位发展、差异化发展道路。

西藏坚持走新型城镇化道路,须探索科学的人口迁移机制,引导人口逐步、有序转移。稳妥推进人口合理分布、适度聚集,引导人口从农牧区向适宜、就近的城镇合理、有序转移,从不适宜人居的区域向条件较好的区域转移;主体功能区须聚焦区域资源禀赋、生态脆弱性、环境承载力,强调绿色、低碳发展,同时要筹划农牧民迁移后的城市适应问题,提高产业对更多农牧区转移人口的吸纳和支撑能力,加强基础设施建设,建立完善公平、配套的社会保障体系,提高公共服务供给能力。

本文原载《中国藏学》2018 年第 3 期,作者为杨丹、徐爱燕、杨帆。

西藏民生保障与改善政策研究

——来自拉萨市农牧区的调查

党的十八大以来,习近平总书记多次发表重要论述,阐明“民生观”,指出一切工作的出发点、落脚点都是让人民过上好日子。保障和改善民生是一项长期工作,没有终点站,只有连续不断的新起点。增进民生福祉是发展的根本目标,在当前发展基础上继续改善民生,是西藏决胜小康社会的关键;促进民生可持续发展,是西藏进行社会主义现代化建设的最终目标。关注西藏农牧区民生问题,关系到西藏社会和谐、稳定和长治久安。

由于自然、地理以及人文环境的异质性,国际、国内其他地区的成功经验在西藏不具有可复制性。西藏地广人稀,调研难度与风险极大,每个人眼里的西藏都是独特的,相关研究团队及系列成果还很薄弱。为客观真实地把握西藏民声民情,在拉萨市政府指导与支持下,西藏大学联合西南财经大学等高校与研究机构,采取规范科学的抽样方法于 2016 年 12 月—2017 年 1 月对拉萨市 2 区 5 县的 746 户农牧民家庭进行了入户调查,2018 年 7 月再次对他们入户跟踪调查,完成了西藏自治区哲学社会科学基金重点项目《西藏民生保障与改善政策建议》,研究旨在分析拉萨市农牧区民生的现实状况与发展变化,着眼于真实、客观、科学地记录拉萨市农牧民民生动态发展路径,对拉萨市民生政策的实施效果作出科学、客观的评估,为政府制定农牧区民生持续改善政策提供事实依据与建议。

一、研究发现

近年来,得益于中央政府对西藏各方面的支持以及其他省(市、区)的帮助,拉萨市农牧区居民生计条件得到优化,居民收入不断增长,城乡基础设施和公共服务增加,作为民生安全屏障的社保体系基本建立,社会治理效果显现,文卫事业跨越发展等。然而,目前西藏还存在一些民生痛点、盲点,如贫困成为西藏民生改善的短板、农牧民依然存在看病难看病贵的问题、学龄前儿童入园率和高等教育毛入学率仍有待提高、民生改善的重点不够突出、民生改善与保障制度不够健全等。发展的问题与成效同在,未来的挑战与机遇并存,这既是当前研究西藏民生发展的意义所在,也是筹划未来西藏民生建设的现实基础。

研究主要结论:

(一)民生满意度总体情况

调查数据统计显示,总体来看,拉萨市农牧区居民对民生的满意度较高,居民收入水平和整体素质得到提升。样本总体满意度得分 90.98,位于非常满意得分区间[87.5,100]内。根据家庭主要生产方式来看,纯牧区家庭以 88.07 分居总体平均水平之下,其他各类家庭评分达平均水平之上;总体民生满意度评分由低到高三类海拔层次(4000 米以下、4000 米至 4500 米、4500 米以上三个等级)上依次递减;拉萨全部七县,总体民生满意度得分最低的是当雄县。这也意味着,农牧区民生发展状况存在地区不平衡,未来需重点关注纯牧区、高海拔地区以及当雄县的民生发展问题。

(二)二级指标满意度情况

二级指标满意度由高到低依次是公共服务、生态文明、公共安全和居民生活。其中,公共服务、公共安全和生态文明均高于总体民生满意度评分,处于“非常满意”水平,而居民生活则以 80.59 分垫底,不仅远远低于总体民生满意度和其他三项二级指标的评分,且只处于"比较满意"水平。可见居民生活和其他模块民生满意度之间存在较大差异,四者均衡发展仍有待加强。

1. 居民生活满意度

居民生活满意度由收入、消费、就业、居住满意度四个三级指标构成。其评分由高到低依次为消费、就业、居民生活和收入,极差接近 11,四者均处于"比较满意"水平。其中,消费和就业满意度评分高于总体居民生活满意度评分,收入和居住满意度评分则低于此,因此也是未来提高居民生活满意度的重点方向。

2. 公共服务满意度

公共服务满意度属于"非常满意"水平,其下设的三级指标满意度评分由高到低依次是教育、医疗、社会保障、社会服务和交通。总体来看,教育发展方面的得分相对最高,交通方面的得分相对最低,这一方面反映了我国科教兴国战略的有效实施以及西藏教育事业发展的巨大成效,另一方面反映了西藏自然地理条件对人民生活水平改善的根本性制约。公共服务领域仍存在的问题包括:

(1)教育方面:其一,在调查样本中仍有高达 23. 53%的家庭存在幼儿园学龄家庭成员而未入园;其二,仍有 14. 08%的家庭存在高中学龄家庭成员而未在读。这也就意味着学前教育与高层次的教育有待大力普及。

(2)医疗方面:数据显示,农牧区对现代医疗服务的接受与依赖程度越来越高,有高达 97. 18%的农牧区调查对象会首选去乡/镇卫生所、县城卫生所或去拉萨市医院就诊。同时,村/乡镇卫生所或医院承担着主要的医疗服务工作,但对这些基层医疗服务机构的整体满意度偏低,这也就意味着未来需加大对基层医疗服务机构硬件和软件设施的投入力度,让农牧区居民能获得更好的医疗服务。

(3)交通方面:数据显示,鉴于地形特殊和道路交通条件限制,农牧区缺乏高效、便捷、安全、绿色的交通方式,居民出远门的交通方式具有多样性。目前大部分农牧区居民会选择小巴车或骑摩托车出远门,西藏自治区政府还需大力发展农村道路交通和公共交通设施建设,以便提供更加安全高效的出行方式。

3. 公共安全满意度

公共安全满意度评分为 91.91，属于“非常满意”水平。其下设三级指标的满意度评分由高到低依次是卫生安全、生产安全、公共安全和质量安全，除质量安全满意度评分属于“比较满意”外，其余指标均处于“非常满意”水平。

数据显示：拉萨农牧区发生过生产安全事故的家庭比例保持在低位，且发生区域相对集中。农牧民对政府应对或预防自然灾害的满意度较高。2017年拉萨农牧区约两成家庭所在村/乡镇发生过人传染病例，有六成以上家庭所在村/乡镇发生了牲畜传染病例。传染病问题仍是影响拉萨农牧区民生改善的因素之一。

4. 生态文明满意度

生态文明满意度评分为 92.96，属于“非常满意”水平，其下设三级指标的满意度评分由高到低依次是垃圾处理、农村环境和水质达标，三项指标均处于“非常满意”水平。

数据显示：尽管居民在生活能源方式选择方面仍以使用传统能源为主，但拉萨农牧区电网覆盖面广，农牧民家庭对能源方式、用电稳定性已有较高的满意度。拉萨农牧区多数家庭获得政府提供的生活垃圾收集与集中处理服务，但污水排放管道系统接入率不高、公共厕所供给不足和家庭冲水厕所覆盖面窄等问题依然存在。

二、民生发展愿景

改革开放以来，在中央的特别关怀和全国人民的大力支援下，西藏民生状况得到了极大改善。到二〇二〇年，西藏将与全国一道全面建成小康社会，民生发展也将达到新的高度。可以预期，已经步入新时代的中国特色社会主义，道路会越走越宽，西藏的民生发展也将继续朝着具有“可持续性”的目标状态运行。具体而言：

一是高质量就业收入充分满足居民的生计发展需要。就业是最大的民生。就业不仅可为居民提供必要的经济收入以支撑日常生活，而且高质量的就业更是人全面发展的一项内在追求。

二是完善的社保体系有力保障居民的生计安全需要。完善的社会保障体系应是居民的生计安全屏障,在特定场合发挥兜底的作用。消除了衣食住行等各方面的后顾之忧,居民才可能追求人的全面发展。

三是优质的公共服务足够支撑居民的美好生活需要。居民对教育、医疗、文化等公共服务的需要得到满足是其能够享受美好生活的前提,不仅要求公共服务在数量上可实现充分供给,更要求其在质量上能满足需要。

四是区域城乡平衡发展实现全民共建共享共同富裕。不平衡、不充分的发展与居民日益增长的美好生活需要存在矛盾,巨大的城乡差异、区域差异不符合全民共建共享和共同富裕的要求。

五是现代高效社会治理确保社会稳定国家长治久安。稳定、有序的社会环境是居民享受美好生活、追求人的全面发展的载体,只有现代、高效的社会治理方式才能适应时代的要求,使社会治理的措施与效果构成良性互动。

西藏民生可持续发展的愿景是:在有力的社会保障以及充足、优质的公共服务支撑下,居民安居乐业并享受着高原的美好生活;不分农区、牧区与城镇,不分区域,全区居民共建共享和谐、有序的社会,实现共同富裕以及人的全面发展。

三、政策建议

结合西藏民生发展的实际以及新时代对西藏民生发展的要求,关于西藏民生发展的制度安排和具体措施,应至少从两个层次分别予以考虑。短期来看,即在“十三五”即将进入下半期的当前,着力弥补民生短板,显著改善西藏民生状况,确保到二〇二〇年西藏与全国一道全面建成小康社会。长期来看,即在西藏的社会主义现代化建设步入新时代的当前,继续强化民生建设,不断增加西藏居民获得感,确保西藏民生可持续发展和西藏居民美好生活需要不断得到满足。

可以采取的主要措施包括:

（一）优先发展教育，提高就业质量，优化收入分配

基于西藏发展实际推动教育、就业、收入三者良性互动，才能确保西藏居民的生计发展需要得到满足。教育是中华民族伟大复兴的基本条件，必须坚持优先发展教育战略，加快教育现代化。要推动西藏地区城乡义务教育一体化发展，高度重视义务教育，办好学前教育，普及高中阶段教育，努力让每个西藏地区的孩子都能享有公平而有质量的教育。

1. 加快普及学前教育，建设城镇和农牧区“双语”幼儿教学班，定向培养培训“双语”教师和专业学前教育教师。

2. 加强义务教育小学和初中学校教学楼、宿舍、图书馆、操场、供暖等基础设施建设，坚持使用双语教材。

3. 发展现代职业教育，强化基础知识和技能训练。根据西藏产业发展需求开设相应的专业和职业教育课程，比如开设草原学、草原旅游管理、藏药、采选矿等专业或课程，同时与企业合作进行“订单式定向培养”，例如藏区卫生机构可以向医学高校实行定向培养和招聘，为职业教育毕业学生实施就业保障。

4. 打通中职、高职和本科专业的上升通道，让更多学生有意愿、有机会接受高等教育。此外，大力完善中职、高职、本科及以上贫困学生的资助体系，对贫困学生提供学费贷款、补助、免除等优惠政策，避免学生因为贫困而无法上学的情况发生。

5. 开展适合西藏地区特色优势产业发展的技能培训，打造全区劳务品牌，比如开展石材加工、唐卡制作、藏香制作、藏区农家乐、民族歌舞队等民族品牌培训。此外，开发公益性岗位解决就业困难人员工作问题，逐步消除藏区“零就业家庭”现象。

（二）构建和完善全覆盖、高水平、可持续的社会保障体系

完善城乡社会保障综合服务体系，实施全民参保计划，着力加强医疗保险、社会保险、社会救助。逐步提高农牧业地区医疗保险政府补助标准，整合农牧民和城镇居民基本医疗保险制度。建立全国性的社会保障管理信息系

统,实现区内就医即时结算,国内异地就医直接结算。吸纳商业保险机构参与医疗保险业务,完善大病保险补助,扩大补助病种范围,对残疾人、贫困户的重大疾病患者提高报销比例。

(三) 坚持以市场手段不断满足居民的公共服务需要

根据区内不同的自然禀赋和生活情况提供不同的公共服务,在发挥政府主导作用的情况下多鼓励市场力量参与到公共服务供给当中。其中一个首要工作是要完善基础设施建设,建设功能完善、运作有序的先进公共交通体系,方便居民出行。不仅要提升道路的覆盖面,也要提升交通工具的便捷性。在我们所调研的区域内能够享受公共交通的人群甚少,政府可在道路所到之处的人员密集处开通公共交通,使偏远处居民能有便捷的交通工具可用,这也是实现出行的重要手段之一,且提升效率较高。同时,为了降低政府支出成本,在较偏远地区,政府可进行补贴运营,可引导企业进行交通运营,以此来提升交通体系的运行效率,达到让居民便捷出行的目的。

(四) 通过不断增进居民获得感来提升社会治理效率

根据西藏经济社会发展现状,应坚持把改善民生作为第一要务,把保稳定作为第一责任,建立长效机制,以改善民生和增进居民获得感,夯实社会治理微观基础,促进西藏民生可持续发展。创新社会治理应该首先从理念层面开始,推动社会治理从“维稳”向“自稳”状态转变。始终把保障和改善民生作为一切工作的出发点和落脚点,坚持为群众办实事,提供完善的社会保障体系和有效的公共服务供给。通过更多的惠民工程提升各民族群众、各信仰群众的满足感,增进居民获得感,激发全体群众维稳的内生动力,促使全部居民珍惜稳定局面、自发构建和谐社会的防控体系。

(五) 转变观念,稳妥推进城镇化和转移人口市民化

西藏地域辽阔,拥有丰富的自然资源,多数地区人口密度非常小,导致公共服务半径大、供给成本高,规模经济效益低,产业转型面临诸多困难等问题。同时,西藏大部分区域生态系统极为脆弱,抗干扰能力差,自然灾害频率高、影

响大，非常不利于人类安居乐业。因此，必须坚持走新型城镇化道路，稳妥推进人口的合理分布、适度聚集，主体功能区要体现西藏各区域的资源禀赋、生态脆弱性、环境承载力等多因素，强调实现绿色、低碳发展，引导人口从农牧区向适宜、就近的城镇合理、有序转移，从不适宜人居的区域向条件较好的区域转移。同时要注重农牧民迁移后的城市适应和社区融入问题，加强基础设施建设，提高产业对更多农牧区转移人口的吸纳和支撑能力，建立完善公平、配套的社会保障体系，提高公共服务供给能力。坚持政府引导、市场主导和个人意愿相结合，探索科学的人口迁移机制，引导人口逐步、有序转移。

四、研究展望

（一）数据平台

拟在 2017、2018 年针对西藏拉萨市农牧区 62 村 746 户家庭入户调研的基础上，完成 2019、2020……（力争完成 2021）年的入户跟踪调研。未来能把调研扩展到西藏各地区、全国藏区等，建设西藏经济社会发展问题研究的动态微观家庭数据库。

（二）理论分析

民生相关研究理论化，研究西藏民生持续改善的个体参与机制、政策供给与民生诉求的协调机制、易地扶贫搬迁户的社会融入机制（社会融入、经济融入与心理融入）。

（三）政策建议

提出西藏民生持续改善的财政（负税收、补贴）、金融（普惠金融）、社会（社会管理）政策等，为“中国特色、西藏特点”的民生问题研究与实践提供思路与借鉴，也为我国其他少数民族地区的相关研究带来启示。

附录：财经笔谈

让一部分人先高尚起来

观念革命，力量千钧。

30年前，邓小平同志提出“让一部分人先富起来，最终实现共同富裕”。一时间，微观主体的积极性被充分调动起来。同时通过体制机制及方法手段的创新，计划经济过渡到了市场经济，给致富者带来了前所未有的发展空间。

可是富起来的中国人却并没有太多的国际自信心，不只是因为GDP不能代表全部国力，更是因为我们面临着太多的环境污染、诚信缺失和信仰真空。

也许我们忙得来不及思考真正的需求，但正如一穷二白时代我们对财富的渴求一样，现在的我们从内心深处更渴求高尚。求富的迷失，让我们体会到高尚才是驾驭财富的基本手段，贫富差距导致的仇贫仇富倾向，让我们意识到高尚才是社会文明的基石。正如马丁·路德的名言：“一个国家的繁荣，不取决于它的国库之殷实，不取决于它的城堡之坚固，也不取决于它的公共设施之华丽；而在于它的公民的文明素养，即在于人们所受的教育，人们的远见卓识和品格的高下。这才是真正的利害所在，真正的力量所在。”

所谓高尚，简单而言是指品德高于常人、修养高于常人、品位高于常人。对于个人而言是品德、修养、品位和理想，对组织而言就是责任、正义、规范和社会使命感。其核心是驱动我们行为的价值观。

研究表明，高尚的企业更能得到社会和市场的认可，有效履行环保、慈善、雇员保护等社会责任的企业能得到较高的股价、整合更多的资源。据统计，1998年美国非社会责任投资的基金一年、三年、五年、十年的投资回报分别是8.66%，10.70%，9.76%，11.05%，社会责任投资基金同期的投资回报分别是10.64%，13.71%，11.51%和11.76%，平均高出近两个百分点。

企业社会责任的代表人物卡罗尔提出,企业社会责任应当包括四个层次的内容:第一层次为经济责任,即企业要为股东利益负责;第二层次为法律责任,即企业的生产经营活动的合规责任;第三层次为伦理道德责任,企业要遵守商业道德;第四层次为慈善责任,即企业要用财富造福社会。现在看来,我们初步实现了为股东服务和合规经营,伦理责任和慈善责任仍需进一步拓展,企业社会责任的空间很大。所幸,企业社会责任现已不单是口号,它正在以制度的方式影响着企业决策,并越来越深入人心,成为消费者决策和政府政策导向的重要依据。

诚信是市场之本。会计信息正扮演着增加陌生人之间相互信任的角色,成为鼓励高尚、防止欺骗的重要公共信息来源。有了报表,我们可以相信甚至投资于从未谋面的公司,资源配置范围由此扩大。诚信让我们有资格企盼更多的物质财富,给我们以更大的空间去塑造新时代的精神良知。

一部分人高尚能带动全民高尚吗?答案是肯定的。人的高尚品行是可以传播的,并且这是一种更富有文化意义的传播,也是一种民族的价值符号。我们每个人都应是这个符号的撰写者和传播者。诚信将作为一条蜿蜒的纽带将这些散落的符号串联起来,正如文化是公民社会强有力的黏合剂。

诚然,改变需要时间,也需要付出和坚持。正如实现共同富裕非一日之功,实现全民高尚会更难,需要的时间也会更长。然而我们又怎能拒绝内心的那份坚守呢?高尚需要以内心为起点,成为不随世易时移而改变的追求。如果高尚现如今对我们而言还是一件奢侈品的话,那么,希望它未来能成为人人兼备的必需品。

让一部分人先高尚起来,从我们做起,从今天启程。

本文原载《四川会计》2010年第12期。

创新不止、学习不辍

——会计领军人永远在路上

改革开放以来,中国社会经济发展取得了举世瞩目的成就。会计改革与经济社会发展息息相关、相互促进。三十多年的中国会计改革实践跨越了从高度集中的计划经济体制到中国特色社会主义市场经济体制,从满足内部信息需求到满足内、外部市场信息需求,从为单一主体(政府)服务到为多主体服务等重要转变。伴随着中国经济的发展,尤其是证券市场的产生,中国会计研究内容和研究范式发生了深刻变革。近10年来,国内会计领域的实证研究发展迅速,完成了“从规范到实证”的转变。但是,中国目前的会计研究,远没有像会计准则一样国际化,中国会计研究的国际影响力也没有像中国会计改革和会计实践一样受到国际社会的关注。尽管20世纪90年代中国就已经开始向国外学习会计学术研究,但是研究方法、科研考核体系和学术刊物的审稿尚未实现国际趋同。

2005年,我有幸成为财政部全国会计领军(后备)人才学术类一期32名学员中的一个,以期通过财政部组织的集中学术培训、课题研究、专题研讨等,培养国际视野和战略思维,了解国内外的前沿理论。我认为,如何以国际化的视野、主流的理论来研究中国特有的问题,进而为世界的学术提供增量的贡献,是中国会计学者的共同使命。中国的会计研究也需要像中国会计准则一样,实现国际趋同,逐步参与国际标准的制定,从而影响世界。

学术研究的思想性:求真、求善、求美

2006年4月8日,全国会计领军(后备)人才学术类一期培训在厦门国家

会计学院正式开班。我国著名会计学家、厦门大学葛家澍教授当时已85岁高龄仍亲临课堂，为我们讲授了第一课——“关于财务会计概念框架的五个问题”，在长达三小时的授课过程中，我聆听了当前国内对财务会计概念框架最权威、最前沿的解读，受益匪浅。葛家澍教授紧跟财务会计概念框架发展动态，分析精辟，讲解独到。在随后为期16天的培训中，财政部会计司领导就国际会计准则趋同、我国会计准则体系制定与突破等政策问题进行了深入讲解；中国管理会计的开拓者和奠基人、厦门大学余绪缨教授就高层次人才评价中几个基本理论阐述了新的认识。犹记得授课结束之后，余绪缨教授还兴致勃勃地赋诗一首：“名城名校聚群英，同窗共研济世经；求真向善美无限，学究天人意精深。”这6年的培训经历鼓励着我在学术研究上“求真、求善、求美”。

逐层分析，辩证理解：理论与制度相结合

厦门大学副校长、国务院学科评议组成员、全国工商管理硕士（MBA）指导委员会副主任委员、教育部管理学部学部委员吴世农教授就“资本市场和公司财务存在的问题及其创新性研究”为我们做了一场深刻、前沿、富有启发性的学术报告。吴世农教授的报告总结了国内外资本市场和财务学10多年来的研究热点，全面涉及公司财务与资本市场的各个研究领域，对前沿问题进行了系统的介绍和剖析，结合我国特有的制度背景，提出今后研究的三大方向：公司治理、行为金融以及法与金融学，并分享了他对国内理论与实务界的热点问题特别是股权分置研究的心得，启发式地阐释了理论与制度相结合的研究特色。

受吴教授的启发，我也对股权分置问题产生了研究兴趣。这个中国证券市场特殊的制度安排不仅扭曲了证券市场价格的形成机制，也给学术界的实证研究带来了巨大冲击。研究中广为采用的模型都会因流通股与非流通股价值的不一致而发生变异。如果不对这些模型进行修正，那么基于当前数据的实证研究可能出现严重的偏差。因此，我试图对此作系统阐述，并对价格模型与回报率模型进行修正。2008年，我与魏韫新教授和叶建明教授在《经济研

究》上发表了《股权分置对中国资本市场实证研究的影响及模型修正》一文，获 2008—2009 年度刘诗白奖励基金优秀科研成果二等奖。

变换角度，独辟蹊径：行为会计

美国休斯敦大学会计学博士、香港城市大学会计系主任、博士生导师陈杰平教授从计量工具、研究方法、研究思路、结果的讨论等几个方面向我们生动地阐释了实证研究方法在会计领域的应用。厦门大学财务与会计研究院院长孙谦教授介绍了 1961 年美国社会心理学者进行的第一个社会心理学实验。这几位教授的研究心得，使我对实证会计有了新的思考，我开始对行为会计产生了研究兴趣。中国的快速变革和宽松的行为研究环境可能适于行为会计的研究。2006 年教育部新世纪优秀人才资助计划“资本市场行为会计研究”项目和 2010 年国家自然科学基金“投资者保护机制有效性的实验研究——披露改进、投资者教育与市场准入”项目，都是我目前在该领域内正在研究的课题。

投资者保护是资本市场稳定的基石。主要的保护机制包括信息披露、投资者教育以及市场准入机制。现有的研究大多建立在逻辑推演和档案式数据分析基础上，具有较高“噪音”和滞后性，也只能记录多种保护机制的叠加效应。而我们所研究的“投资者保护机制有效性的实验研究——披露改进、投资者教育与市场准入”项目，则试图构建投资者保护机制通过管理层信任、信息识别和风险识别影响决策质量的分析框架和测度指标，用实验方法考察不同市场和不同场景下的投资者保护机制效率。通过“披露改进机制”和“投资者教育机制”两个维度的测度，采用 2×2 的组间实验方法，测试单一机制的运行效率和两个机制契合或替代的共同效果。为了考察多种保护机制的效率和契合效应，我们拟把实验扩展到三种投资者保护机制的综合组间实验。我们期望从主体行为分析入手，直接记录和探索投资者保护机制的作用机理和逻辑路径，从投资者保护机制相机选择的角度，为我国资本市场的投资者保护机制完善提供直接的理论基础和实证证据。

深入分析，挖掘本质：中国特色

香港中文大学工商管理学院副院长、公司治理中心主任黄德尊教授所讲述的“产权制度研究对会计学研究的启发与意义”，以及中山大学刘峰教授所作“资本市场案例研究”专题讲座，对我随后所作的有关资本市场方面的研究具有启示意义。刘教授一再强调，通过资本市场案例研究，可以更好地说“中国话”，对于我们来说，掌握的理论都非常丰富，尤其对于国外前沿理论比一般会计学者掌握得更多。这对于开展研究非常有利，但是应当注意的是，在我国资本市场研究中不能生搬硬套国外前沿理论，否则研究就会走偏；我们应当根据中国资本市场特征，对国外前沿理论进行吸收创新，创立出适合我国资本市场的理论。在这一过程中资本市场案例研究起着非常重要的作用，通过深入挖掘一个典型的案例，研究者可以掌握我国具体的制度背景。后来，我在《会计研究》(2006.5)发表的《我国IPO长期市场表现的实证研究——基于超常收益率不同测试方法的比较分析》，在《上海证券报》(2006.2)发表的《完善敏感性信批制度，提高证券市场透明度》，在《会计研究》(2008.11)发表的《IPO发售机制研究进展：一个评论》，均受到刘教授“因地制宜”式研究的启发，颇有“中国特色”。

此外，厦门大学中文系教授、博士研究生导师，长期从事美学、艺术学、文化人类学等多学科和跨学科研究的知名学者和作家易中天教授诙谐幽默的语言和精彩的比喻，也使我在之后的执教过程中，试图以更加诙谐的语言授课，以使同学们对课堂更有兴趣；台湾现代会计奠基人、台湾政治大学前校长郑丁旺教授向我们提到，当年为了照顾年迈的母亲，毅然放弃美国待遇优厚的事业，回到台湾政治大学任教，而今他不论在会计研究、会计教育还是在会计实务都取得了骄人的成就，同时也很好地照顾家庭，这也向我们昭示了立志做一名成功人士，事业与家庭是完全可以兼顾的……

总而言之，这6年的学习过程使我在研究、教学与生活上获得了诸多启示。我会永远铭记各位教授的谆谆教诲，学以致用，也对他们深怀感激。我深语伟大时代使命的实现,唯有不断的创新。而创新不只是来源于天才的灵感,更是来源于不断的学习。实践永无止境,创新永无止境,学习永无止境,我们会计领军人永远走在求索前行的路上。

本文原载《财务与会计》2015 年第 19 期。

统　　筹:张振明　孙兴民
责任编辑:许运娜
封面设计:徐　晖
版式设计:王　婷
责任校对:张红霞

图书在版编目(CIP)数据

财经研究的时空之旅/杨丹 著. —北京:人民出版社,2021.9
(新时代北外文库/王定华,杨丹主编)
ISBN 978－7－01－023522－6

Ⅰ.①财… Ⅱ.①杨… Ⅲ.①财政-研究-中国-文集 ②经济-研究-中国-文集
Ⅳ.①F812-53 ②F12-53

中国版本图书馆 CIP 数据核字(2021)第 122805 号

财经研究的时空之旅

CAIJING YANJIU DE SHIKONG ZHI LÜ

杨　丹　著

人民出版社 出版发行
(100706　北京市东城区隆福寺街 99 号)

北京新华印刷有限公司印刷　新华书店经销

2021 年 9 月第 1 版　2021 年 9 月北京第 1 次印刷
开本:710 毫米×1000 毫米 1/16　印张:20.75　插页:1 页
字数:314 千字

ISBN 978－7－01－023522－6　定价:86.00 元

邮购地址 100706　北京市东城区隆福寺街 99 号
人民东方图书销售中心　电话 (010)65250042　65289539